認知心理学ラボラトリー

西本武彦 ──【編著】
Nishimoto, Takehiko

弘文堂

口絵付録

付録 1.B 着色済み線画の例（Nishimoto et al., 印刷中）。スノッドグラス刺激日本語拡張版で独自に作成もしくは描きかえが行われた 144 の線画のうち 18 種を 2 つのグループに分けた。H で定義された色識別性（**第 1 章本文「4　発展的課題」**を参照）は両グループでほぼ同じになるようにした。

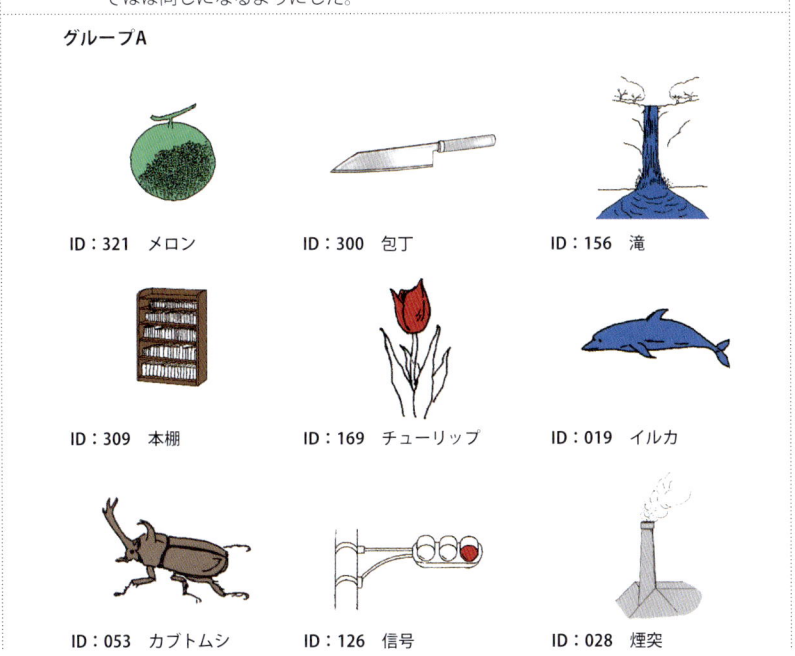

グループA

ID：321　メロン　　ID：300　包丁　　ID：156　滝

ID：309　本棚　　ID：169　チューリップ　　ID：019　イルカ

ID：053　カブトムシ　　ID：126　信号　　ID：028　煙突

グループB

ID：218　ノコギリ

ID：263　ヒマワリ

ID：074　クジラ

ID：248　バラ

ID：212　ニンジン

ID：330　山

ID：271　プール

ID：177　爪切り

ID：038　カーテン

付録 4.B　不一致条件

青 赤 緑 赤 青 緑 赤 緑 青
青 緑 赤 青 赤 青 緑 赤 青
赤 青 緑 赤 青 緑 赤 緑 青

付録 4.C　一致条件

青 赤 緑 赤 青 緑 赤 緑 青
赤 緑 青 赤 青 緑 赤 青 緑
緑 赤 青 緑 赤 緑 青 赤 青

はじめに

　本書は認知心理学の実験演習マニュアルである。心理学概論と基礎実験演習を履修した心理学専門課程の2年生以上を対象としている。

　実験演習は上級のプログラムになればなるほど，正規の授業時間の何倍もの時間を使う。演習を指導する側にとっても，具体的に実験指導をするのは相当な準備がいる。そこで本書は，仮説検証のための実験計画および刺激材料を具体的に示し，その前後にテーマの理論的解説とデータ分析のポイントを配置することで，履修者が比較的容易に実験に取り組むことができるようにした。示された実験計画は固定的なものではなく，学生自身の視点で変更しても良いし，演習指導者が変更することもできる。

　本書は，学会誌レベルの実験を履修者に課すものではない。主眼は，基本的な実験を通して認知の諸相を理解してもらうことにある。したがって，テーマは必ずしも最新のものではなく，代表例として選ばれている場合が多い。ただし，それぞれの演習をより高度な研究につなげるための発展的課題を示した。

　本書のスタイルは，一般的手続きの記述をはさんで前半に理論的解説，後半に分析の視点を配置し，さらに発展的な自由課題を呈示したものになっている。専門課程の演習としては，可能なかぎり独自の実験計画を立案しデータを分析することに意味があり，時間的負担それ自体はあまり問題ではない。しかし，経験的には，限られた授業時間内で演習テーマの具体的イメージをより迅速に理解させる工夫が望まれた。本書においてあえて実験計画を具体的に記述し，加えて実験材料を呈示したことにはそうした背景がある。

　本書は今回，第一線の研究者10名の協力で執筆された。認知心理学の研究領域は多様であり，今回のテーマ選択が必ずしも十分とは言えないが，全体として認知心理学の理解と論点整理に役立つものになっているはず

ある。

　最後になったが，本書の出版にあたっては，（株）弘文堂編集部の加藤聖子氏に大変お世話になった。氏の尽力に深く感謝を申し上げたい。

2012 年 2 月

編集委員

西本　武彦

高橋　優

上田　卓司

田中　章浩

目次

はじめに

序章　本書の利用法……3

第Ⅰ部　感覚・知覚
第1章　線画命名　10
　　　　―色があると分かりやすい？［上田　卓司］
第2章　マガーク効果　28
　　　　―人間は目でも音を聴く［田中　章浩］
第3章　顔と声による感情認知　34
　　　　―顔は笑顔でも，声は…［田中　章浩］
第4章　ストループ効果　43
　　　　―文字が邪魔をする［井出野　尚］
第5章　グラフの読み取り　53
　　　　―グラフ化はデータの捏造？［安田　孝］

第Ⅱ部　記憶・イメージ
第6章　ワーキングメモリ　66
　　　　―記憶って，ため込むばかりが能じゃない［西本　武彦］
第7章　メロディの記憶　76
　　　　―覚えてなくても好きになる？［宮澤　史穂］
第8章　心的回転　87
　　　　―心で回して比べてみよう［高橋　優］
第9章　イメージと記憶　97
　　　　―上手に覚えるコツ［宮脇　郁］
第10章　命名と記憶　107
　　　　―暗記の名人，こじつけ名人［西本　武彦］
第11章　フォールスメモリ　121
　　　　―あなたの思い出は本物ですか？［宮脇　郁］

第Ⅲ部　言語・思考・判断

　第12章　概念構造　*132*
　　　　　―「また」焼き魚？ [上田　卓司]
　第13章　音読と黙読による文理解　*143*
　　　　　―音読は本当に効果的？ [田中　章浩]
　第14章　文章理解　*157*
　　　　　―分かりやすさには知識がモノをいうか [上田　卓司]
　第15章　演繹的推論　*171*
　　　　　―君は，ソクラテスかプラトンか [西本　武彦]
　第16章　潜在的態度の測定（IAT）　*188*
　　　　　―意識できない心を探る [井出野　尚]

第Ⅳ部　日常記憶

　第17章　感情と表情　*200*
　　　　　―状況が変われば見え方も異なる [髙木　幸子]
　第18章　目撃者の証言　*211*
　　　　　―そう言われると，そんな気がしてきた [高橋　優]
　第19章　メタ記憶　*223*
　　　　　―知っているよ。いまは思い出せないけれど… [川嶋　健太郎]
　第20章　展望的記憶　*236*
　　　　　―明日は忘れずに手紙を出そう [宇根　優子]

あとがき……*250*

基本用語解説（補足）……*252*

索引……*255*

執筆者紹介……*261*

序章 本書の利用法

1 本書の全体構成

　本書は20章から構成され，認知心理学分野における「感覚・知覚」「記憶・イメージ」「言語・思考・判断」「日常記憶」の4つの領域の基本的な知識を実験を通して学習する。

　第1章から**第5章**では，主に感覚・知覚を取り上げる。**第1章**「線画命名」では物体を見てその名前を言う際に，物体の色が命名にどう影響するかを反応時間を指標に検討する。**第2章**「マガーク効果」では他者の発話を聞いて「何と言っているか」を知覚するとき，口の動き（視覚情報）が聞こえに影響するマガーク効果について検討する。**第3章**「顔と声による感情認知」では，他者がどのような感情を表しているかを表情と音声を頼りに判断するとき，表情と音声の認知は不可分な関係にあるかどうかを検証する。**第4章**「ストループ効果」では，実験心理学における古典的な現象に焦点を当てる。ストループ効果はもともとは色名単語とその印刷色との関係についてのものだが，本章の実験は線画とその名称の関係についてのものとなる。**第5章**「グラフの読み取り」では，統計グラフ（円グラフ）における装飾的要素の影響を検討する。特に透視図法的な3次元効果がグラフの読み取りに与える影響に焦点を当てる。

　第6章から**第11章**では，記憶とイメージを取り上げる。**第6章**「ワーキングメモリ」では，記憶の能動的特性を強調するワーキングメモリ（作業記憶）の概念を実験的に検証する。**第7章**「メロディの記憶」では，想起意識を伴う顕在記憶と伴わない潜在記憶の性質を，メロディの音色を操作することで聴覚の観点から明らかにする。**第8章**「心的回転」では，外界の対象を心的に再構成する際の表象の性質について，内観法ではなく，反応時間を指標に使って明らかにする。**第9章**「イメージと記憶」では，心的イメージを活用した記憶術について扱う。イメージ活用がどのように記

憶に寄与するか，二重符号化理論と体制化に基づく説明を比較検討する。第10章「命名と記憶」では，意味的に深く処理（解釈）された対象の記憶は，より強く，より精緻で，長く持続し検索も容易であることを検証する。第11章「フォールスメモリ」では，記憶が写真のようなコピーではなく，想起のたびに作り上げられる構成的性質をもつことを確認する。

　第12章から第16章は，知識表象と言語を扱っている。第12章「概念構造」では，「魚」や「乗り物」といった自然的カテゴリーに属する概念・事例の成員性について，カテゴリーと事例の結びつきの強さに注目して実験する。第13章「音読と黙読による文理解」では，「声を出して読む」ことが文理解においてどのような役割を果たすかを検討する。特に構文形式によって，音読あるいは黙読の効果が変わるかに焦点を当てる。第14章「文章理解」では，ブランスフォードとジョンソン（Bransford & Johnson, 1972）の実験を基に，文章理解において先行知識が文脈の形成に寄与するかを検討する。第15章「演繹的推論」では，論理的推論で生じるバイアスの中から定言三段論法における格効果をとりあげ，命題に登場する概念の順序が結論にどのように影響するかを検討する。第16章「潜在的態度の測定（IAT）」では，IAT（潜在的連想テスト）という実験手法を使い，私たちがリスクを潜在的にどのように評価しているかについて実験する。

　第17章から第20章では日常的な記憶現象を扱う。第17章「感情と表情」では，感情の認知において文脈情報はどのような影響をおよぼすか，両者が一致する場合と不一致の場合を検証する。第18章「目撃者の証言」では，目撃情報が事後に与えられる情報によってどのように変わるか，色の記憶を対象に検討する。第19章「メタ記憶」では，既知感（FOK）が記憶成績や反応時間，解答の確信度とどのように関連しているか調べる。第20章「展望的記憶」では，展望的記憶（将来行うべき予定に関する記憶）に，遂行のタイミングを示す手がかりがどのように影響するかを検証する。

2　各章の構成と使い方

　本書は認知心理学の実験演習マニュアルとして，心理学概論と基礎実験

演習を履修した心理学専門課程の2年生以上の履修者を想定している。はじめて認知心理学を学ぶ者でも各テーマが何を主眼としているかを理解できるよう，導入部分は分かりやすく書くことを心がけた。

各章の**第1節**「はじめに」で，テーマについての研究史・目的・仮説を平易に解説した。**第2節**「方法」では要因計画・刺激・手続きを具体的に述べた。基本的には，第2節で示された方法に従って実験を行うことができる。特に，実験材料についてはほぼすべての章で付録に収めた。**第3節**「結果の整理と考察のポイント」は3つに分かれている。「結果の整理」「考察のポイント」では仮説検証の視点からデータ分析と考察のポイントを示した。統計的分析については履修者の学習レベルに合わせて演習担当教員が適宜判断して欲しい。「発展的課題」ではテーマに関連する研究動向を示し，実験結果に興味をもった履修者がさらに専門的な実験に進むための手がかりを呈示した。

引用文献は必要最小限にとどめ，邦訳書がある場合は必ず紹介した。最後に読書案内として関連書籍を紹介し，章のテーマとその周辺の知識を得ることができるようにした。紹介は和書に限定し，それぞれに簡単な解説を付した。

本書は実験演習マニュアルであるが，講義のサブテキストとしても利用できる。重要な実験であっても多くの場合，概論書では簡単な説明におわっている。そうしたとき，本書によって当該研究の具体的なイメージをつかむことができる。実験演習マニュアルとして利用する場合の留意点を以下に述べる。

第1に，演習時間は多めに見積もる。刺激材料の作成や実験，データ分析には予想以上に時間が掛かるので，5名程度の少人数グループで実験を行う。準備作業や基本的なデータ処理を分担することで，作業能率が大幅に向上する。第2に，それぞれのテーマの理論的背景に関しては，演習担当教員が丁寧に解説しなければならない。実験計画やデータ処理については相当具体的に記述したが，実際にはいろいろと疑問や質問が出る。担当教員やアシスタントによる助言は不可欠である。第3に，卒業論文やそれ

以上の専門論文を書くための訓練として，レポートは学会誌論文の形式にしたがって個人ごとに作成することを勧める。

3 実験機器・ソフトウェアの登録商標について

本書の実験には特定の会社の機器やソフトウェアを使用しているものがある。下記のシステム名，製品名は一般に各社の登録商標または商標であり，本文および図表中では，「™」「®」は明記せず使用している。各章の初出時は製品名の後にカッコで会社名を記し，以後は簡略化のため慣例表記とした。

- Microsoft PowerPoint は Microsoft 社の製品名
- SuperLab は Cedrus 社の製品名
- E-Prime は Psychology Software Tools 社の製品名
- Inquisit は Millisecond Software 社の製品名

4 資料の提供について

全20章のうち一部の演習については，刺激や実験プログラムを以下のサイトで公開している。

http://www.sit.ac.jp/user/masaru/coglab/

そのほかの資料請求を含めて本書に関する問い合わせは，㈱弘文堂編集部もしくは直接，編集委員に連絡を頂きたい（連絡先：p.261 執筆者一覧参照）。

読書案内

■ナイサー, U.（古崎　敬・村瀬　旻訳）(1978). **認知の構図**　サイエンス社
原著の発行は1976年。認知心理学の基本文献の1つ。

■ナイサー, U.（大羽　蓁訳）(1981). **認知心理学**　誠信書房
原著の発行は1967年。認知心理学の基本的考えを呈示した書として名高い。

■アンダーソン, J.R.（富田達彦・増井　透・川﨑惠里子訳）(1982). **認知心理学概論**　誠信書房
原著の初版発行は1980年。認知心理学の全領域を網羅した定評ある教科書。

■リンゼイ, P.H.・ノーマン, D.A.（中溝幸夫ほか訳）(1983-1985). **情報処理心理学入門 I・II・III**　サイエンス社
原著の発行は1977年。認知心理学の全体像を理解するのに適したテキストとして，現在でも高い評価を得ている。

■ガードナー, H.（佐伯　胖・海保博之監訳）(1987). **認知革命：知の科学の誕生と展開**　産業

図書
認知科学が，心理学を含むさまざまな研究領域から成り立っていることを解説している。
■御領　謙・菊地　正・江草浩幸（1993）．**最新認知心理学への招待**　サイエンス社
認知心理学の研究成果やモデルを理論と関係づけながら解説している。神経回路網モデルについての説明も分かりやすい。
■伊藤正男ほか（編）（1994-1995）．**岩波講座　認知科学（全9巻）**　岩波書店
認知心理学にとどまらず，神経科学，言語学，情報科学など脳と心に関係する諸分野を解説している。
■森　敏昭・井上　毅・松井孝雄（1995）．**グラフィック認知心理学**　サイエンス社
認知心理学の12領域を取り上げ，代表的理論や実験，重要概念を分かりやすく図解している。
■乾　敏郎ほか（編）（1995-1996）．**認知心理学（全5巻）**　東京大学出版会
認知心理学の全体を，「知覚と運動」「記憶」「言語」「思考」「学習と発達」の5つの領域に分けて体系的に紹介した書。
■海保博之・加藤　隆（編著）（1999）．**認知研究の技法**　福村出版
認知研究で卒論や修士論文を書こうとする読者を対象に，代表的な研究技法を精選して，その適用例を紹介しながら体系的に解説している。
■ミンスキー，M.（安西祐一郎訳）（2000）．**心の社会**　産業図書
心の機能が微細なモジュールをもつこと，そこからどのようにして心の機能が生まれるかを，きわめて具体的かつ平易に解説している。
■西本武彦・林　静夫（2000）．**認知心理学ワークショップ**　早稲田大学出版部
心理学概論と基礎演習を履修した心理学専門課程の学生を対象にした，認知心理学の実験演習マニュアル。テーマと実験計画の解説をもとに，各人が工夫して実験を組み立てることが出来る。
■井上　毅・佐藤浩一（編著）（2002）．**日常認知の心理学**　北大路書房
認知心理学における日常認知の研究を体系的に紹介している。
■森　敏昭・中條和光（編）（2005）．**認知心理学キーワード**　有斐閣
認知心理学の重要概念が分かりやすく解説されている。
■日本認知心理学会（監修）（2010-2011）．**現代の認知心理学（全7巻）**　北大路書房
基礎・理論から展開・実践まで，現在の認知心理学研究の全体像を紹介している。

感覚・知覚 ……………… 第Ⅰ部

感覚と知覚は心の入口である。目や耳などから入力された感覚情報はそのまま知覚されるのではなく，取捨選択され，知識やほかの感覚情報などの影響を受け，再構成された形で知覚される。感覚・知覚の働きのおかげで，人間は時々刻々と変化する環境の中で適切な行動をとり，円滑なコミュニケーションを行うことができる。本領域では感覚の基礎過程よりも，見えたものの複数の属性や，見えたものと聞こえたものを統合する知覚プロセス，そしてそうした知覚プロセスが高次の認知機能との橋渡しを行うという側面に重点を置く。

第1章 線画命名 ▶上田 卓司

第2章 マガーク効果 ▶田中 章浩

第3章 顔と声による感情認知 ▶田中 章浩

第4章 ストループ効果 ▶井出野 尚

第5章 グラフの読み取り ▶安田 孝

第1章 線画命名
色があると分かりやすい？

重要用語
▶視覚物体認識　▶命名　▶色識別性　▶反応時間
---

1 はじめに

「おじいちゃん，これなに？」と，孫が手にしたものの名をたずねる。「あぁ，それはねケントくん」と言いかけてハッと名前が出てこないことに気がつく。何だったろうか。いつも使っているものなのに……。「ヘレンさんや，ケントが持っているものは何と言ったかな？」「アアお義父サン，それは stapler デスヨ」とそばにいた嫁が答えてくれるが，確かに「ステープラー」だった。しかし何か違和感がある。「いつもの」名前じゃないとは思いつつも孫が持つのは「ホッチキス」。ああそうだ，ホッチキスと言おうとしたのだった……。

上に挙げたような例もあるが，一般的には具体的な物を見てその名前を言うことはそんなに難しいことではなく，むしろ最も基本的な認知的活動の1つである。しかし，この命名（naming）という行為が可能であるためには知覚（perception）あるいは視覚物体認識（visual object recognition），意味記憶（物体情報の検索），言語（物体に対応する語彙や音韻情報の検索，発声パターンの生成）といった，広範な心的情報処理過程が必要となる。命名課題（naming task）が言語的知能や認知機能の検査項目にも採用されているのは，総合的に認知機能の様子を確認できるからであろう。

命名課題を実施するにあたって，実験・検査場面にいろいろな物を実際に持ち込むのは，手間がかかり現実的ではない。そこで写真や絵が多く活用される。写真や絵は物自体ではなくその写しあるいはシンボルであるが，日常的にも物を示す手段として活用されており，実質的には物自体を刺激

にする場合と同様の情報処理過程であると期待できるからである（Glaser, 1992；Potter, 1979）。

　写真や絵を利用した線画命名課題（picture naming task）を実施する場合に考慮しなければならない点は，写真や絵の質である（以降，本書冒頭の口絵ページに掲載した**付録1.B**にある刺激にあわせて，写真や絵の命名全般を線画命名と表記する）。描写の具合が悪ければ実験者・検査者が意図した対象とは異なったものとして認知される可能性がある。また，物に対応する名前は1種類であるとは限らないので（**図1.1**参照），ある対象についての命名のうち，どこまでが「正解あるいは正常」な反応であるかについても何らかの基準が必要となる。

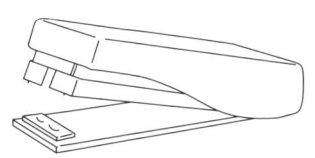

図1.1●日常的な物の線画と名前（ホッチキス or ステープラー）

視覚的呈示刺激としての写真や絵は，研究目的に応じてそのつど独自に作成・選定されることも多いが，統一的あるいは標準化された刺激を活用すると，刺激作成ならびに刺激の性質についての検討といった点で省力化が期待できる。また複数の研究間で結果を比較しやすいといった利点がある。そうした標準化された刺激セットの中で多く活用されているものに，スノッドグラスとヴァンダーワート（Snodgrass & Vanderwart, 1980）によるモノクロの線画（line drawing）刺激がある。日常的な事物を中心とした260の物体について線画を作成し，命名の一致度といった刺激特性を指標化したものである。この刺激セットやその改良版・拡張版は少なくとも世界の7つの言語地域で各国語版が作成され，知覚や記憶といった認知研究だけではなく，文化比較研究のための素材としても活用されている。日本語圏では西本ほか（Nishimoto et al., 2005；Nihsimoto et al., 印刷中）によってスノッドグラスたちのオリジナル刺激を含む360刺激について，熟知度（あるいは親密度；familiarity）や概念，単語の獲得年齢（age of acquisition）などの刺激属性について指標が整備されている。

線画命名課題では，刺激呈示から命名するまでの反応時間（あるいは命名潜時）が課題成績の指標つまり従属変数としてよく用いられる。しかし，反応時間には知覚，意味記憶，言語といった多くの心的情報処理過程が関与し，これらの過程で単独あるいは複数の過程の相互作用を反映した要因を考慮しなければならない。例えば，熟知度や対象の獲得年齢のほかにも，最終的に発声される名前（単語）の文字数（モーラ[1]；拍数）や単語の出現頻度，イメージのしやすさや鮮明性が挙げられる。また線画が示す対象について，正解として許容できる名前の多さ，つまり命名一致度も重要な要因である。意味的・言語的な要因のほかにも知覚的要因として，線画の視覚的複雑性や，対象（あるいはその描画）の向きが標準的（canonical）で見慣れた方向であるかといったことが考えられる。

　線画命名課題の反応時間に影響するかもしれない知覚的要因の１つが色である。例えば「ピンクの象」や「紺色のバナナ」「黒いレモン」を見たときに，「ふつうの」象やバナナやレモンを見る場合と同じように命名できるであろうか。ビーダーマン（Biederman, 1987）によるRBC理論（Recognition By Component；要素による認識理論）では，物体認識には主に輪郭形状が主要な役割を果たすと仮定されている。この理論では，視覚的に入力された物体情報はジオンとよばれる単純な要素の組み合わせによって表象されると考えられているからである。他方，輪郭形状ではなく色やテクスチャなど物体表面のもつ情報もまた物体認識に寄与するとする立場もある。タナカほか（Tanaka et al., 2001）は形状＋表面モデル（shape＋surface model）を提唱し，物体表面のもつ色情報によって色に関する知識も呼び出され物体認識が促進されるとしている。またタナカとプレスネル（Tanaka & Presnell, 1999）は物体と色の連想関係が重要であることも指摘した。つまり物体には色が重要な知覚的特徴となっている物（高色識別；HCD；High Color Diagnostic）とそうでない物（低色識別；LCD；Low Color Diagnostic）がある。こうした色識別性（color diagnosticity）も線画命名に影響する要因の１つであると考えられる。

　本演習では線画命名における色の効果を検討することを目的とする。色

情報は線画命名を促進するのだろうか。スノッドグラス線画刺激を彩色し，色識別性を求めたうえで命名反応時間を測定したロションとプルトワ (Rossion & Pourtois, 2004) は，オリジナルのモノクロ線画刺激呈示時と比べ，彩色された線画刺激に対する命名反応時間が短くなることを見出している。しかし一般に線画刺激に対する命名や分類判断課題において，色情報が課題成績を促進させるかについては意見が分かれており，効果がない，または限定的であるという結果もある（例えば永井・横澤, 2006）。そこで本実験ではスノッドグラス線画刺激日本語拡張版を利用し，モノクロ線画と彩色線画の間で反応時間に差があるかどうかを確認する。色情報が物体認識を促進するのであれば，色つきの線画あるいは HCD 物体の色つき線画に対する反応時間が短くなると予測される。

ロションとプルトワは，スノッドグラス線画刺激を，百科事典の図版にあるような「自然な感じ」に多色で彩色して使用した。今回の実験ではあらかじめ求めておいた，各刺激の典型色によって単色で着色して呈示する。形状＋表面モデルの仮定から，典型的な色情報からであっても色の知識が呼び出されることを前提としている。また今回の実験では，従属変数として線画命名における反応時間を測定する。反応時間は情報処理に要する時間を測定するものであり，情報処理過程の性質をさぐるうえで有効な指標である。スノッドグラスとユディツキー (Snodgrass & Yuditsky, 1996) をはじめ，標準化線画を用いた多くの研究で命名反応時間が測定されている。正答率などの正確さ指標の場合，どの条件でも正答率が常に 100% 近くに集中する天井効果が生じると予想されるが，その場合でも反応時間を指標とすると条件間の差を検出できることが多いのである。

2 方法

2.1 実験参加者

反応時間は個人差により値が大きく異なるので，多少多めに確保することが望ましい。1 条件につき 20〜30 名程度が適当だろう。

2.2 要因計画

1要因2水準（モノクロ/着色）の実験計画となる。ただし，ある線画刺激をモノクロあるいは着色した条件で呈示するが，同一の実験参加者に同じ物体を2度も呈示するのは好ましくないので，**付録1.B**（口絵参照）のように線画をグループにまとめ，一方のグループを着色条件，他方をモノクロ条件として呈示する。例えば，ある実験参加者にはグループAの線画をモノクロで，グループBを着色で，といった具合に呈示する。モノクロと着色，グループAとBを組み合わせると4つの刺激ブロックができることになるので，これらの呈示順序が相殺されるように，各実験参加者にどの順序で刺激を呈示するかを決める。また，各ブロックでの刺激の呈示順序は実験参加者ごとにランダム化する。

2.3 材料

西本ほか(印刷中)の刺激セットを用いる。西本ほか(2005)による同様の刺激セットは論文のオンラインジャーナルサイトからダウンロードすることができる[2]。日本語拡張版独自の刺激144枚のモノクロ画像および，360全刺激について命名一致度などの指標がまとめられている。本章**付録1.B**（口絵参照）に掲載された着色済みの刺激を用いてもよい。

実験に使用する刺激は**付録1.A**を参考にして選択する。典型色が白/黒以外のものに限定し，色識別性（色多様性）やそのほかの線画属性を考慮しながら選択する。刺激グループ間で色識別性などの平均値が大きく異ならないように配慮する。

2.4 装置

コンピューターにボイスキー（音声をトリガーにして反応を取得するマイク）を接続して用いる。反応時間を測定・記録するためには，ある程度以上の反応取得精度が必要となるので，E-Prime（Psychology Software Tools社）やSuperLab（Cedrus社）といった心理学実験作成用のソフトウェアを用いて実験プログラムを作成し，刺激呈示や反応取得の制御を行う。

2.5 一般的手続き

実験セッションのおおまかな流れは，①ボイスキーの感度調整，②練習試行，③本試行となる。実験参加者ごとに発声の大きさなどが異なり，また単語の1文字目がどのような子音であるかによってボイスキーの音の拾いやすさが変わるので，何種類かの単語を用意し，それらを実験参加者に発声させて，どのくらいの音量で発声する必要があるかを理解してもらう。

練習試行や本試行における手続きは，①警告画面（注視点）呈示，②刺激呈示→反応，③試行間間隔の挿入，という流れになる。警告画面から刺激呈示の間の間隔は500ミリ秒を標準とするが，固定すると尚早反応（刺激呈示開始以前に反応してしまう事態）を招きやすくなるので，500ミリ秒に加えて，ランダムな値を加えることが望ましい。刺激の呈示時間は，発声反応が得られるまでとするが，あまり長すぎるのも望ましくない。そこで50ミリ秒以下や10秒以上，といった反応許容範囲を設け，この時間内に反応がない場合はエラーとする。試行間間隔もある程度は必要となる。2秒から3秒程度が適当であろう。また途中で休憩を取る場合は，再開時の数試行は練習試行と同じく本試行では用いない刺激による緩衝試行を挟むようにする。

なお，ボイスキーによる反応取得では，マイクに息がかかったかどうかを検出するだけなので，「どのような反応」つまり何という単語を発声したのかについては，実験者が別途記録する必要がある。実験セッション中の音声をICレコーダーなどに録音しておいて，実験終了後に書き起こすのが簡便な方法であろう。

2.6 教示

素早く正確に反応する旨を伝えるのが基本となる。「速さ」と「正確さ」の強調の仕方で，反応時間が変化するので（速さ‐正確さのトレードオフ），練習試行の段階で実験参加者の基本的な反応傾向を観察し，本試行前に改めて教示を行う。また，常に一定以上の音量で発声することを強調した教示も必要となる。

2.7 そのほかの留意点

付録 1.B（口絵参照）に掲載された線画刺激以外を用いる場合は，着色する必要がある。付録 1.A に掲載された典型色を基準に画像加工ソフトウェアを利用して色を塗ることになるが，画面呈示の際は刺激の色味に注意する。清野・島森（2005）を参照すると，色名に対応した RGB 値に関する情報が得られるので参考にしてみよう。なお付録 1.B の着色については，典型色に加えて，JIS（日本工業規格）による慣用色名の中に刺激概念名（例えば「レモンイエロー」「キャメル」など）が含まれる場合は黄色，茶色ではなく慣用色に対応した RGB 値を指定して着色した。

西本ほか（2005；印刷中）が提供する線画は，日本語版独自に拡張・再描画した 144 刺激分のみである。残りの刺激についてはスノッドグラスとヴァンダーワートが用いたオリジナル版の線画を使用している。これらのオリジナル版線画については，版権の関係で再配布できない。拡張版以外の刺激を用いる場合は，論文著者に連絡を取って刺激画像を入手・使用する必要がある。またスノッドグラスたちの線画刺激に自然な彩色をほどこしたロションとプルトワによる線画刺激セットは，ロションの Web サイト[3]からダウンロード可能である。ただし，使用する場合には寄付を募っている。

3 結果の整理と考察のポイント
3.1 結果の整理

実験が終了したら，得られた反応について①反応の正誤判定，②反応時間の外れ値を除外，③線画刺激ごとに平均の命名反応時間を求める，といった処理を行ってから，色の効果を検討することになる。

まず，正誤判定を行う場合は正答基準を定める必要がある。例えば，「万年筆」のつもりで呈示した刺激に対して「ペン」という反応は正答であるか。西本ほか（2005）は，正答名（刺激概念名）を含む単語を反応した場合，「ナシ（梨）」に対して「セイヨウナシ」などの詳細な単語を反応した場合，といった正答基準を設けた。こうした基準を作成したうえで，複数の評定

者を用意し各実験参加者から得られた反応を検討して，実験参加者ごとの正答率を求める。正答率が著しく低い実験参加者については，分析対象外とする。

次に反応時間について外れ値があるかを検討する。実験参加者ごと，あるいは刺激ごとの平均反応時間を算出し，例えば平均より $2\,SD$ 以上外れた値は除外する，といった処理を行う。その後，刺激ごと条件ごとに平均反応時間を求め，モノクロ呈示条件と着色条件とで反応時間の比較を行う。

3.2 考察のポイント

仮説にしたがって，色の効果がみられたのかを中心に考察を行う。刺激の選定の仕方によっては，色識別性の高い刺激と低い刺激とで，着色の効果が等しくみられるかも検討可能である。

4 発展的課題

ロウズとハンター（Laws & Hunter, 2006）は線画をぼかして呈示する場合に，色情報が命名に効果を与えることを見出した。また上田ほか（2008）では，形の効果（通常の線画と歪ませた線画）と色の効果に交互作用があることを見出した。これらの結果は，彩色・着色による色情報が，形態・輪郭情報が失われたときに補足的に用いられることを示唆している。こうした結果や，物体が所属するカテゴリーによって色の効果が異なるかを検討した永井・横澤（2006）のように，条件を追加して色情報が物体命名にどのような役割を果たしているのかを検討してみよう。

物体ごとの色識別性の効果を検討する場合は，その定義やデータの取得方法について検討する必要がある。タナカとプレスネル（1999），永井・横澤（2006）では，刺激事例の特徴を挙げさせ，第 1 反応が形ではなく色であった割合で色識別性（色多様性）を定義した。ロションとプルトワ（2004）では，各刺激について 5 段階での色識別性評定を行っている。

本章**付録 1.A** に掲載されている色識別性（色多様性）は，モノクロ線画を呈示し典型色を答えさせ，その反応の多様性の大小によって決定した。多

様性(あるいは集中度)とは,反応のバラつき具合を情報量で表したものであり,以下の式で求めることが出来る.

$$H = \sum_{i=1}^{K} P_i \log_2(1/P_i)$$

ここで,H は多様性指標,K は反応種類数,P は各反応が得られた相対頻度となる.**表 1.1** のようにデータをまとめれば算出可能である.**表 1.1** の場合,26 名分の回答がすべて「チャ」だとするとバラつきはなく $H=0$ となり,25 名が「チャ」で残り 1 名が「モモ」と反応する場合は $H=0.24$ となる.

表 1.1●色識別性(色多様性)H の求め方

概念名:きのこ

回答(色反応)	回答人数	相対頻度(p)	p×Log₂(1/p)
アカ	3	0.115	0.359
キ	1	0.038	0.181
クロ	2	0.077	0.285
シロ	2	0.077	0.285
チャ	17	0.654	0.401
モモ	1	0.038	0.181
総計	26	1	H 1.691

個人の回答については,あらかじめ反応を基本色(白,黒,赤,緑,黄,青,茶,紫,桃,橙,灰の 11 の基本色名および,金・銀)にまとめたうえで H の値を求めた(本文「4 発展的課題」を参照).例えば「赤色」「レッド」「赤系」「マゼンタ」などの回答はすべて「アカ」とした.

色情報は知覚レベルのものだろうか.「記憶色」のように意味的なレベルで色が命名過程に影響を与えているかもしれない.タナカほか(Tanaka & Williams, 2001)の形状+表面モデルでは,物体表面の色情報によって色の知識が呼び出されることを仮定している.物体認識や命名において,ボトムアップ的に知覚される色情報とトップダウン的な色知識の情報とは,それぞれどのような役割をはたすのであろうか.検討してみよう.

［注］
1) モーラ：日本語音声の基本単位。おおむねカナ 1 文字に対応するが，撥音や促音がある場合は 1 拍，逆に長音が続く場合は 2 拍，というように数える。 **2) SpringerLink.** http://www.springerlink.com/content/k4vv8r203p563845/. ただし，大学図書館や個人での契約状態によって論文 PDF や刺激セットへのアクセシビリティが変わる。 **3) Face categorization Lab.** http://www.nefy.ucl.ac.be/Face_Categorisation_Lab.htm. 本サイトの Stimuli ページからアクセス可能。

【引用文献】

Biederman, I.（1987）. Recognition-by-components：A theory of human image understanding. *Psychological Review*, **94**, 115-147.
Glaser, W. R.（1992）. Picture naming. *Cognition*, **42**, 61-105.
Laws, K. R., & Hunter, M. Z.（2006）. The impact of colour, spatial resolution, and presentation speed on category naming. *Brain and Cognition*, **62**, 89-97.
永井淳一・横澤一彦（2006）．視覚物体認知における色の役割：色識別性とカテゴリーの影響．認知心理学研究，**3**, 181-192.
Nishimoto, T., Miyawaki, K., Ueda, T., Une, Y., & Takahashi, M.（2005）. Japanese normative set of 359 pictures. *Behavior Research Methods*, **37**, 398-416.
Nishimoto, T., Ueda, T., Miyawaki, K., Une, Y., & Takahashi, M.（印刷中）. The role of imagery-related properties in picture naming：A newly standardized set of 360 pictures for Japanese. *Behavior Research Methods*.
Potter, M. C.（1979）. Mundane symbolism：The relations among objects, names, and ideas. In N. R. Smith & M. B. Franklin（Eds.）, *Symbolic functioning in childhood*. Lawrence Erlbaum Associates, pp. 41-65.
Rossion, B., & Pourtois, G.（2004）. Revisiting Snodgrass and Vanderwart's object pictorial set：The role of surface detail in basic-level object recognition. *Perception*, **33**, 217-236.
清野恒介・島森　功（2005）．色名事典　新紀元社
Snodgrass, J. G., & Vanderwart, M. A.（1980）. A standardized set of 260 pictures：Norms for name agreement, image agreement, familiarity and visual complexity. *Journal of Experimental Psychology*：*Human Learning and Memory*, **6**, 174-215.
Snodgrass, J. G., & Yuditsky, T.（1996）. Naming times for the Snodgrass and Vanderwart pictures. *Behavior Research Methods, Instruments & Computers*, **28**, 516-536.
Tanaka, J. W., & Presnell, L. M.（1999）. Color diagnosticity in object recognition. *Perception and Psychophysics*, **61**, 1140-1153.
Tanaka, J. W., Weiskopf, D., & Williams, P.（2001）. The role of color in high level vision. *Trends in Cognitive Sciences*, **5**, 211-215.
上田卓司・宇根優子・宮脇　郁・高橋　優・西本武彦（2008）．具象線画の命名反応における色の効果　日本心理学会第 72 回大会発表論文集，p. 658.

読書案内

■永井淳一・横澤一彦（2006）．**視覚物体認知における色の役割：色識別性とカテゴリーの影響**　認知心理学研究, 3, 181-192.
　引用文献でも挙げた，視覚物体認識における色の効果を検討した研究。本格的な研究論文であるが，レポートの書き方のお手本としても参考になるので挑戦してみよう。

付録

付録 1.A 付録 1.B（口絵参照）に掲載された線画刺激を含む全 360 刺激についての典型色名と色識別性（色多様性 H）。典型色名で「＊」は透明など，色ではない反応が最頻回答として得られたものである。また「チャ/ギン」のようにスラッシュで区切られたものは複数の色名が最頻回答として得られたものである。表中での線画区分は，SV がスノッドグラスたちのオリジナル線画を使用したもの，R はスノッドグラスたちのものと共通刺激概念名だが線画刺激については日本語版で独自に描きかえたもの，N は日本語拡張版独自の刺激概念名と線画を用いたものである。なお，付録 1.A では，**第 12 章**で紹介されているカテゴリー多様性（H，優越比率）の値や最頻反応に基づくカテゴリー名もあわせて掲載した。

刺激ID	概念名	フリガナ	線画区分	典型色	色 H	カテゴリー H	カテゴリー名	カテゴリー優越比率
1	アイロン	アイロン	SV	シロ	2.42	3.18	生活用品	0.263
2	アイロン台	アイロンダイ	SV	シロ	2.56	3.19	家具	0.200
3	アコーディオン	アコーディオン	SV	アカ	2.22	0.22	楽器	0.964
4	足	アシ	SV	キ	0.50	1.22	体	0.692
5	脚	アシ	SV	キ	1.05	2.42	体	0.440
6	足	アシ	SV	キ	0.79	1.61	体	0.630
7	アスパラガス	アスパラガス	N	ミドリ	0.96	1.27	野菜	0.636
8	アヒル	アヒル	SV	シロ	0.25	1.78	鳥	0.556
9	アリ	アリ	SV	クロ	0.54	1.48	虫	0.593
10	家	イエ	R	シロ	1.77	2.42	建物	0.385
11	錨	イカリ	SV	ギン	2.21	3.37	鉄	0.211
12	椅子	イス	SV	チャ	0.85	2.02	家具	0.643
13	椅子	イス	SV	チャ	0.64	1.91	家具	0.619
14	イチゴ	イチゴ	SV	アカ	0.25	1.22	果物	0.964
15	糸	イト	SV	シロ	1.52	2.77	さいほう道具	0.346
16	井戸	イド	R	ハイ	1.61	4.14	水をくむもの	0.105
17	糸車	イトグルマ	SV	チャ	1.50	3.64	道具	0.200
18	イヌ	イヌ	SV	チャ	1.73	0.85	動物	0.821
19	イルカ	イルカ	N	アオ	1.74	1.03	動物	0.667
20	ウサギ	ウサギ	SV	シロ	0.90	0.64	動物	0.857
21	ウシ	ウシ	SV	クロ	1.53	1.32	動物	0.750
22	腕	ウデ	SV	キ	0.31	1.91	体	0.619
23	時計	トケイ	SV	チャ/ギン	2.28	3.75	装飾品	0.143
24	ウナギ	ウナギ	N	クロ	1.83	2.97	動物	0.182
25	乳母車	ウバグルマ	SV	シロ	2.79	2.30	乗り物	0.536
26	ウマ	ウマ	SV	チャ	0.25	0.22	動物	0.964
27	エビ	エビ	R	アカ	1.21	3.06	生き物	0.238
28	煙突	エントツ	N	ハイ	1.30	3.96	建物	0.179
29	鉛筆	エンピツ	SV	ミドリ	2.11	1.53	文房具	0.591
30	王冠	オウカン	SV	キン	1.06	2.64	装飾品	0.500
31	オオカミ	オオカミ	R	ハイ	2.19	1.53	動物	0.667
32	バイク	バイク	SV	クロ	2.21	1.53	乗り物	0.536
33	オットセイ	オットセイ	N	ハイ/クロ	2.32	1.64	動物	0.550
34	斧	オノ	SV	クロ	2.06	3.51	道具	0.214
35	親指	オヤユビ	SV	キ	1.12	2.44	体	0.393
36	オルガン	オルガン	R	チャ	1.50	0.83	楽器	0.818

刺激ID	概念名	フリガナ	線画区分	典型色	色H	カテゴリーH	カテゴリー名	カテゴリー優越比率
37	蚊	カ	R	クロ	0.87	0.81	虫	0.857
38	カーテン	カーテン	N	アオ	2.68	1.59	家具	0.704
39	階段	カイダン	R	チャ	1.85	3.82	建物	0.185
40	カエル	カエル	SV	ミドリ	0.48	1.81	両生類	0.500
41	鏡	カガミ	R	ギン/*	1.88	3.08	家具	0.238
42	鍵	カギ	SV	ギン	0.91	3.79	道具	0.158
43	鍵	カギ	SV	キン	0.65	4.01	道具	0.107
44	傘	カサ	SV	アオ	2.71	2.89	雨具	0.308
45	カタツムリ	カタツムリ	SV	チャ	1.86	2.66	虫	0.364
46	刀	カタナ	R	ギン	0.25	1.93	武器	0.520
47	カップ	カップ	SV	シロ	0.25	2.18	食器	0.607
48	トンカチ	トンカチ	N	クロ	0.30	1.90	工具	0.545
49	カニ	カニ	N	アカ	1.30	2.98	生き物	0.259
50	カヌー	カヌー	R	キ	2.16	1.79	乗り物	0.571
51	カバ	カバ	N	ハイ	1.86	1.20	動物	0.773
52	鞄	カバン	N	チャ	1.56	4.00	入れ物	0.091
53	カブトムシ	カブトムシ	N	チャ	0.80	1.59	昆虫	0.571
54	カボチャ	カボチャ	SV	ミドリ	1.38	0.61	野菜	0.852
55	髪	カミ	R	クロ	1.16	2.14	体	0.481
56	亀	カメ	SV	ミドリ	0.00	1.75	動物	0.571
57	カモメ	カモメ	N	シロ	1.62	1.37	鳥	0.727
58	カンガルー	カンガルー	SV	チャ	0.74	1.27	動物	0.750
59	缶切り	カンキリ	R	ギン	2.18	3.54	道具	0.158
60	木	キ	R	ミドリ	0.85	1.32	植物	0.731
61	機関銃	キカンジュウ	R	クロ	1.38	2.64	武器	0.500
62	ギター	ギター	SV	チャ	1.55	0.72	楽器	0.857
63	キツツキ	キツツキ	R	クロ	2.67	1.62	鳥	0.571
64	キツネ	キツネ	SV	キ	2.16	0.81	動物	0.857
65	キノコ	キノコ	SV	チャ	1.69	2.01	食べ物	0.481
66	キャベツ	キャベツ	N	ミドリ	0.32	0.82	野菜	0.857
67	教会	キョウカイ	SV	シロ	0.87	1.19	建物	0.800
68	キリン	キリン	SV	キ	0.85	0.46	動物	0.926
69	キンギョ	キンギョ	R	アカ	1.35	1.34	魚	0.679
70	釘	クギ	SV	ギン	1.29	3.69	工具	0.231
71	鎖	クサリ	SV	ギン	1.35	2.78	金属	0.357
72	櫛	クシ	SV	チャ	2.39	3.83	日用品	0.200
73	クジャク	クジャク	SV	ミドリ	2.58	1.87	鳥	0.407
74	クジラ	クジラ	R	アオ	1.57	1.28	ほ乳類	0.536
75	唇	クチビル	SV	アカ	1.50	1.70	体	0.607
76	靴	クツ	SV	チャ	2.00	2.37	衣料	0.360
77	靴下	クツシタ	SV	シロ	0.66	1.36	衣料	0.750
78	雲	クモ	SV	シロ	0.00	2.61	天気	0.300
79	蜘蛛	クモ	SV	クロ	1.26	0.79	虫	0.824
80	グラス	グラス	SV	*	0.95	3.40	食器	0.190
81	ピアノ	ピアノ	SV	クロ	0.48	0.78	楽器	0.857
82	クリ	クリ	R	チャ	0.00	1.31	食べ物	0.636
83	車	クルマ	R	クロ	2.00	3.15	乗り物	0.370
84	計量カップ	ケイリョウカップ	N	*	0.48	3.28	料理道具	0.214
85	ケーキ	ケーキ	SV	シロ	0.82	2.34	デザート	0.321
86	毛虫	ケムシ	N	ミドリ	1.45	0.72	虫	0.786
87	剣	ケン	R	ギン	1.15	0.79	武器	0.857

刺激ID	概念名	フリガナ	線画区分	典型色	色H	カテゴリーH	カテゴリー名	カテゴリー優越比率
88	コウモリ	コウモリ	N	クロ	0.95	1.23	動物	0.714
89	コート	コート	SV	クロ	2.27	1.05	衣料	0.815
90	コショウ	コショウ	N	シロ	1.92	0.83	調味料	0.818
91	コップ	コップ	SV	*	0.61	3.14	食器	0.286
92	琴	コト	N	チャ	0.95	0.00	楽器	1.000
93	ヘビ	ヘビ	R	ミドリ	2.55	1.36	は虫類	0.476
94	独楽	コマ	SV	チャ	1.44	2.59	おもちゃ	0.269
95	ゴリラ	ゴリラ	SV	クロ	0.80	1.36	動物	0.727
96	コンセント	コンセント	SV	チャ	2.34	2.94	電気製品	0.222
97	サイ	サイ	SV	ハイ	0.25	0.68	動物	0.857
98	サイロ	サイロ	R	チャ	1.82	3.02	倉庫	0.250
99	サカナ	サカナ	N	ギン/アカ/アオ	2.57	2.62	魚類	0.357
100	柵	サク	SV	シロ	1.23	3.61	檻	0.111
101	サクラ	サクラ	N	モモ	0.50	1.81	花	0.444
102	サクランボ	サクランボ	SV	アカ	0.25	0.18	果物	0.964
103	サメ	サメ	N	アオ	1.13	2.22	魚	0.591
104	皿	サラ	N	シロ	0.41	1.22	食器	0.786
105	ザリガニ	ザリガニ	R	アカ	1.10	2.90	生き物	0.313
106	サル	サル	SV	チャ	0.87	0.88	動物	0.821
107	三角定規	サンカクジョウギ	R	*	1.09	3.07	文房具	0.269
108	サンドイッチ	サンドイッチ	SV	シロ	1.56	0.60	食べ物	0.818
109	三輪車	サンリンシャ	N	アカ/*	2.51	2.08	乗り物	0.500
110	シカ	シカ	SV	チャ	0.25	0.43	動物	0.923
111	舌	シタ	R	アカ	1.12	1.93	体	0.607
112	七面鳥	シチメンチョウ	R	*	2.71	2.06	鳥	0.500
113	自転車	ジテンシャ	SV	ギン/アカ	2.00	1.16	乗り物	0.786
114	シマウマ	シマウマ	SV	シロ	1.00	1.27	動物	0.750
115	ジャガイモ	ジャガイモ	SV	チャ	1.37	1.34	野菜	0.577
116	蛇口	ジャグチ	R	ギン	1.39	3.84	水道	0.143
117	ジャケット	ジャケット	R	クロ	2.38	1.58	衣料	0.682
118	スコップ	スコップ	R	ギン	2.44	2.39	道具	0.538
119	車輪	シャリン	SV	チャ	1.27	3.41	一部分品	0.179
120	ジャンパー	ジャンパー	R	クロ	2.63	0.88	衣料	0.857
121	ジョウロ	ジョウロ	R	ミドリ	1.58	3.87	道具	0.192
122	鞄	カバン	N	チャ	2.70	3.95	入れ物	0.154
123	城	シロ	R	シロ	0.85	2.21	建物	0.536
124	城	シロ	R	シロ	2.00	1.15	建物	0.808
125	クマ	クマ	N	シロ	1.57	0.70	動物	0.810
126	信号	シンゴウ	R	アカ	2.21	3.46	機械	0.222
127	神社	ジンジャ	R	チャ/アカ	2.35	1.87	建物	0.654
128	スイカ	スイカ	SV	アカ	1.21	1.47	野菜	0.679
129	スイッチ	スイッチ	SV	シロ	1.21	3.65	ボタン	0.238
130	スカート	スカート	SV	シロ	2.26	0.86	衣料	0.857
131	スカンク	スカンク	SV	チャ	0.87	1.16	動物	0.789
132	スキー	スキー	N	アオ	2.98	0.97	スポーツ	0.808
133	バイク	バイク	R	クロ	1.99	1.38	乗り物	0.714
134	スケート靴	スケートグツ	R	シロ	1.98	2.16	くつ	0.571
135	スズメ	スズメ	R	チャ	0.98	1.51	鳥	0.630
136	コンポ	コンポ	R	クロ	1.75	2.67	電化製品	0.346
137	靴	クツ	N	シロ	1.68	2.62	はきもの	0.346

刺激ID	概念名	フリガナ	線画区分	典型色	色H	カテゴリーH	カテゴリー名	カテゴリー優越比率
138	レンチ	レンチ	SV	ギン	0.52	1.35	工具	0.692
139	スプーン	スプーン	SV	ギン	0.24	2.51	食器	0.571
140	ズボン	ズボン	SV	アオ	1.24	0.15	衣料	0.893
141	スリッパ	スリッパ	N	モモ	2.91	3.38	日用品	0.231
142	セーター	セーター	SV	＊	2.86	0.34	衣料	0.938
143	ハクサイ	ハクサイ	SV	ミドリ	0.49	0.76	野菜	0.818
144	船	フネ	R	ハイ	2.50	1.99	乗り物	0.636
145	戦車	センシャ	R	ミドリ	1.88	2.89	乗り物	0.296
146	潜水艦	センスイカン	R	ハイ	2.11	1.29	乗り物	0.731
147	潜水服	センスイフク	R	クロ/アオ	2.10	2.17	衣料	0.600
148	洗濯バサミ	センタクバサミ	SV	チャ	2.64	3.55	道具	0.192
149	ゾウ	ゾウ	SV	ハイ	0.72	0.90	動物	0.821
150	ソファー	ソファー	SV	シロ	1.69	0.57	家具	0.889
151	ソリ	ソリ	N	チャ	2.53	3.04	乗り物	0.296
152	太鼓	タイコ	SV	シロ	1.64	1.43	楽器	0.714
153	ダイコン	ダイコン	R	シロ	0.39	0.81	野菜	0.821
154	大砲	タイホウ	SV	クロ	1.91	2.71	武器	0.519
155	太陽	タイヨウ	SV	アカ	1.72	2.95	惑星	0.231
156	滝	タキ	R	アオ	1.44	2.67	自然	0.296
157	竹	タケ	N	ミドリ	0.41	1.06	植物	0.808
158	竹馬	タケウマ	N	ミドリ	1.95	2.37	おもちゃ	0.409
159	凧	タコ	SV	シロ/アカ	2.22	2.73	おもちゃ	0.318
160	ダチョウ	ダチョウ	SV	チャ/シロ	2.32	1.77	鳥	0.364
161	タツノオトシゴ	タツノオトシゴ	SV	キ	2.72	3.14	海の生き物	0.273
162	タヌキ	タヌキ	R	チャ	1.05	0.73	動物	0.857
163	タバコ	タバコ	SV	シロ	0.50	4.06	葉	0.136
164	タマネギ	タマネギ	SV	チャ	1.49	1.23	野菜	0.714
165	樽	タル	SV	チャ	0.00	3.34	入れ物	0.176
166	船	フネ	R	シロ	2.16	1.71	乗り物	0.704
167	タンス	タンス	SV	チャ	0.75	1.72	家具	0.619
168	暖炉	ダンロ	R	チャ	1.76	3.67	暖房器具	0.185
169	チューリップ	チューリップ	N	アカ	1.23	0.57	花	0.852
170	チョウ	チョウ	N	シロ	1.74	1.83	昆虫	0.500
171	机	ツクエ	SV	チャ	1.02	1.00	家具	0.821
172	机	ツクエ	SV	チャ	0.55	1.73	家具	0.714
173	羽	ハネ	N	シロ	0.80	4.07	動物	0.143
174	ツバメ	ツバメ	R	クロ	2.00	1.23	鳥	0.727
175	壺	ツボ	R	シロ	2.98	3.45	骨とう品	0.176
176	蕾	ツボミ	R	ミドリ	2.29	1.17	植物	0.577
177	爪切り	ツメキリ	A	ギン	1.19	3.22	道具	0.286
178	鶴	ツル	R	シロ	2.04	1.69	鳥	0.591
179	手	テ	SV	キ	0.25	1.47	体	0.704
180	Tシャツ	ティーシャツ	N	シロ	2.25	0.24	衣料	0.944
181	テープレコーダー	テープレコーダー	R	クロ	1.48	3.17	機械	0.259
182	手袋	テブクロ	SV	チャ	2.72	2.83	衣料	0.429
183	手袋	テブクロ	SV	シロ/アカ	2.47	2.48	衣料	0.400
184	テレビ	テレビ	SV	クロ	2.34	2.52	電気製品	0.393
185	電気スタンド	デンキスタンド	R	シロ	2.69	2.44	電気製品	0.294
186	電球	デンキュウ	SV	シロ	2.10	3.26	電気製品	0.250
187	電車	デンシャ	R	ギン	2.76	1.55	乗り物	0.727
188	電子レンジ	デンシレンジ	R	シロ/ギン	1.86	2.64	電化製品	0.357

刺激ID	概念名	フリガナ	線画区分	典型色	色H	カテゴリーH	カテゴリー名	カテゴリー優越比率
189	テント	テント	R	ミドリ	2.44	3.64	キャンプ	0.182
190	テントウムシ	テントウムシ	R	アカ	1.15	0.87	虫	0.706
191	電話	デンワ	SV	クロ	1.14	2.96	電気製品	0.286
192	ドア	ドア	SV	チャ	1.02	3.07	家具	0.321
193	トウモロコシ	トウモロコシ	SV	キ	0.24	1.41	野菜	0.714
194	トースター	トースター	SV	ギン	2.08	3.17	電気製品	0.286
195	時計	トケイ	SV	クロ	2.91	3.65	道具	0.179
196	トマト	トマト	SV	アカ	0.64	0.66	野菜	0.893
197	トラ	トラ	SV	キ	1.81	1.47	動物	0.704
198	ドライバー	ドライバー	SV	ギン	1.52	2.35	工具	0.370
199	トラクター	トラクター	N	アカ	2.75	1.80	車	0.545
200	トラック	トラック	SV	アオ	2.35	1.38	車	0.481
201	トランプ	トランプ	N	シロ	1.77	2.95	ゲーム	0.214
202	トランペット	トランペット	SV	キン	0.72	0.59	楽器	0.893
203	ドレス	ドレス	R	シロ	2.35	0.23	衣料	0.963
204	トロッコ	トロッコ	R	チャ	1.99	1.70	乗り物	0.682
205	トンボ	トンボ	N	アカ	1.88	1.44	虫	0.524
206	ナイフ	ナイフ	SV	ギン	0.00	3.08	刃物	0.333
207	ネジ	ネジ	SV	ギン	0.25	2.99	金属	0.308
208	鍋	ナベ	SV	ギン	0.95	3.45	生活用品	0.150
209	ニワトリ	ニワトリ	SV	シロ	0.76	1.68	鳥	0.444
210	ニワトリ	ニワトリ	SV	シロ	1.27	1.51	鳥	0.593
211	女の子	オンナノコ	SV	キ	2.23	0.84	人間	0.818
212	ニンジン	ニンジン	R	ダイダイ	1.10	0.57	野菜	0.852
213	ネクタイ	ネクタイ	SV	アオ	2.44	2.24	衣料	0.571
214	ネコ	ネコ	SV	シロ	2.03	1.26	動物	0.750
215	ネジ	ネジ	SV	ギン	0.74	3.15	一部分品	0.250
216	ネズミ	ネズミ	SV	ハイ	1.00	1.26	動物	0.741
217	ネックレス	ネックレス	SV	シロ	1.92	1.81	装飾品	0.682
218	ノコギリ	ノコギリ	N	ギン	0.00	2.40	道具	0.286
219	ドアノブ	ドアノブ	SV	ギン	1.38	2.93	家具	0.423
220	鑿	ノミ	SV	ギン	1.92	0.91	虫	0.833
221	歯	ハ	R	シロ	0.00	2.79	体	0.423
222	葉っぱ	ハッパ	N	ミドリ	0.50	0.86	植物	0.810
223	ハート	ハート	SV	モモ	1.20	3.47	記号	0.296
224	ハープ	ハープ	SV	チャ	2.29	0.49	楽器	0.895
225	ハーモニカ	ハーモニカ	R	ギン	0.78	0.28	楽器	0.952
226	バイオリン	バイオリン	SV	チャ	0.50	0.22	楽器	0.964
227	灰皿	ハイザラ	SV	ギン	2.17	3.95	皿	0.111
228	パイナップル	パイナップル	SV	キ	0.76	0.32	果物	0.926
229	ハイヒール	ハイヒール	N	アカ	1.51	0.82	くつ	0.857
230	パイプ	パイプ	SV	チャ	1.12	3.47	道具	0.179
231	ハエ	ハエ	N	クロ	1.32	1.02	虫	0.786
232	ハクチョウ	ハクチョウ	SV	シロ	0.31	1.22	鳥	0.588
233	箱	ハコ	SV	チャ	1.77	3.15	入れ物	0.333
234	ハサミ	ハサミ	SV	ギン	1.66	2.84	文房具	0.429
235	梯子	ハシゴ	SV	ギン	1.41	2.72	道具	0.481
236	バス	バス	SV	アオ	2.78	1.57	乗り物	0.643
237	カゴ	カゴ	SV	チャ	0.28	3.45	日用品	0.174
238	旗	ハタ	SV	シロ	1.56	3.24	布	0.286
239	蜂	ハチ	SV	キ	1.16	1.04	虫	0.704

刺激ID	概念名	フリガナ	線画区分	典型色	色 H	カテゴリー H	カテゴリー名	カテゴリー優越比率
240	バッタ	バッタ	SV	ミドリ	1.18	1.43	虫	0.630
241	バット	バット	SV	チャ	2.30	2.53	スポーツ用品	0.357
242	ハト	ハト	N	ハイ	1.20	1.39	鳥	0.607
243	花	ハナ	SV	キ	2.58	0.29	植物	0.950
244	鼻	ハナ	SV	キ	0.95	2.88	体	0.333
245	バナナ	バナナ	SV	キ	0.00	1.08	果物	0.750
246	歯ブラシ	ハブラシ	SV	シロ	2.01	3.63	日用品	0.222
247	葉巻	ハマキ	SV	チャ	1.89	1.22	タバコ	0.588
248	バラ	バラ	N	アカ	0.72	0.65	花	0.821
249	針	ハリ	SV	ギン	0.41	2.94	さいほう道具	0.333
250	バレーボール	バレーボール	N	シロ	0.97	1.61	玉	0.630
251	パン	パン	SV	シロ	1.02	0.71	食べ物	0.857
252	ハンガー	ハンガー	SV	アオ	2.50	4.28	道具	0.111
253	ハンカチ	ハンカチ	R	シロ	1.82	3.32	布	0.308
254	ハンモック	ハンモック	R	シロ	2.21	3.39	寝具	0.222
255	ピーナッツ	ピーナッツ	SV	キ	1.41	1.70	食べ物	0.536
256	カワウソ	カワウソ	R	チャ	0.57	1.56	動物	0.720
257	ピーマン	ピーマン	SV	ミドリ	0.00	0.36	野菜	0.929
258	ピエロ	ピエロ	SV	アカ	2.23	3.40	サーカス	0.296
259	飛行機	ヒコウキ	SV	シロ	0.64	0.81	乗り物	0.857
260	ピストル	ピストル	SV	クロ	0.28	1.84	武器	0.654
261	ヒツジ	ヒツジ	SV	シロ	0.31	0.62	動物	0.864
262	指	ユビ	SV	キ	1.12	2.13	体	0.536
263	ヒマワリ	ヒマワリ	N	キ	1.04	0.63	花	0.815
264	豹	ヒョウ	SV	キ	1.59	1.21	動物	0.786
265	ピラミッド	ピラミッド	R	チャ	1.39	2.84	世界遺産	0.429
266	瓶	ビン	SV	*	1.84	3.21	われもの	0.240
267	風車	フウシャ	SV	チャ	1.99	3.72	建物	0.211
268	風船	フウセン	SV	アカ	2.68	2.53	おもちゃ	0.409
269	ブーツ	ブーツ	SV	クロ	2.22	1.39	くつ	0.722
270	手紙	テガミ	SV	シロ	0.90	3.00	紙	0.458
271	プール	プール	R	アオ	0.95	4.13	遊具	0.115
272	笛	フエ	SV	シロ	2.06	0.00	楽器	1.000
273	フォーク	フォーク	SV	ギン	0.25	1.34	食器	0.778
274	フクロウ	フクロウ	SV	チャ	1.43	1.65	鳥	0.524
275	ブタ	ブタ	SV	モモ	1.18	1.12	動物	0.786
276	筆	フデ	N	チャ	1.65	2.12	筆記用具	0.500
277	ブドウ	ブドウ	SV	ムラサキ	0.82	0.18	果物	0.964
278	フライパン	フライパン	SV	クロ	1.70	2.90	料理道具	0.321
279	ブラウス	ブラウス	SV	シロ	1.67	1.05	衣料	0.818
280	ブラシ	ブラシ	SV	チャ	2.28	3.66	道具	0.148
281	ブランコ	ブランコ	SV	チャ	2.67	1.23	遊具	0.786
282	フルート	フルート	SV	ギン	1.19	0.00	楽器	1.000
283	レコード	レコード	SV	クロ	1.57	3.38	音楽	0.318
284	ブロック	ブロック	R	ハイ	0.53	3.62	おもちゃ	0.240
285	ベスト	ベスト	SV	クロ	1.21	1.60	衣料	0.714
286	ベッド	ベッド	SV	チャ	1.76	0.82	家具	0.815
287	ヘビ	ヘビ	SV	ミドリ	1.61	0.98	動物	0.500
288	ペリカン	ペリカン	N	シロ	0.82	1.88	鳥	0.429
289	ヘリコプター	ヘリコプター	SV	シロ	2.39	2.57	乗り物	0.536
290	ベル	ベル	SV	キン	1.32	2.73	楽器	0.464

刺激ID	概念名	フリガナ	線画区分	典型色	色H	カテゴリーH	カテゴリー名	カテゴリー優越比率
291	ベルト	ベルト	SV	チャ	1.95	1.94	衣料	0.536
292	ヘルメット	ヘルメット	SV	シロ	2.92	3.31	防具	0.250
293	ヘルメット	ヘルメット	N	クロ	2.30	4.21	防具	0.143
294	ペンギン	ペンギン	SV	クロ	1.68	1.45	動物	0.607
295	ベンチ	ベンチ	N	チャ	1.85	2.10	いす	0.520
296	ベンチ	ベンチ	N	ギン	2.61	1.34	工具	0.737
297	箒	ホウキ	SV	チャ	0.66	1.90	そうじ道具	0.607
298	帽子	ボウシ	SV	クロ/キ	2.95	2.46	衣料	0.429
299	帽子	ボウシ	SV	クロ	2.37	2.39	衣料	0.524
300	包丁	ホウチョウ	R	ギン	1.12	3.56	調理道具	0.222
301	お椀	オワン	SV	ギン	2.18	0.90	食器	0.852
302	ペン	ペン	SV	クロ	2.21	2.05	文房具	0.438
303	星	ホシ	SV	キ	1.26	2.15	惑星	0.385
304	ボタン	ボタン	SV	シロ	2.29	2.73	衣料	0.444
305	骨	ホネ	R	シロ	0.48	2.13	体	0.593
306	バケツ	バケツ	SV	アオ	1.45	3.53	生活用品	0.227
307	ホルン	ホルン	SV	キン	0.89	1.06	楽器	0.786
308	本	ホン	SV	シロ	2.55	2.90	書物	0.370
309	本棚	ホンダナ	R	チャ	0.64	2.18	家具	0.607
310	松	マツ	R	ミドリ	0.81	1.44	植物	0.455
311	窓	マド	N	＊	1.12	2.79	ガラス	0.296
312	眉毛	マユゲ	R	クロ	0.83	1.73	毛	0.632
313	万年筆	マンネンヒツ	N	クロ	2.01	2.13	文房具	0.412
314	月	ツキ	SV	キ	1.21	2.47	惑星	0.429
315	ミカン	ミカン	SV	ダイダイ	0.66	1.03	果物	0.786
316	ミシン	ミシン	N	シロ	3.00	3.72	電気製品	0.148
317	椅子	イス	R	チャ	1.10	2.32	家具	0.545
318	耳	ミミ	SV	キ	0.25	2.44	体	0.393
319	目	メ	SV	クロ	1.37	1.70	体	0.607
320	眼鏡	メガネ	SV	＊	2.48	3.51	道具	0.240
321	メロン	メロン	R	ミドリ	0.00	0.95	果物	0.815
322	麺棒	メンボウ	SV	チャ	1.74	4.08	道具	0.179
323	定規	ジョウギ	SV	＊	1.83	1.41	文房具	0.714
324	モノレール	モノレール	R	シロ	2.19	1.43	乗り物	0.714
325	桃	モモ	SV	モモ	1.61	0.44	果物	0.929
326	ヤカン	ヤカン	SV	ギン	1.50	3.68	台所用品	0.214
327	ヤギ	ヤギ	SV	シロ	0.28	1.27	動物	0.750
328	矢印	ヤジルシ	SV	シロ	2.38	2.11	記号	0.630
329	ヤスリ	ヤスリ	SV	ギン	1.67	3.00	道具	0.364
330	山	ヤマ	R	ミドリ	1.77	1.12	自然	0.815
331	ポスト	ポスト	R	アカ	0.95	3.12	郵便	0.259
332	雪ダルマ	ユキダルマ	SV	シロ	0.50	3.38	雪	0.259
333	指ぬき	ユビヌキ	N	ギン	1.78	2.65	さいほう道具	0.438
334	指輪	ユビワ	SV	ギン	1.59	1.15	装飾品	0.786
335	ユリ	ユリ	N	シロ	1.05	0.99	花	0.750
336	梨	ナシ	SV	ミドリ	1.52	1.08	果物	0.773
337	ヨーヨー	ヨーヨー	R	アオ	2.97	2.46	おもちゃ	0.455
338	ヨット	ヨット	SV	シロ	1.60	1.22	乗り物	0.679
339	ヨット	ヨット	N	シロ	1.58	1.44	乗り物	0.679
340	ライオン	ライオン	SV	チャ	1.56	0.00	動物	1.000
341	ラクダ	ラクダ	SV	チャ	1.14	1.48	動物	0.714

刺激ID	概念名	フリガナ	線画区分	典型色	色H	カテゴリーH	カテゴリー名	カテゴリー優越比率
342	ラグビーボール	ラグビーボール	SV	チャ	0.31	2.28	玉	0.500
343	ラケット	ラケット	SV	クロ	2.62	2.42	スポーツ用品	0.370
344	ラジオ	ラジオ	N	クロ	1.36	2.44	電化製品	0.407
345	リス	リス	SV	チャ	0.00	0.78	動物	0.857
346	リス	リス	N	チャ	1.70	1.19	動物	0.704
347	リボン	リボン	SV	モモ	1.94	2.17	装飾品	0.529
348	リンゴ	リンゴ	SV	アカ	0.70	0.18	果物	0.964
349	冷蔵庫	レイゾウコ	SV	シロ	0.90	2.54	電化製品	0.333
350	レモン	レモン	SV	キ	0.00	1.14	果物	0.679
351	ロウソク	ロウソク	SV	シロ	0.74	3.61	日用品	0.179
352	ロープウェイ	ロープウェイ	R	シロ	2.47	1.84	乗り物	0.643
353	ローラースケート	ローラースケート	SV	クロ	3.04	3.29	スポーツ	0.176
354	ロケット	ロケット	R	シロ	1.58	2.52	乗り物	0.455
355	瓶	ビン	SV	＊	1.62	2.95	入れ物	0.227
356	ロバ	ロバ	SV	チャ	1.34	1.05	動物	0.815
357	シャツ	シャツ	R	シロ	0.32	0.00	衣料	1.000
358	タカ	タカ	SV	チャ	1.35	1.38	鳥	0.571
359	ワシ	ワシ	N	シロ	2.22	1.62	鳥	0.524
360	ワニ	ワニ	SV	ミドリ	0.87	0.98	動物	0.741

第2章 マガーク効果
人間は目でも音を聴く

重要用語
▶マガーク効果　▶読話　▶視聴覚統合

---

1 はじめに

　映画では，スパイが読唇術を使って相手の口の動きから何を言っているのかを読み取っている場面を見かけることがある。映画はフィクションかもしれないが，現実の場面でも，野球の試合でキャッチャーがピッチャーと話をするとき，口元から発話を読みとられないようにグラブで口元を隠しているのを見かけることがある。また，高齢者から「今日はめがねを忘れちゃったから，なんだか聞き取りにくいよ」というエピソードを聞くこともある。これらのエピソードは，人間が日常的に相手の声だけでなく，口の動きも利用して話し言葉を理解していることを表している。

　読唇「術」というと特殊な能力を想像してしまうが，口の動きのみから読み取るのではなく，補聴器や人工内耳を装用した人が話し声の聴覚情報と口の動きの視覚情報を併用することや，正常な聴力の人が騒がしい場所などで口の動きの視覚情報を併用することなども含めて，知覚心理学の研究の世界では，読話（lipreading）と呼んでおり，赤ちゃんから高齢者までだれもがもつ能力だと考えられている。このような視覚と聴覚を併用した音声知覚は，大きく分けて2種類の実験状況で研究が進められてきた（積山，2011）。1つは，通常の音声と口の動きが一致した状況での検討，もう1つは人工的に音声と口の動きを矛盾させた状況での検討である。

　イギリスの心理学者であるマガークとマクドナルド（McGurk & MacDonald, 1976）は，口の動きが音声と矛盾するとき，音声の聞こえが変容すること（マガーク効果，McGurk effect）を発見した。彼らは「ガ」と発話し

ている場面を収録したビデオの音声トラックを「バ」と発話している音声と入れ替えたビデオを作成した。このビデオを視聴した実験参加者は，視覚情報は「ガ」，聴覚情報は「バ」という矛盾する情報を与えられることになる。実験の結果，実験参加者が知覚した音節は「ガ」でも「バ」でもなく，「ダ」という回答が多かった。つまり，矛盾する視覚情報の存在によって，聴覚情報の聞こえに変化がもたらされてしまうのである。このような知覚は視聴覚統合（audiovisual integration）と呼ばれ，視覚と聴覚という異なった感覚器官からの情報が脳内で統合した結果として生じると考えられている。

本演習では日本語を母語とする日本人の実験参加者を対象として，マガーク効果を再現できるかどうか検討することを目的とする。

2 方法

2.1 実験参加者

日本語を母語とする大学生10名程度とする。視力（矯正可）や聴力に問題がないことを事前に確認しておく。

2.2 要因計画

呈示条件（聴覚/視聴覚一致/視聴覚不一致）を独立変数とする1要因3水準の実験計画とする（被験者内要因）。従属変数は各条件での音声回答率（本章3.1参照）である。

2.3 材料

「パ」「タ」「カ」の3種類の音節を発話している話者の動画をもとに，以下の通り全4条件分の動画を用意する。視聴覚一致条件では映像も音声も同じ音節を発話している動画（つまり，収録した「パ」「タ」「カ」の3種類の動画そのもの）を用いる。視聴覚不一致条件では映像と音声が異なった音節を発話している動画，具体的には映像の口の動きは「カ」で，音声は「パ」であるような組み合わせ（1種類のみ）を用いる。聴覚条件では映像をブラ

ンク（画面が真っ黒になった状態）にして，音声のみ呈示される動画を用いる（計3種類）。以上3条件に加えて，視覚条件も設けて，無音の動画を用いる（計3種類）。なお，話者による口の動きや音声の個人性を相殺するために，複数の話者による発話を収録する。演習用の刺激は，本演習用のWebサイト（序章の**4**節を参照）からダウンロードして利用してもよいし，自作してもよいだろう。

　自分たちで刺激を作成する場合，騒音がなく静かな場所で，十分な照明を確保したうえで収録する。「パ」「タ」「カ」の3種類の発話をビデオ収録し，その後に動画を編集して実験用の刺激を作成する。映像はデジタルビデオカメラで撮影する。音声はビデオカメラに内蔵のマイクロホンを用いてもよいが，より高品質の音声を収録するために，もし可能ならビデオカメラに外部マイクロホンを接続して録音するとよい。収録後，動画編集ソフトウェアを用いて，発話音声の切り出しを行う。各発話者の「パ」「タ」「カ」の3種類の発話それぞれについて，発話開始直前に口が動き出すフレームから，発話終了後に口が静止するフレームまでを切り出すことで，視聴覚一致条件の実験刺激が完成する。その後，各発話者の「カ」の発話動画の音声トラックを同じ話者の「パ」の発話音声に置き換えることで，視聴覚不一致刺激を作成する。音声を置き換える際，「パ」の音の開始時点が，元の「カ」の音の開始時点と同じタイミングになるように細心の注意を払う。視覚条件で用いる無音の動画や，聴覚条件で用いるブランク映像の動画の作成も含め，WindowsコンピューターにØ付属しているWindows Movie Makerを用いれば，これらの動画編集を比較的手軽に行うことができる。

2.4 装置

　PowerPoint（Microsoft社）を使い，動画刺激の映像をコンピューター画面上に呈示し，音声をスピーカーから呈示する。回答用紙としてA4サイズの白紙を用意する。観察される顔の大きさによってマガーク効果の起きやすさが変化するため，17インチモニターを1024×768ピクセルの解像度

に設定して640×480ピクセルの動画を呈示する場合，実験参加者の目の位置から画面までの距離は60 cm程度とする．

PowerPointと回答用紙を用いる代わりに，実験制御ソフトウェアないし自作の実験制御プログラムを用いてもよい．この場合，反応の記録を自動化できるし，回答後に次の試行が始まるまでの待ち時間を節約できる．

2.5 一般的手続き

各試行ではまず注視点を画面中央に500ミリ秒呈示し，ビープ音をスピーカーから呈示する．注視点消失の500ミリ秒後に動画呈示を開始する．動画呈示の終了後，実験参加者は発話者が何と言っていたかを判断し，回答用紙の「パ」「タ」「カ」のいずれかに○を付ける．刺激の呈示と回答の記入を合わせて，1試行あたりの時間は8秒程度とする．例えば，発話者が3名で，音節が3種類，実験条件が計4条件の場合，1セッションの試行数は $3 \times 3 \times 4 = 36$ 試行となり，約5分で終了する．実験結果を安定させるため，なるべく2〜3セッション繰り返し実施するとよいだろう．

2.6 教示

「実験ではさまざまな人物が『パ』『タ』『カ』のいずれかを発話した映像と音声のどちらか，ないしは両方が呈示されます．注視点が呈示されたら，その後呈示される映像と音声によく注意を向けて，人物が何と言っているのかを判断して，回答用紙の『パ』『タ』『カ』のいずれかに○を付けてください．1試行あたりの時間は8秒程度で，1セッションの時間は5分程度です」

3 結果の整理と考察のポイント

3.1 結果の整理

実験参加者ごとに，各条件での音声回答率（回答が音声の発話内容に基づいている割合）を算出する．聴覚条件，視聴覚一致条件，視聴覚不一致条件では，映像が何であったかにかかわらず，動画の音声の発話内容（「パ」「タ」

「カ」のいずれか）と，実験参加者の回答が一致していた割合が，音声回答率に相当する。視覚条件では音声は呈示されないため，分析から除外する。

続いて，各条件での全参加者の平均音声回答率を求め，結果をグラフ化するとともに，分散分析を行う。

3.2 考察のポイント
1）マガーク効果は生じたか？
視聴覚一致条件と視聴覚不一致条件の音声回答率に差があれば，マガーク効果が生じたといえるだろう。
2）読話による促進効果・妨害効果は生じたか？
聴覚条件と視聴覚一致条件の音声回答率を比較することで，音声と一致した口の動きを観察すること（読話）によってどの程度音声の聞き取りが促進されるのかを検討できる。同様に，聴覚条件と視聴覚不一致条件の音声回答率を比較すれば，音声と不一致の口の動きを観察することによる干渉効果を算出することができる。促進効果と干渉効果では，どちらが大きいだろうか。

4 発展的課題

本実験では発話音声そのものは加工せずに使用することとしたが，音声聴取に対する視覚情報の影響は，音声が聞き取りにくい状況ではより強まることが知られている（Sumby & Pollack, 1954）。音声にノイズを加えるなどして音声を聞き取りにくい状況を人工的に作り出せば，マガーク効果がより強力なものになるだろう。とりわけ，音声と一致した口の動きを呈示することによる促進効果に着目したい場合，音声が聞き取りやすいと聴覚条件での音声回答率がほぼ100％となり天井効果が生じてしまうため，このような工夫をすることが望ましい。

マガーク効果の生じやすさには文化差がある。日本人（日本語母語話者）ではマガーク効果が生じにくいとの報告がある（Sekiyama & Tohkura, 1991）。また最近，サーラスティほか（Saalasti et al., 2011）は，実験参加者の

自閉症傾向とマガーク効果の間に関連性を見出している。複数の言語的背景をもつ参加者の協力が得られたり，性格傾向を測定する質問紙を利用できたりするならば，文化差や性格差について検討することも興味深いだろう。

【引用文献】•••••

McGurk, H., & MacDonald, J.（1976）. Hearing lips and seeing voices. *Nature*, **264**, 746-748.
Saalasti, S., Tiippana, K., Kätsyri, J., & Sams, M.（2011）. The effect of visual spatial attention on audiovisual speech perception in adults with Asperger syndrome. *Experimental Brain Research*, **213**, 283-290.
積山　薫（2011）. 視覚と聴覚による音声知覚：言語／文化による差とその発達. 認知科学, **18**, 387-401.
Sekiyama, K., & Tohkura, Y.（1991）. McGurk effect in non-English listeners：Few visual effects for Japanese subjects hearing Japanese syllables of high auditory intelligibility. *Journal of the Acoustical Society of America*, **90**, 1797-1805.
Sumby, W. H., & Pollack, I.（1954）. Visual contribution to speech intelligibility in noise. *Journal of the Acoustical Society of America*, **26**, 212-215.

読書案内

■北岡明佳（編著）（2011）. **知覚心理学：心の入り口を科学する**　いちばんはじめに読む心理学の本 5　ミネルヴァ書房
　「心の入り口」である知覚について，運動視や立体視といった伝統的なトピックから，顔の知覚や美の知覚といった最新のトピックまで網羅して，初学者にもわかりやすく解説している書籍。第 11 章では視聴覚統合を含めたさまざまな多感覚相互作用のトピックを扱っており，併せて読むことで本演習の内容への理解を深めることができるだろう。

■重野　純（2003）. **音の世界の心理学**　ナカニシヤ出版
　音声や音楽など，聴覚による認知全般について，感覚・知覚の基礎から，日常的な認知に至るまで広範な内容を紹介した書籍。第 6 章では視聴覚統合のトピックを扱っており，本演習の内容と密接に関連した知識を得ることができる。

第3章 顔と声による感情認知
顔は笑顔でも，声は…

重要用語

▶感情認知　▶表情　▶パラ言語情報

1 はじめに

　他者の感情を理解することは，円滑な社会的関係を維持するうえで不可欠と言える。私たちは常日頃から，話し相手がいまどのような気持ちであるのかを顔に表れる表情（facial expression）をもとに判断している。電話などで顔が見えない状況でも，相手の声の大きさ，高さ，速さ，間合い，声質などのパラ言語情報（paralinguistic information）をもとに感情を判断している。顔と声が両方使える場面では，手がかりが2つあるおかげで相手の感情を推し量るのは容易に思えるかもしれない。しかし，ときに私たちは本心を顔に出すのを控えることもある。上司に対して怒りを覚えるとき，気持ちをぐっとこらえて笑顔で振舞うかもしれない。でも，そのとき声のトーンには怒りがにじみ出てしまっているかも…？　そう考えてみると，相手の感情を推測するとき，複数の情報源があれば判断が簡単になるとも限らないようだ。

　では，視覚から得られる顔の表情と聴覚から得られる音声のパラ言語情報は，他者の感情を認知するプロセスにおいてどのように関わりあっているのだろうか。デ・ゲルダーとフローメン（de Gelder & Vroomen, 2000）[1]は，感情認知（emotion perception）において表情と音声が相互におよぼしあう影響について検討した。彼女らの研究の方法論的な工夫の1つは，表情と音声の感情価が一致する条件と一致しない条件を設けたところにある。つまり，顔の表情は喜びを表現しているけれど，声は悲しみを表現しているといった状況を人工的に作り出して実験を行っている。実験では喜びまた

は悲しみを表現した顔画像と同時に，喜びまたは悲しみを表現した発話音声を呈示した。実験参加者は顔の表情を見つつ音声を聞いたうえで，この人物が喜んでいるのか悲しんでいるのかを判断するよう求められた。実験では2種類の教示が用いられた。第1の教示では，実験参加者は音声に込められた感情は無視して，顔の表情のみに基づいて回答するように求められた（第2実験）。もし顔の表情と音声の感情認知プロセスが独立であるならば，表情認知の正答率は表情と音声の感情価が一致しているか否かによらず一定となるはずである。ところが実験の結果，音声に込められた感情を無視するように教示されたにもかかわらず，表情の判断は音声による影響を受けることがわかった。第2の教示では，実験参加者は音声に込められた感情について回答し，顔の表情は判断の際に考慮しないように求められた（第3実験）。実験の結果，声による感情認知も顔の表情による影響を受けることが示された。これらの実験結果は，顔から声，そして声から顔の双方向で，感情認知において半ば強制的に相互影響が生じることを示している。つまり，感情認知において視覚情報である顔の表情と，聴覚情報である声のパラ言語情報は，独立して処理されるのではなく，相互に影響をおよぼしあっているのである。

本章では，デ・ゲルダーとフローメン（2000）の実験を参考に，顔表情判断におよぼす音声の影響と，音声感情判断におよぼす顔表情の影響について検討してみよう。

2 方法

2.1 実験参加者

デ・ゲルダーとフローメン（2000）の実験を参考に，大学生16名程度とする。男女の人数が同数程度であることが望ましい。視力（矯正可）や聴力に問題がないことを事前に確認しておく。

2.2 要因計画

課題（顔注意/声注意）と一致性（一致/不一致）を独立変数とする2×2の

2 要因被験者内計画とする。従属変数は各条件での正答率である。

2.3 材料

　喜びと怒りを表現した顔画像と，喜びと怒りを表現した発話音声を用いる。演習用の刺激は，本演習用の Web サイト（序章の **4 節**を参照）からダウンロードして利用してもよいし，自作してもよいだろう。

　自分たちで作成する場合，騒音がなく静かな場所で，十分な照明を確保したうえで収録する。顔画像の収録にはデジタルカメラを用い，発話音声の収録にはマイクロホンのついたデジタル録音機材を用いる（これらの機能をもつスマートフォンを用いてもよい）。表情や音声には個人差が大きく，1 名の演技のみだと非常に偏った事例となってしまうこともあるため，男女各 2 名程度の学生に協力を依頼するとよいだろう。発話音声は「そうなんですか」「これなに？」「はい，もしもし」「どうなってるの？」などのように，意味的には中立で，さまざまな感情を込めて発話できるような短めのフレーズ（長さ 1～2 秒程度）を 4 種類程度用意する。顔と声は同時に収録する必要はなく，まず顔の収録（喜び/怒り）を行い，続いて声の収録（喜び/怒り）を行うとやりやすい。それぞれ複数回演技してもらったものを収録する。収録後，実験用のセットを選定するために予備実験を行い，各刺激の正答率を調べたうえで取捨選択する。最終的には，4 人の発話者による喜びと怒りの顔写真を 1 枚ずつ（計 8 枚），各発話者がそれぞれ 4 種類のセリフに喜びおよび怒りを込めて発話した音声（計 32 種類）を選定し，それぞれの音声に同一話者の喜びおよび怒りの顔写真を組み合わせて計 64 種類の刺激セットを作成する。音声は wave 形式で用意し，音声編集ソフトウェアを用いて，発話開始前や発話終了後の無音区間は削除しておく。

2.4 装置

　PowerPoint（Microsoft 社）を使い，顔画像はコンピューター画面上に呈示する。音声はコンピューターと接続したスピーカー（ヘッドホンでもよい）から顔画像と同時に呈示する。回答は，問題番号と選択肢を記載した A4

サイズの回答用紙に記入させる。なお，実験参加者の目の位置から画面までの距離は 60 cm とする。PowerPoint と回答用紙を用いる代わりに，実験制御ソフトウェアないし自作の実験制御プログラムを用いれば，反応の記録を自動化できる。

2.5 一般的手続き

実験では顔注意課題と声注意課題の 2 種類を実施する。以下に，個々の手順を詳しく述べる。

顔注意課題では，画面に呈示される顔の表情を見て，人物が喜んでいるのか怒っているのかを判断し，二肢強制選択で回答するように求める。スピーカーから呈示される音声は，判断の際に考慮しないように求める。

声注意課題では，スピーカーから呈示される音声を聞いて，人物が喜んでいるのか怒っているのかを判断し，二肢強制選択で回答するように求める。画面に呈示される顔の表情は，判断の際に考慮しないように求める。

いずれの課題でも，各試行ではまず注視点を画面中央に 500 ミリ秒呈示し，同時にビープ音をスピーカーから呈示する。注視点消失の 500 ミリ秒後に顔画像を呈示する。顔画像の呈示開始と同期して，発話音声をスピーカーから呈示する。発話音声の呈示終了と同時に顔画像も消失させる。その後，実験参加者は人物の顔ないし声をもとに人物の感情を判断し，回答用紙に記入する。刺激の呈示と回答の記入を合わせて，1 試行あたりの時間は 8 秒程度とする。1 セッションの時間は 10 分以内に収まるようにする。発話者が男女計 4 名で，フレーズが 4 種類，顔と声の組み合わせ 4 種類（喜び顔＋喜び声，喜び顔＋怒り声，怒り顔＋喜び声，怒り顔＋怒り声）の場合，1 セッションの試行数は 4×4×4＝64 試行となり，約 9 分で終了する。

2.6 教示

1）課題全体についての教示

「この実験では，さまざまな人物が感情を表現した顔画像と，感情を表現した音声が同時に呈示されます。顔の表情を見つつ音声を聞いたうえで，

この人物が喜んでいるのか怒っているのかを判断して，回答用紙の『喜び』または『怒り』のどちらかに○を付けてください。回答は，顔画像が消えた後に回答用紙に記入してください。1試行あたりの時間は8秒程度で，1セッションの時間は10分程度です。実験は全部で2セッション実施します」

2）顔注意課題の教示
「このセッションでは，顔の表情を見つつ音声を聞いたうえで，この人物の表情が喜びまたは怒りのどちらの感情を表しているのかを判断してください。感情を判断する際には，スピーカーから呈示された音声は考慮に入れないでください」

3）声注意課題の教示
「このセッションでは，顔の表情を見つつ音声を聞いたうえで，この人物の声が喜びまたは怒りのどちらの感情を表しているのかを判断してください。感情を判断する際には，顔の表情は考慮に入れないでください」

2.7 そのほかの留意点

1）教示を守っていることの確認
　顔注意課題と声注意課題では，同じ実験刺激が呈示され，実験参加者はセッションごとに異なった教示のもとに課題を遂行する。この際，教示を守っていることを実験者が常に監視することが非常に重要である。顔注意課題では耳を両手で塞ぎでもしない限り，音声は否応なく知覚されるが，声注意課題では目を背ければ顔画像は知覚されず，声のみを呈示された状態になってしまう。したがって実験者は，実験参加者の傍にいるか，あるいは監視カメラを通して実験室外からモニターするなどして，参加者がきちんと画面上の顔を注視していることを常にチェックする必要がある。

2）実験環境
　実験中に物音がすると呈示音声の知覚に影響するし，なにより課題に集中できなくなってしまう。また，モニターに直射日光が当たるような環境だと，画面に呈示された顔が見えにくくなって結果に影響するし，そもそ

も明るい日中と暗闇の中では実験参加者自身の気分が異なってくるため，人物感情の認知にも影響する．したがって，実験ブースの中のように，常に一定の照明環境を保つことができ，騒音のない静かな場所で実験することが重要である．

3 結果の整理と考察のポイント
3.1 結果の整理
　実験参加者ごとに，課題×一致性の各条件での正答率を算出する．なお，一致条件には，「喜び顔＋喜び声」と「怒り顔＋怒り声」の2種類があり，不一致条件も同様に「喜び顔＋怒り声」と「怒り顔＋喜び声」の2種類があるが，これらは特に区別せずに，混ぜて集計してしまってかまわない．

　続いて，各条件での全参加者の平均正答率を求め，結果をグラフ化するとともに，分散分析を行う．

3.2 考察のポイント
1）顔の表情と音声の相互影響は生じたか？
　顔注意課題における一致条件と不一致条件の正答率に差があれば，音声の感情は顔の表情認知に影響するといえるだろう．同様に，声注意課題における一致条件と不一致条件の正答率に差があれば，顔の表情は音声の感情認知に影響するといえるだろう．

2）顔から声への干渉と，声から顔への干渉はどちらが大きいか？
　マガーク効果（第2章参照）をはじめとする，過去の視聴覚統合に関する研究では，人間は五感の中でもとりわけ視覚優位の動物だといわれてきた．このことから，視覚情報と聴覚情報が競合した場合，視覚情報に依存した判断を行う傾向が生じることが予測される．この実験でいえば，顔の表情が視覚情報であり，声の感情が聴覚情報である．上記**1）**の相互影響の大きさを比較したとき，顔の表情が音声感情認知におよぼす影響のほうが，音声の感情が顔の表情認知におよぼす影響よりも大きいという傾向は確認できるだろうか．

4 発展的課題

　本演習では顔と声のいずれかに注意を向けるように教示した。しかし，私たちが日常生活の中で他者の感情を判断するときには，多くの場合，顔と声の両方を用いて感情を判断しているだろう。そこで，いずれかに注意を向けるように教示せずに，単に人物がどのような感情であるか判断するように教示する方法もありうる。このようなときに実験参加者が顔と声のいずれの情報を重視して感情を判断するのかを検討するのも興味深い。

　本演習では顔画像を加工せずに，そのまま使用することとしたが，実際には顔の表情から感情を判断するほうが，声から感情を判断するよりも容易である。したがって，もし音声感情認知におよぼす顔の表情の影響のほうが，顔の表情認知におよぼす音声の感情の影響よりも大きいとの結果が得られたとしても，それは顔の表情の判断が簡単すぎたことが原因といえるかもしれない。そこで，顔と声の難易度をそろえたうえで実験を実施すれば，同程度に判断の難しい顔と声に対して，無視すべき声ないし顔がおよぼす影響の強さを公平な条件で比較することができる。顔の表情判断の難易度を上げるためには，画像加工ソフトウェアを用いて顔画像にノイズを加える，あるいはフィルタをかけてぼやかした画像を用いるなどの方法がある。

　本演習では顔の静止画を用いたが，日常生活における表情認知では表情の動きが重要であることが知られている（Sato & Yoshikawa, 2004）。動画を用いると，例えば「そうなんですか」というセリフを喜んだ表情でしゃべっている動画に，同じセリフを怒った口調で発話している音声を組み合わせるといったように，面白い実験刺激を作ることができる。動画を用いると，不一致刺激を作成する際の手間が掛かるが，Windows に付属している Windows Movie Maker などを用いれば，比較的手軽にこのような動画編集を行うことができる。

　喜びと怒り以外の感情の組み合わせを用いることも興味深い。エクマンほか (Ekman, 1972 ; Ekman & Friesen, 1975) によれば，人間には「喜び」「怒り」「悲しみ」「恐怖」「嫌悪」「驚き」の 6 種類の感情が普遍的に備わって

いるという。表情と音声の相互影響を比較したとき，これらの感情のすべてにおいて顔優位に感情判断が行われるのだろうか。それとも声のほうが優先される感情もあるのだろうか。

　表情と音声を両方呈示するのではなく，顔のみないし声のみを呈示する課題を設けることも意義がある。これによって，表情と音声がそれぞれ単独で呈示された際の難易度を把握することができるし，単独条件と一致条件の正答率を比較して促進効果を算出したり，単独条件と不一致条件の正答率を比較して干渉効果を算出したりすることもできる。顔（声）と感情価が一致した声（顔）を付加することによる促進効果と，感情価が不一致の声（顔）を付加することによる干渉効果は，どちらが大きいだろうか。

　ごく最近になって，顔の表情と音声の相互影響には文化差や個人差が存在することが報告されている。田中ほか（Tanaka et al., 2010）は，日本人とオランダ人を対象に，表情と音声の相互影響を検討し，日本人のほうがオランダ人よりも音声を重視して感情を判断する傾向が高いことを見出している。また，小泉ほか（Koizumi et al., 2011）は不安傾向の高い人は顔判断であっても声判断であっても，無視すべき情報がネガティブである場合にはその情報に影響を受けやすいことを報告している。複数の文化圏の参加者の協力が得られたり，性格傾向を測定する質問紙（上記研究の場合は，状態-特性不安検査（STAI）日本語版（清水・今栄，1981）の特性不安を指標としている）を利用できたりするならば，文化差や個人差について検討することも興味深いだろう。

[注]
1）デ・ゲルダーとフローメン（2000）の実験では，画像のモーフィング技術を用いて，「喜び顔」から「悲しみ顔」に至る連続体（計11種類）を作成して，実験で用いていた。しかし，モーフィングは技術的に難しいため，本演習では特に画像に加工を施さずに用いる。

【引用文献】●●●●●

de Gelder, B., & Vroomen, J.（2000）. The perception of emotions by ear and by eye. *Cognition & Emotion*, **14**, 289-311.
Ekman, P.（1972）. Universals and cultural differences in facial expressions of emotion. In J. Cole（Ed.），

Nebraska symposium on motivation, 1971, Lincoln：University of Nebraska Press, 207-282.

Ekman, P., & Friesen, W. V.（1975）．*Unmasking the face*. Prentice-Hall, Inc. Englewood Cliffs.（エクマン，P.・フリーセン，W. V. 工藤力（訳）（1987）．表情分析入門：表情に隠された意味をさぐる　誠信書房）．

Koizumi, A., Tanaka, A., Imai, H., Hiramatsu, S., Hiramoto, E., Sato, T., & de Gelder, B.（2011）．The effects of anxiety on the interpretation of emotion in the face-voice pairs. *Experimental Brain Research*, **213**, 125-128.

Sato, W., & Yoshikawa, S.（2004）．The dynamic aspects of emotional facial expressions. *Cognition and Emotion*, **18**, 701-710.

清水秀美・今栄国春（1981）．STATE-TRAIT ANXIETY INVENTORY の日本語版（大学生用）の作成　教育心理学研究，**29**，348-353.

Tanaka, A., Koizumi, A., Imai, H., Hiramatsu, S., Hiramoto, E., & de Gelder, B.（2010）．I feel your voice：Cultural differences in the multisensory perception of emotion. *Psychological Science*, **21**, 1259-1262.

読書案内

■竹原卓真・野村理朗（編著）（2004）．**「顔」研究の最前線**　北大路書房
　顔の心理学的研究について，知覚や認知にとどまらずさまざまな切り口から若手研究者が中心となって執筆した本。第 3 章，第 4 章がとくに本演習の参考になる。

■藤田和生（編）（2007）．**感情科学**　京都大学学術出版会
　人間の理性を中心に扱う認知心理学や認知科学に対して，心の全体像を解明するには避けて通れない感情の働きについて，「感情科学」を標榜して多様なアプローチで迫っている。第 2 章では表情認知について，最近の知見も交えて紹介されており，本演習の参考になる。

■田中章浩・積山薫（編）（2011）．**多感覚コミュニケーション**　認知科学，第 18 巻 3 号　共立出版
　顔と声などの複数感覚情報を用いて，言語，感情，意図などの情報を伝え合う「多感覚コミュニケーション」に関する特集号。表情と音声による感情認知については，原著論文 3 本に加えて，展望論文も掲載されている。

第4章 ストループ効果
文字が邪魔をする

重要用語

▶ストループ効果　▶認知的葛藤　▶自動的処理

---

1 はじめに

　本書冒頭の**付録4.B**（口絵参照）を見て欲しい。色で塗られたいくつかの文字が書かれている。文字が何色で塗られているか，出来るだけ速く命名（naming）していって欲しい。次に，**付録4.C**（口絵参照）を見て欲しい。**付録4.B**同様，色つきの文字が並んでいる。先ほどと同じように，文字が何色で塗られているかを，出来るだけ速く命名して欲しい。どちらが簡単に出来ただろうか。文字と色が不一致な条件（付録4.B）の方が一致している条件（付録4.C）に比べて，命名のスピードが遅くなったり，間違いをしたり，また何らかの難しさや苦しさのようなものが体験出来たことと思う。この色つき文字に対する色命名の際に見られる反応の遅延や葛藤現象を，ストループ効果（Stroop effect）（Stroop, 1935）と呼び，一連の色名命名課題をストループ課題と呼ぶ。そして不一致条件と統制条件との差をストループ干渉量と呼ぶ。

　もう一度，**付録4.B**に目を転じて欲しい。次は，色つきの文字のインクの色を無視して，文字を出来るだけ速く読んで欲しい。そして同様に，**付録4.C**の色つき文字を出来るだけ速く読んで欲しい。今度は，色と文字が不一致な条件でも，あまり難しさを感じなかったのではないだろうか。色を命名するか，文字を読むかという課題要求によって，反応の難しさが変わるといったことが，体験出来たと思う。このように，色つき文字の文字呼称課題を逆ストループ課題と呼び，文字呼称時に不一致な色が反応を阻害する現象を逆ストループ効果と呼ぶ。一般に，ストループ効果に比べて

逆ストループ効果は，小さいことが知られている。

　我々の日常生活で出会う事物は，形状や色，機能といった複数の情報を有しており，人の認知は複数の情報をある程度同時並列的に処理していると考えられる。また，ある対象の有している複数の情報のうち特定の部分だけ，ストループ効果の場合で言えば，色だけを処理することは難しい。このように複数の情報間の関係性によって，認知処理が遅延したり，間違いが起こる現象は認知的葛藤（cognitive conflict）と呼ばれ，認知処理の性質の検討のため，重要な位置を占めてきた。これまで，認知的葛藤を生じさせる課題は数多く提案されてきたが，色つき文字を使用したストループ課題は，その代表として位置づけられる。

　では，なぜストループ効果は生じるのであろうか。これまで，この謎に対して，心理学の研究パラダイムの進展に伴いさまざまな挑戦がなされてきた。原典であるストループ（1935）は，行動主義全盛期の研究であり，単語を読むといった学習が色を命名するといった学習よりも多くなされていることが，その生起因であると主張した。その後，1960年代の認知心理学の勃興以降では，入力から出力に至る情報処理過程そのものの検討材料としてストループ効果が用いられてきた。特に，色命名と単語の音読との間で，色と文字の干渉の度合いが異なることから，色命名の処理と文字音読の処理がある程度並列的に進むことが仮定され，色処理に比べ文字処理は，自動性（注意を要さず不可避に処理が進むこと）が高いと考えられている。また，今日では脳機能画像研究の進展に伴い，認知的葛藤の生起メカニズムの神経科学的基盤が検討されている。

　そして，ストループ効果の研究には，その生起メカニズムの検討以外に，もう1つ大きな特徴がある。色つき文字を用いたストループ（1935）以降，多くの類似した課題（線画ストループ課題，カウンティング・ストループ課題，情動ストループ課題など）が，生み出された点である（MacLeod, 1991；Williams et al., 1996などを参照のこと）。課題にはさまざまなバリエーションが提案されているが，とにかく，刺激に2属性を設定し，反応に影響が見られれば，すべてストループ効果（あるいはStroop-like effect：ストループ様効

統制条件　　　　　不一致条件（異カテゴリー）

不一致条件（同カテゴリー）　　　一致条件

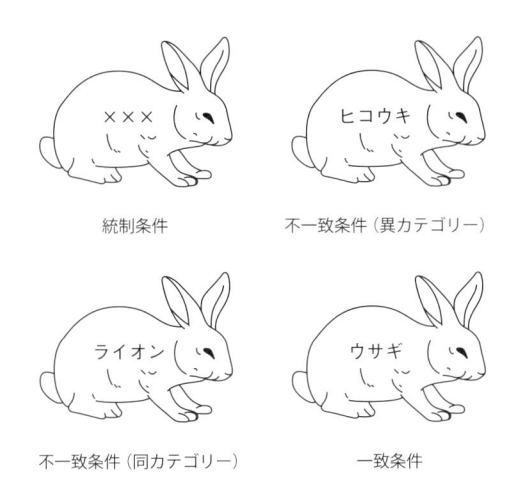

図 4.1●線画ストループ刺激（Snodgrass & Vanderwart, 1980 を改変）

果）と呼ばれている。例えば，線画の中に絵と不一致な単語が重ねて印刷されている場合，絵の命名反応時間は，無意味綴りを絵の中に呈示した場合より長くなる。この線画と単語を組み合わせたストループ課題は，線画ストループ課題と呼ばれ，線画と単語の意味の類似度の強さの検討などに用いられている。

　本演習は，井出野・西本（2005）に依拠した手続きの線画ストループ課題を行い，①線画ストループ課題におけるストループ干渉量の測定と，②線画と単語の意味の類似性について検討することを目的とする。刺激のサンプルを**図 4.1**に示した。線画（ウサギ）の中央に単語，あるいは〝×××〟が表示されている。線画の中央に〝×××〟が表示されている条件を「統制条件」，線画と文字が一致している条件を「一致条件」とする。また，線画と文字が不一致な条件は 2 種類設けた。**図 4.1**に示したように，〝ウサギ〟の線画に〝ライオン〟という単語が表示される条件を「不一致同カテゴリー条件」，〝ウサギ〟の線画に〝ヒコウキ〟という単語が呈示される条件を「不一致異カテゴリー条件」とした。同カテゴリー条件は，異カテゴリー条件に比べ，線画と単語の意味の類似度が強いことが想定される。ストループ

干渉に対し，意味の類似度が高い場合，不一致同カテゴリー条件の方が，不一致異カテゴリー条件よりも，干渉が大きいことが仮定される。

2 方法
2.1 実験参加者
井出野・西本（2005）同様に，大学生30名とする。

2.2 要因計画
1要因4水準（刺激種：統制/一致/不一致同カテゴリー/不一致異カテゴリー）の要因計画とし，被験者内要因とする。

2.3 材料
線画は，スノッドグラスとヴァンダーワート（Snodgrass & Vanderwart, 1980）と西本ほか（Nishimoto et al., 2005）のスノッドグラス線画刺激日本語拡張版セットより抜粋する。線画の選択にあたり，動物（例えば「ウマ」や「ゾウ」）・乗り物（例えば「バス」や「バイク」）・家具（例えば「イス」や「ツクエ」）の3つのカテゴリーごとに4つの線画を抽出する。また，刺激は，命名一致度が70%以上のものを使用する（Nishimoto et al., 2005）。

統制刺激は"×××"を絵の中央に挿入する。不一致刺激は2種類用意する。絵の中に挿入された単語のカテゴリーが線画のカテゴリーと一致している場合（例えば線画ウサギ–単語ライオン）を不一致同カテゴリー条件（同カテゴリー条件），単語のカテゴリーが線画のカテゴリーと一致していない場合（例えば線画トラック–単語ツクエ）を不一致異カテゴリー条件（異カテゴリー条件）とする。実験に使用する刺激の一覧を**付録4.A**に示す。また，線画に挿入した単語はカタカナで表記する。

2.4 装置
教示・刺激の呈示・反応計測はすべて，コンピューターを用いて行う。反応計測と刺激呈示用プログラムは，E-Prime（Psychology Software Tools

社）などのソフトウェアを用いて作成する必要がある。E-Prime で作成した実験プログラムを提供する準備があるので，必要な方は序章の **4 節** を参照して欲しい。また，反応計測にはボイスキー（オーディオテクニカ製）を用いる。

2.5 一般的手続き

各試行における刺激呈示は，注視点（1000 ミリ秒）の呈示後，各条件の線画を反応まで呈示する。試行間間隔は 2000 ミリ秒とする。

実験参加者に求められる課題は，線画名を出来るだけ速く正確に回答することである。

実験は，4 つの条件ごとに作成された 12 個の刺激を 3 回ずつ呈示することによって，計 144 試行で構成する。また，刺激呈示の順序はランダム化する。実験時間は約 10 分程度である。また，線画に対する命名反応は実験者が記録する必要がある。**第 1 章「線画命名」** での実験も，本実験と同様に命名反応を記録する課題なので，**第 1 章 2 節** にも目を通して欲しい。

2.6 教示

実験開始時の教示を以下に示す。

「今回お願いする課題は，出来るだけ速く正確に線画の名称を口頭でお答えいただくことです。線画の中心にさまざまな文字や " × " が挿入されていますが，文字は無視して，線画の名称をお答えください，また，線画が呈示される直前に " ＋ " 印が 1 秒間画面中央に表示されますので，そこに視線を置くことを心掛けてください。実験時間は 1 条件 4 分間，すべて終了するまでには 10 分ぐらいかかります。それでは準備がよろしければ実験を開始します」

実験時には，出来るだけ速く正確に反応を行うことを強調しておく必要がある。

2.7 そのほかの留意点

今回の実験では，動物・乗り物・家具という3つのカテゴリーに含まれる刺激を用い，線画と単語の意味関連性の効果を検討する。ほかのカテゴリーを用いることも可能であるので，検討して欲しい。

また，画像呈示，反応計測機器の入手が難しい場合には，回答冊子を作成し，ストップウォッチで測定することも可能である。冊子の各シートに同一条件の刺激をランダムに40個程度配置し，シートごとの音読に要した時間をストップウォッチで測定し，各条件間の差から，線画ストループ効果が検討出来る。

3 結果の整理と考察のポイント
3.1 結果の整理

分析の前に，①エラー試行をデータから削除し，②反応時間が，平均反応時間から$3SD$を越えるデータも削除する。①，②の処置後のデータをもとに各ブロックの平均反応時間を求める。

図4.2は，井出野・西本（2005）の実験結果から抜粋した。図4.2を参考に線画ストループの結果を図示して欲しい。また，ブロック間の平均値の差の検討のため，1要因4水準の分散分析を行う。

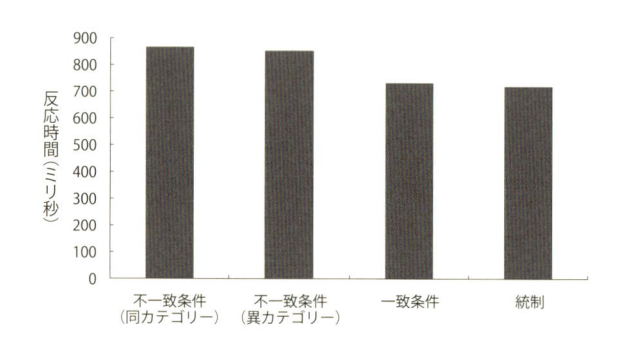

図4.2●刺激条件別平均反応時間

3.2 考察のポイント

　線画ストループ効果が見られたか，分散分析の結果から検討して欲しい。統制条件と同カテゴリー条件間，そして，統制条件と異カテゴリー条件間に，有意差があれば線画ストループ効果が見られたことになる。また，一致条件が統制条件よりも有意に反応時間が短ければ，促進効果が見られたことになる。

　また，不一致条件同カテゴリーの方が，異カテゴリーよりも平均反応時間が長い場合には，意味関連効果が見られたことになる。井出野・西本（2005）では，統計的に有意な効果は得られていなかったが，不一致条件同カテゴリーと異カテゴリーの比較を通して意味関連効果を検討して欲しい。

4 発展的課題

　本演習は，線画命名課題のみを紹介しているが，文字呼称課題に変更すれば，線画ストループ課題における逆ストループ効果の検討が可能となる。線画ストループ課題においても，逆ストループ効果が見られるのか，そして，ストループ効果と逆ストループ効果の関連を検討することによって，線画のような画像処理と言語処理との関連性を検討出来る。また，文字呼称課題を行う際には，統制条件として，文字のみを呈示する刺激を作成する必要がある。

　今日のストループ効果研究の中心は，どのように認知的葛藤を制御しているのか，といった問題に移行している（Botvinick et al., 2001）。特に注目を浴びた研究は，コーエンを中心とした研究グループの行った脳機能画像研究（Kerns et al., 2004）であり，認知的葛藤が起きているときの認知処理の制御に前部帯状回（anterior cingulate cortex）と前頭前野（prefrontal cortex）の関与が示された。

　また，ストループ効果は，新たな研究パラダイムの登場とともに再び脚光を浴びる，古くて新しい現象である。ストループ効果研究に残されたさまざまな謎（課題）をマクレオド（1991）は，詳細にレヴューしている。一

読をすすめる。

【引用文献】●●●●●

Botvinick, M. M., Braver, T. S., Barch, D. M., Carter, C. S., & Cohen, J. D. (2001). Conflict monitoring and cognitive control. *Psychological Review*, **108**, 624-652.
井出野尚・西本武彦（2005）．線画 Stroop 課題に及ぼす心的回転の影響：ワーキングメモリからの考察　第 69 回日本心理学会発表論文集，739.
石王敦子（1990）．線画―単語課題における聴覚―視覚間ストループ干渉　心理学研究，**61**, 329-335.
Kerns, J. G., Cohen, J. D., MacDonald, A. W. III, Cho, R. Y., Stenger, V. A., & Carter, C. S.（2004）. Anterior cingulate conflict monitoring and adjustments in control. *Science*, **303**, 1023-1026.
MacLeod, C. M.（1991）. Half a century of research on the Stroop effect：An integrative review. *Psychological Bulletin*, **109**, 163-203.
Nishimoto, T., Miyawakil, K., Ueda, T. & Une, Y.（2005）. Japanese normative set of 359 pictures. *Behavior Research Methods*, **37**, 398-416.
嶋田博行（1994）．ストループ効果：認知心理学からのアプローチ　培風館
Snodgrass, J. G. & Vanderwart, M.（1980）. A standardized set of 260 pictures：Norms for name agreement, image agreement, familiarity, and visual complexity. *Journal of Experimental Psychology*：*Human Learning and Memory*, **6**, 174-215.
Stroop, J. R.（1935）. Studies of interference in serial verbal reactions. *Journal of Experimental Psychology*, **31**, 121-132.
Williams, J. M., Mathew, A., & MacLeod, C.（1996）. The emotional stroop task and psychopathology. *Psychological Bulletin*, **120**, 3-24.

読書案内

■嶋田博行（1994）．**ストループ効果：認知心理学からのアプローチ**　培風館
　ストループ効果の歴史から始まり，その説明理論まで詳細な説明がなされており，日本語で読めるストループ効果入門書の定番である。これまでのストループ効果の生起メカニズムに関する知見ついて，詳細にまとめられている。

■日本認知心理学会（監修），原田悦子・篠原一光（編）（2011）．**注意と安全　現代の認知心理学 4**　北大路書房
　ストループ効果は，色への選択的な注意が上手く出来ないために生起するといった点から，注意の文脈においても重要な位置を占めてきた。今日の注意研究の動向が本書では解説されており，「第 3 章　注意とワーキングメモリ」，「第 6 章　注意・制御と高齢化」に，最近のストループ効果研究が紹介されている。

付録

付録 4.A 刺激一覧（Snodgrass & Vanderwart, 1980 を改変）

統制条件

一致条件

第4章 ● ストループ効果

不一致条件（同カテゴリー）

不一致条件（異カテゴリー）

第5章 グラフの読み取り
グラフ化はデータの捏造？

重要用語

▶視覚的な情報呈示　▶グラフの読み取り　▶図の理解と認知　▶錯視

---

1 はじめに

　先生曰く：「心理学のレポートは，表やグラフを使って分かりやすくまとめるように」。最近は Microsoft Excel（Microsoft 社）をはじめさまざまな作図ソフトウェアがあるので，簡単にグラフを作成できる。提出期限が迫っているのに，ついつい色や形を変えて遊んでしまう。しかし，立体的で何色も使ったカラフルな力作は，あまり高い評価を得られない。先生は，グラフの装飾はかえって読み取りにくくすると考えているのだ。グラフに装飾を施すと，本当にデータの読み取りが低下するのだろうか？

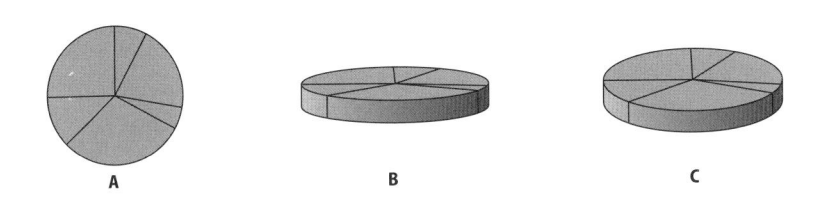

図 5.1 ●同じデータから作成されたさまざまなグラフの例

　図 5.1 の 3 つ並んだ円グラフは，すべて同じデータから作成されている。しかし，一見するとそのようには感じられず，非常に異なった印象を受ける。これらのグラフの違いは，図の立体化と傾きである。A のグラフを立体化し，10°傾けたものが B，20°傾けたものが C である。B や C のようなグラフは街中の広告をはじめさまざまな場面で用いられるが，その理由は

恐らく，立体化すると人目を引きやすい (attractive) からであろう。しかしグラフ化の一番の目的は，読み手に正確にデータを伝えることである。したがって，もっともデータが読み取りやすい「良い」グラフはAであると思われる。BやCのように人目を引くことを優先させた結果，伝えるべきデータが歪むのは「良くない」グラフだと言える。特に，こうした歪みが生じることが分かっていながら装飾を行った場合は，データの捏造につながる。一方で，こうした装飾を行ってもデータが正しく伝わる「良い」グラフのままなら，むしろ積極的に装飾を活用すべきだろう。

　グラフの「良さ」について，テュフテ (Tufte, 1990, 2001) はData-Ink比という1つの基準を示している。これは目盛りや枠線も含んだグラフ全体で使われているインク総量に対して，データを表す部分だけに用いられるインクの割合が多いほど，良いグラフであるとする考えである。反対に，1.0からデータに使われているインクの割合を引いた数値が大きいほど，つまりデータ以外の装飾により多くのインクが使われているほど，そのグラフは冗長であり，読み手にうまくデータを伝えていない「良くない」グラフだとしている。端的に言えば余分な情報がないグラフの方が正しくデータを伝達するという考えで，これに従うと先ほどのAは「良い」グラフで，BやCは「良くない」グラフとなる。つまり，なんらかの装飾を施したグラフは，何もしていないAのようなグラフと比較した場合，おしなべて「良くない」グラフになる。しかしこの原則はデザインの分野では広く知られるが，実証的なデータをふまえた主張ではない。

　冒頭に述べたように，作図ソフトウェアを用いるとさまざまな装飾が簡単にできる。数ある装飾の中でも，3-D化（立体化）は注意をより惹き付けるために一般的に用いられる技法の1つである (Carswell, Frankenberger, & Bernhard, 1991；Tractinsky & Meyer, 1999)。しかし3-D化には否定的な意見が多い。例えばコスリン (Kosslyn, 2006) は，円グラフを3-D化すると手前側の領域にのみ厚みが生じるため，その部分の視覚的な印象を強めてしまうと指摘している。3-D化に対する批判は多いが，実験的検討は少ない。さらにこれまでの研究報告からも，実際のところ3-D化と「良くない」グ

ラフの関係は明確とは言えない（安田，2008）。

本演習は，レンジクロフト（Rangecroft, 2003）が行った実験の追試[1)]である。レンジクロフト（2003）は円グラフ（pie chart）を取り上げ，3-D 化がデータの読み取りに影響をおよぼすかどうかを検証した。円グラフの 3-D 化はデータの読み取りを阻害する，という仮説を検証してみよう。

2 方法

2.1 実験参加者

レンジクロフト（2003）の実験では，さまざまな年代から計 278 名が実験に参加しているが，ここでは大学生 30 名程度（偶数）とする。各人の裸眼ないしは矯正視力（眼鏡・コンタクト）が普段，本を読むときと同じ状態であることを事前に確認しておく。

2.2 要因計画

実験はグラフの形状（2-D/3-D）を独立変数とする，1 要因 2 水準の要因計画である。実験参加者をランダムに 2 群に分け，「3-D グラフ」群と「2-D グラフ」群のそれぞれに 15 名程度（同数）を割り振る。両群それぞれに対して，グラフの最大領域と最小領域を答えさせる課題（後述）を課す。従属変数は正答率である。

2.3 材料

Microsoft Excel を用いて，2-D と 3-D の円グラフをそれぞれ 6 個ずつ，合計 12 個作成する。はじめに，基本となる円グラフを作成する。基本となる円グラフでは，領域を次の 6 つに分割する：5，8，12，20，25，30％。各分割領域の配列は，円グラフの基線（円の中心から時計の 12 時位置に向かって伸びた線）から，時計回りに 8，20，5，30，12，25％の順とする（図 5.2A）。なお，例では「基線」の表示と，各領域に％を示す数字が入っているが，実験で用いる刺激からはこの数字を取り除く。

次にこの基本グラフを回転させ 6 通りのグラフを作る。すなわち，円グ

ラフの基線から，時計回りに占める最初の要素が，先ほど設定した6つの領域のいずれかになるようグラフを回転させる。例えば基本となるグラフの図 5.2A では基線から時計回りに見た最初の領域 a のラベルが付された領域が 8％である。これを回転させ，a ラベルの領域が 25％となるようにしたのが図 5.2B である。同様の操作を行い，6 通りのグラフを作成する。なお，回転させるのは円グラフ全体であり，各領域の並び順はすべてのグラフで同一である点に注意して欲しい。

3-D グラフは，2-D グラフを 10°傾けて作成する（図 5.2C）。各領域の横には，実験参加者が回答時に利用する記号をアルファベット順に添えていく（付録 5.A）。

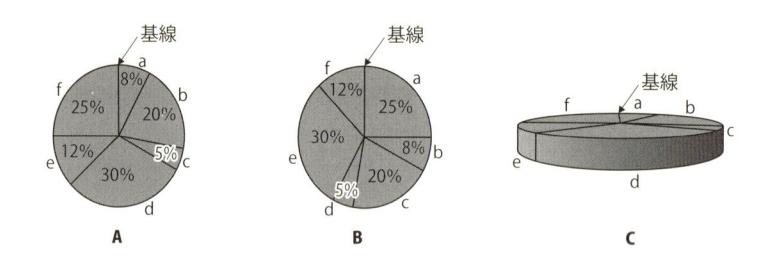

図 5.2 ● 刺激として用いるグラフの例（呈示する際は，割合を示す数字は含めない）

2.4 装置

以上のグラフを印刷し，冊子を作成する。各ページはグラフが1つと，最大領域と最小領域それぞれの回答欄で構成する。順序効果が生じないよう，ページの順序はランダムにするのが望ましい。冊子の1枚目はフェイスシートとし，開始前に実験参加者の目にグラフが触れないようにする。フェイスシートには，実験参加者の氏名，性別，年齢，実験日時を記入する欄に加え，次ページの教示も印刷しておく。冊子はフェイスシートが1ページ，問題が6ページの合計7ページとなる。

2.5 一般的手続き

実験の流れは,「2-D グラフ」と「3-D グラフ」のそれぞれの群で共通である。実験参加者に冊子を渡し,教示に目を通してもらいながら,同時に実験者が読み上げ,質問がないか確認する。質問がなければ,冊子の次のページから順番に,円グラフのもっとも大きな領域(最大領域)ともっとも小さな領域(最小領域)を記号で答えさせる。

2.6 教示

「このページには,円グラフが印刷されています。グラフは全部で6個あります。それぞれのグラフについて,最大領域,つまりもっとも大きな領域と,最小領域,つまりもっとも小さな領域を目で見て判断し,その領域の記号を記入してください。このとき,指や筆記具を当てて測ったり,用紙を回転させたりせず,あくまで最初に置かれた状態で目視のみで判断を行ってください。また,ページを抜かしたり飛ばしたりせず,前から順番に行うようにしてください。分かりにくいときも,必ず1つに決めて回答を行ってから次に進んでください。判断は出来るだけ速く,かつ正確に行ってください」。

2.7 そのほかの留意点

1)グラフの要因の統制

グラフには 3-D 化以外にも,さまざまな装飾を施すことが可能である。例えば Microsoft Excel では角度以外にも色の塗り分けや透過率,影,線の太さ,円柱の高さ,ラベルの有無やフォントなどが操作できる。こうした装飾を過剰に施してしまうと剰余変数となり,何が原因であったかを考察することが難しくなる。したがって,もっともシンプルな 2-D グラフを作成し,それを単純に 3-D 化することが望ましい。

今回の図 5.2 ならびに付録で呈示したグラフは,Microsoft Excel 2010 で作成した。2-D グラフでは,メニューの「データ系列の書式設定」で「塗りつぶし」を「単色」とし,「枠線の色」をはじめほかのオプションはすべ

てオフとしてある。また 3-D グラフは、メニューの「グラフエリアの書式設定」のうち「3-D 回転」で Y 軸の角度を「10°」に設定するのみで、そのほかのあらゆる効果はデフォルト設定[2]のままとしている。

2）回答時間の制御

本章で例に挙げた実験計画の場合、長くても数分ときわめて短い時間で実験が終了する。ただし回答には個人差があり、なかには長い時間考えた末に回答を行う者も出てくる。「可能な限り速く、ただし正確に」という点を強調する。

3）内観報告の活用[3]

グラフの利用という応用的な側面を考えると、「正確に判断が出来たか」という観点に加えて、「どれくらい容易に判断が出来たか」という主観的な読み取り易さも重要である。内観を取り、主観的な読み取り易さに関する情報も収集する。

3 結果の整理と考察のポイント

3.1 結果の整理

正答率を算出しこれをグラフ化するとともに、「2-D グラフ」と「3-D グラフ」群の間で有意差検定（t 検定）を行う。

3.2 考察のポイント

1）2-D グラフと 3-D グラフの違い

最大領域と最小領域のそれぞれで、「2-D グラフ」と「3-D グラフ」群の間で正答率を比較する。一般的には 3-D グラフを用いても、最大領域ではあまり誤りは生じないものの、レンジクロフト（2003）は最小領域では誤りが増える傾向があると報告している。

2）分割領域の位置効果の検討

6 つのグラフを、別々に集計して検討する。領域の位置が異なることで、読み取りの正確さに差が生じることが知られている。大きな（小さな）領域がどの位置にあるときに誤りが生じるのかを考察する。

4 発展的課題

　これまでの研究で，3-D化は2-Dよりも読み取りの精度を落とすという報告もあれば (Siegrist, 1996)，変わらないとする報告もある (Carswell et al., 1991 ; Spence, 1990)。こうした研究では，同じ装飾が施されたグラフが用いられているわけではない。立体化だけに注目しても，角度や厚みが異なるグラフが用いられている。装飾のおよぼす効果について，今回の実験では用いなかったさまざまな装飾の効果を，条件の統制に注意しながら検討してみよう。また，円グラフに限らずほかの種類のグラフでも3-D化の影響を検討してみよう。例えばスペンス (2004) は，棒グラフで3-D化の検討を行っている。折れ線グラフや散布図など，普段用いるグラフを刺激に用いるとよい。

　グラフの認知はそもそもどのように行われているのだろうか。シムキンとヘイスティー (Simkin & Hastie, 1987) は，グラフの認知と理解について係留点モデル (anchor model) の観点から説明を行っている。グラフの「良さ」について，情報処理の観点からも考察を行ってみよう。

　この章の問題を，より広い観点からグラフに限らない図の理解と認知としてみた場合，数値をグラフにしたものに限らず，説明の補助に使われるさまざまな図（ダイアグラム：diagram）に関する研究も存在し，本邦ではグラフの認知に比べればそちらの研究がやや多い。岩槻 (2003) や皆川 (2001) などを参考に，説明文で使用された「良い」「良くない」図など，さまざまな文脈における図の読み取りを考察し，情報の読み取りについての理解を深めていこう。

［注］
1) **追試**：replication study/experiment を指す。先行研究と同等の計画・手続で実験をくり返すことで現象の再現性等を確認するために行われる。　2) **デフォルト設定**：特に指定しない場合，最初から行われている設定を指す。　3) **内観報告の活用**：心理学史上では意識過程の言語報告を指すが，実験後の内観というと通常は，実験に関して気がついたことや感想を参加者に語ってもらう事後的インタビューである。

【引用文献】

Carswell, C. M., Frankenberger, S., & Bernhard, D. (1991). Graphing in depth：perspectives on the use of three-dimensional graphs to represent lower-dimensional data. *Behaviour and Information Technology*, **10** (6), 459-474.
岩槻恵子 (2003). 知識獲得としての文章理解：読解過程における図の役割　風間書房
Kosslyn, S. M. (2006). *Graph Design for the Eye and Mind*. Oxford University Press, Inc.
皆川　順 (2001). 概念地図法による知識獲得支援の研究　風間書房
Rangecroft, M. (2003). As easy as pie. *Behaviour and Information Technology*, **22**, 421-426.
Siegrist, M. (1996). The use or misuse of three-dimensional graphs to represent lower-dimensional data. *Behaviour and Information Technology*, **15**, 96-100.
Simkin, D. & Hastie, R. (1987). An information-processing analysis of graph perception. *Journal of the American Statistical Association*, **82** (398), 454-465.
Spence, I. (2004). The apparent and effective dimensionality of representations of objects. *Human Factors*, **46** (4), 738-747.
Tractinsky, N., & Meyer, J. (1999). Chartjunk or goldgraph? Effects of presentation objectives and content desirability on information presentation. *MIS Quarterly*, **23**, 397-410.
Tufte, E. R. (1990). *Envisioning information*. 2nd ed. Graphics Press.
Tufte, E. R. (2001). *The visual display of quantitative information*. 2nd ed. Graphics Press.
安田　孝 (2008). 立体化されたグラフの認知に関する研究の概観. 人文社会科学研究. 早稲田大学創造理工学部知財・産業社会政策領域・国際文化領域人文社会科学研究会, **48**, 145-157.

読書案内

■松田隆夫 (1995). **視知覚**　培風館
　本章の課題は，突き詰めれば錯視の問題に行き着く．我々がものを見る基礎的なメカニズムが詳しく解説されている．

■上田尚一 (2005). **統計グラフのウラ・オモテ**　講談社
　心理学の観点ではなく，統計学の観点からグラフについて書かれた本だが，基本的なグラフの作成手順を確認できる．

■ニコラス, S. (酒井泰介訳) (2008). **グラフで9割だまされる：情報リテラシーを鍛える84のプレゼン**　ランダムハウス講談社
　上田 (2005) は，正しいグラフの描き方に関する解説だが，こちらは読み誤りやすい数々のグラフが紹介されている．学術的な本ではないが，グラフの実験を行おうとする際の素材探しに利用できる．

■ワイルマン, R. E.・井上智義・北神慎司・藤田哲也 (2002). **ビジュアル・コミュニケーション：効果的な視覚プレゼンの技法**　北大路書房
　グラフだけを対象とした心理学の本は少ないが，本書はそうした中で「解りやすい図」について認知心理学の観点からまとめられている数少ないものの1つ．視覚的な情報呈示についてさまざまな示唆が得られる．

付 録

付録 **5.A**　本文 **2.3** 節「材料」で述べた刺激の例を以下に示す。2-D と 3-D グラフともに，基線の右側（a ラベルが付された領域）が，①8%, ②20%, ③5%, ④30%, ⑤12%, ⑥25% となっている。

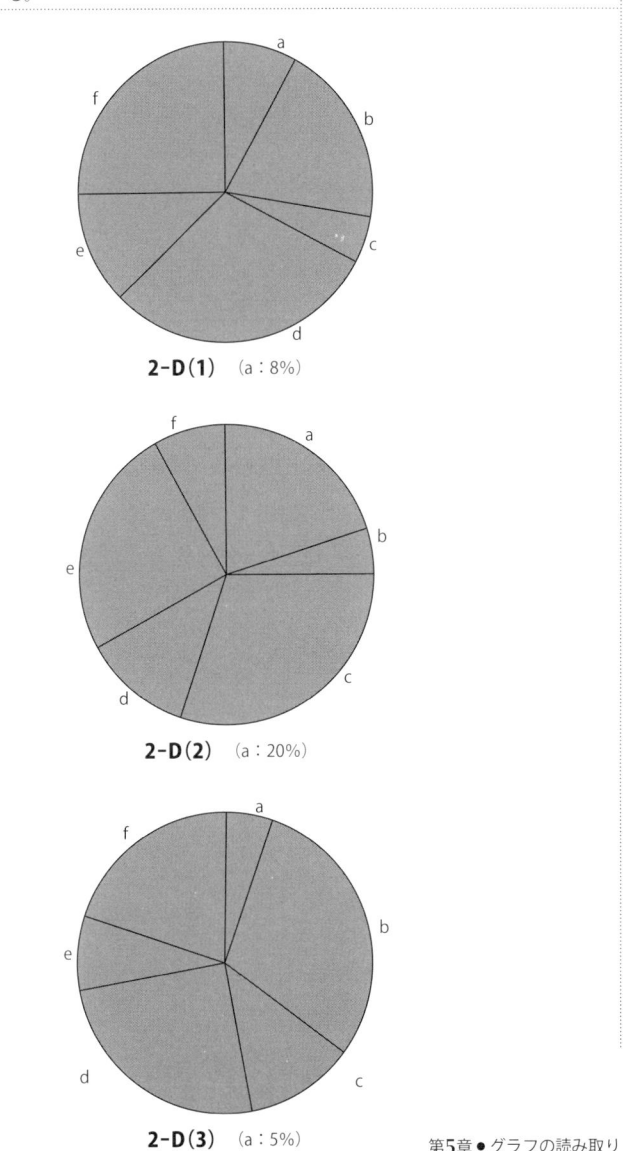

2-D(1)　(a : 8%)

2-D(2)　(a : 20%)

2-D(3)　(a : 5%)

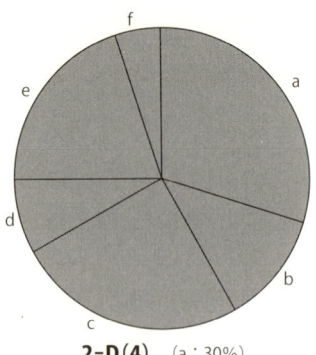

2-D(4)　(a：30%)

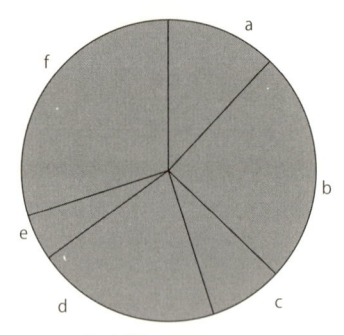

2-D(5)　(a：12%)

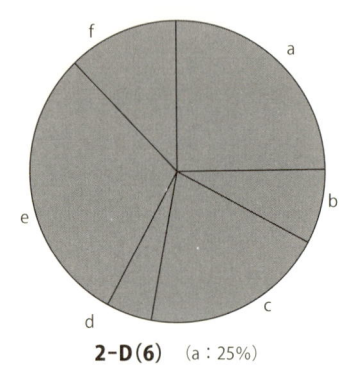

2-D(6)　(a：25%)

62

3-D(1)　(a：8%)

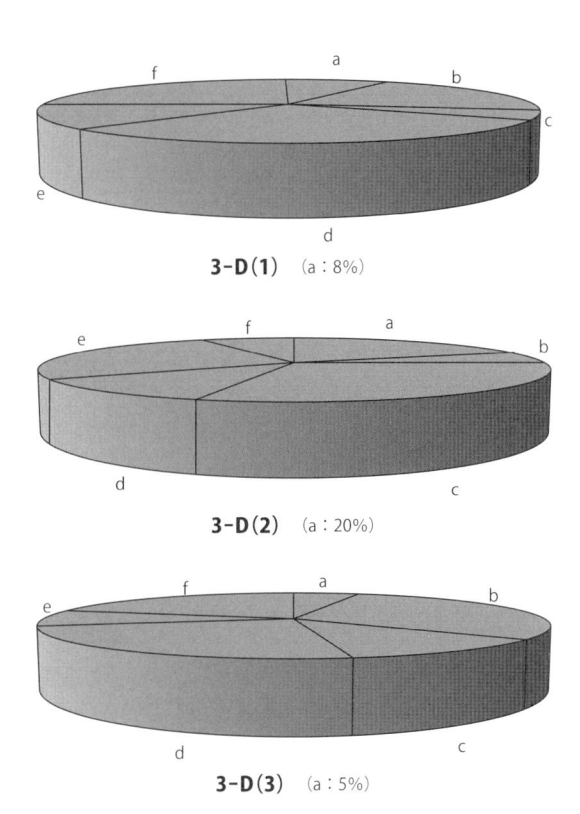

3-D(2)　(a：20%)

3-D(3)　(a：5%)

第5章●グラフの読み取り　63

3-D(4) (a : 30%)

3-D(5) (a : 12%)

3-D(6) (a : 25%)

記憶・イメージ……第II部

地球上における私たち人間の成功は肉体的強さや速さではなく，知能と思考の能力のおかげである。その基盤は計り知れない記憶能力にある。外界を内的表象として取り込み，時間と空間を超えることで，ほかの生物と違った適応能力を獲得したのである。この記憶が単なる貯蔵庫ではないこと，時に歪曲され再構成されること，そして非言語的な表象であるイメージも操作できることを実験的に確認してみよう。

第6章 ワーキングメモリ　▶西本　武彦

第7章 メロディの記憶　▶宮澤　史穂

第8章 心的回転　▶高橋　優

第9章 イメージと記憶　▶宮脇　郁

第10章 命名と記憶　▶西本　武彦

第11章 フォールスメモリ　▶宮脇　郁

第6章 ワーキングメモリ
記憶って，ため込むばかりが能じゃない

重要用語

▶短期記憶　▶ワーキングメモリ（作業記憶）　▶二重課題

1　はじめに

　頭の打ちどころが悪くて，見たもの，聞いたこと，考えたことが，あっという間に次々と消えてなくなる世界に踏み込んだらどうなるか。きっと，世界はいつも目新しく新鮮かもしれない。しかし，記憶は増えることなく，時は停止する。「前にお会いした気がしますが，お名前は？」と永遠に繰り返す。私たちが正常に行動できるのは，入ってきた情報を保持し，それまでに蓄えた情報と関連づけて処理しているからだ。それは，たとえ意識しなくても一定の時間を必要とする循環的プロセスである。ほんの短い時間であっても入力情報や処理中の情報を保持出来なければ，目の前の人とまともに話が出来ない。考えは一歩も先に進まない。この種の記憶を短期記憶という。

　短期記憶はあらゆる認知的活動に含まれる。短期という言葉から情報の一時的，静的な保持を連想するが，動的な特性を強調する意味でワーキングメモリ（working memory：作業記憶あるいは作動記憶）がふさわしい（Hitch & Baddeley, 1976）。まさに，いま忙しく働いている記憶である。

　ワーキングメモリには独立した3つの要素が含まれる（図6.1のワーキングメモリ・モデル）。①固有のモダリティ（感覚様相）から独立した中央実行系（central executive），②音韻ループ（phonological loop），そして③視空間スケッチパッド（visuo-spatial sketchpad）である。中央実行系はワーキングメモリの中でもっとも重要な要素としてあらゆる認知的活動に関わり，注意システムの制御，ほかの2つの要素の監視・調整を担当する。入力情報

に注意を配分し，認知的処理を方向づける意味で中央実行系なのである。中央実行系はきわめて柔軟性のあるシステムであり，視覚や聴覚といったモダリティを問わず，さまざまな形で情報を処理することが出来る。また，短い時間，情報を保持することが出来るが，そのリソース（容量）には限界がある。

```
        ┌──┐   ┌─────────┐   ┌──┐
        │  │←→│ 中央実行系 │←→│  │
        └──┘   └─────────┘   └──┘
       音韻ループ              視空間スケッチパッド
```

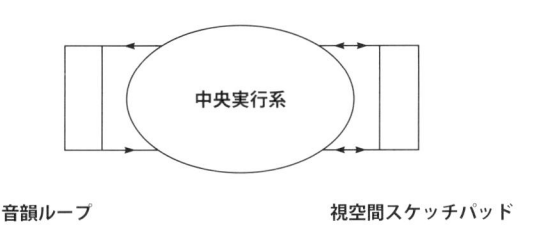

図6.1●バッデリーのワーキングメモリ・モデル（Baddeley, 1986）

音韻ループは，それ自身が2つの要素に分割される。第1は構音制御（articulatory control）システムであり，情報を内声（inner voice）の形で調音しながら保持している。第2は音韻貯蔵（phonological store）であり，会話ベースの情報を音韻形式で保持し内部の耳（inner ear）としての機能をもつ。音韻貯蔵に保持される記憶痕跡は1秒半〜2秒で崩壊するが，構音制御システム内で反復されることで再活性化され，再び音韻貯蔵に戻される。読み課題では，書字材料は構音制御システムによって音韻的に符号化されて音韻貯蔵に入る。構音制御システムで内声化された材料はいかなるものであれ，音韻貯蔵に入ると仮定されている。

視空間的スケッチパッドは，その名が示すように視覚的かつ空間的情報を扱うメモ帳であり，視知覚チャンネルから直接入力を受ける場合もあるし，イメージの形で長期記憶からの情報検索によって入力される場合もある。現在のところ，視空間スケッチパッドが視覚と空間の2つの情報を扱う単一のシステムなのか，音韻ループのように別の2つのシステムなのか明確ではない。

本章では，中央実行系を含む3つのシステムを同時に作動させ，中央実行系のリソースがどのように配分されるかを観察してみよう。課題はきわめてシンプルである。特定の目標文字（target letter）を背景文字群の中から出来るだけ速く，かつ正確に探索しチェックする視覚探索課題（visual search task）を使う。基本的にはワーキングメモリ内で進行する，目標文字の表象と連続的走査により入力される背景文字の表象との比較照合である。目標文字と背景文字の類似性を音韻的，視覚的次元で操作することで，音韻ループと視空間スケッチパッドに負荷をかける。認知処理の原則から，類似している刺激の比較照合は非類似の場合より時間を必要とする。したがって，視覚的類似条件の方が音韻的類似条件よりも探索時間が長ければ，ワーキングメモリ内の文字表象は相対的に多くの視覚的特性を備えていると推論される。逆に，音韻的類似条件の探索時間が長ければ，ワーキングメモリ内の文字表象は音韻的特性を多く備えていると考えられる。従来の研究によればアルファベットを日常的に使用する欧米人にあっては，文字形式で入力された言語情報は音韻的表象に符号化されると言う。他方，アルファベットを常用しない日本人では同じ文字情報に対して，音韻的特性と同時に視覚的特性をもった表象が形成される。ワーキングメモリ・モデルの立場からは，文字形式の言語情報処理には音韻ループと視空間スケッチパッドの2つが関わっていることを意味する。したがって，アルファベットを材料とする視覚探索課題は，日本語を母語とする人を対象とした場合，ワーキングメモリ本来の統合的働きを観察する課題に利用できる。

　ところで，ワーキングメモリのリソースには個人差があり（Just & Carpenter, 1992），リーディングスパン・テストでその高低を測ることができる（苧阪・苧阪，1994）。中央実行系の働きによりリソースは音韻ループと視空間スケッチパッドに配分されることを前提として，視覚的探索課題を使った実験で次の仮説を検証してみよう。

仮説1　音韻的類似性が高いと音韻ループに負荷がかかり，視覚的類似性が高いと視空間スケッチパッドに負荷が掛かる。その結果，それぞれにおいて相対的なパフォーマンス低下が起こる。

仮説 2 負荷によるパフォーマンス低下を補償するために中央実行系からリソースが供給されるが，その配分量は個人の全体のリソースの高低に依存する。リソースに余裕がある場合は十分な量が補充される結果，パフォーマンス低下は少ない。

2 方法

2.1 実験参加者

大学生に日本語版リーディングスパン・テスト（苧阪・苧阪, 1994）を実施し，得点分布の上位25％，下位25％をそれぞれリソースのH群，L群とする。各群の人数は最低でも15名を確保する。

2.2 要因計画

2つの独立変数からなる3×2の要因計画とする。第1の変数は類似性要因であり，目標文字に対して，①視覚的類似，②音韻的類似，③視覚的・音韻的に非類似（コントロール条件）の3水準を設定する（被験者内要因）。表6.1に3水準それぞれで用いるアルファベット文字を示す。目標文字Fに対してEPTRHからなる背景文字群は相対的に視覚的類似性が高い。他方，MNSXZは相対的に音韻的類似性が高い。この2条件に対してCGQVJは視覚的にも音韻的にも相対的な類似性は低い。したがって，CGQVJを背景文字群とする条件を基準として，ほかの2条件の変化が比較検討されることになる。このアルファベット文字を用いて，次節に述べる視覚探索シートを構成する。第2の変数はワーキングメモリのリソース要因であり，日本語版リーディングスパン・テストによるH群，L群の2水準を設定する（被験者間要因）。従属変数は，目標文字探索に要した所要時間をシートの総文字数で割った値とする。

2.3 材料

図6.2に例を示すように，3種類の類似条件それぞれについて視覚探索シート（A4サイズ1ページ）を作成する。表6.1に示す各条件は目標文字F

を含めて6文字で構成されるので，その6文字が等確率で出現するように一様乱数表を使って文字列を作成する。その結果，目標文字Fはシート中にランダムに挿入され，出現確率は3種類のシート間でほぼ等しくなる。

表6.1●視覚探索課題における類似性要因

類似性の次元	背景文字群	類似性の内容
視覚的類似	E P T R H	Fに対して視覚的に類似で，音韻的に非類似
音韻的類似	M N S X Z	Fに対して音韻的に類似で，視覚的に非類似
非類似	C G Q V J	Fに対して視覚的にも音韻的にも非類似

(注)探索目標文字はF。例として，図6.2に探索シートの一部を示す。

```
R R E E P E R T F T E F F E R H F H T E P R R
E T B R R T T P E R E P T F E T H E E T T R F
H H T F R F P F P T P R H R H E P R R P H F F
P H E F T R T H H R P H H T H T T F R F F E H
T T E F T E E E R P P R P P E H F H H E T T E
T E R R T F P F F R E R R T H R E H R E E F R
R E R E H R F T F T R P P H E E E T P E P P T
T E H E P F P P T P P R H T F H F F E F E E R
R T R R E T P B R P F F R P B P E F T E P R R
P F P E R F E F R B B F B P E P P T B T P E F
E F E F B P R B E P T P E B P B R P F B P B F
P B P T E E F B F R F P P R F R T F T E R T E
F B P P T E P F R F F P P B R F E R B B T T E
R B T F E F R F E P R T F P R E R B E P F P R
E R B B E E F E B F F P P F B B F P T T R F R
P E T E T F B P F R E P B P R T P F P E F R P
E B T F R B T R R T E P P R P F F B R P E B T
E R F B P E T B R T F E P E B R B T P P
```

図6.2●視覚探索シートの文字配列の一部（例）。目標文字Fを左から右，上から下の方向に探索して斜線で抹消する。

2.4 一般的手続き

　最初に実験参加者全員に日本語版リーディングスパン・テストを実施し，H群，L群それぞれ最低でも15名を選ぶ。次に，これらの2群の実験参加者に視覚探索シートを与えて目標文字探索に要した時間を秒単位で測定する。実験者は「始め」の合図とともにストップウォッチをスタートさせ，実験参加者の「終わり」という合図でストップし所要時間を記録する。その時間は実験参加者にフィードバックしてはならない。2分程度の休憩をはさんで次のシートを試行する。本実験に入る前に数名の実験参加者を対象に予備実験を行い，手順を確認する。

2.5 教示

　「アルファベットが並んでいるシートの中から，目標文字Fを左から右，上から下へと1行ずつ探し，Fを見つけたら斜線で抹消してください。鉛筆を持って眼を閉じた状態から，実験者の『始め』と言う合図で作業を開始してください。シートの最後まで達したら『終わり』と声に出して合図し，目を閉じてください。見落としや後戻りがないように，正確にできるだけ速く探してください」。2枚目以降のシートについても同様の教示を与える。

2.6 そのほかの留意点
1）視覚探索シートについて

　図6.2は文字配列のサンプルである。実際のシートはA4サイズに1行30文字前後，適当に字間・行間を空けて1シート30行，全体として900文字程度に収める。経験的には探索時間は1文字平均0.2秒前後なので，900字であれば1シートの探索所要時間は3分程度となる。1シート当たりの探索時間が長くなると疲労の影響が出るので，2分～3分以内に収めるようにする。また，探索シートは3種類ある。これをA，B，Cとすれば，ABC，ACB，BCA，BAC，CAB，CBAの6通りの試行順序があるので，それぞれの試行数が同数になるようにH群，L群内で実験参加者を割り振

る。もしくは簡略化して，実験参加者ごとに A, B, C をランダム化する。

2）リーディングスパン・テストについて

　日本語版リーディングスパン・テストの得点は採点法上，2点～5点の間に分布する（0.5点刻み）。日本語版標準化に関する苧阪・苧阪（1994）の報告では平均が 3.45（$SD=0.97$）点であった（調査対象群が異なると平均点は 3.33～3.45 点の幅で変動した）。H 群と L 群の絶対的基準は決まってはいないが，上記平均点と標準偏差を基準にすると，得点分布の上位 25％ は大よそ 4 点以上，下位 25％ は 2.5 点以下が目安となろう。大学生が対象の場合，分布は高得点に偏る傾向があるので群分けはあくまで相対的なものとなる。

3）実験参加者の群分けについて

　リーディングスパン・テストの得点に基づき最終的に，リソースの H 群，L 群を設ける。そのための方法として 2 つのオプションがある。1 つめの方法としては，50～60 名の実験参加者を募集してリーディングスパン・テストを実施し，その中から上述の得点基準に合致する参加者を選んで視覚探索課題を試行してもらう（残りの参加者は"解散"）。この場合はリーディングスパン・テストの採点をテスト終了後に迅速に行うか，日を改めて H 群と L 群の参加者に実験室に来てもらうことになる。2 つめは，リーディングスパン・テストと視覚探索課題を全員に実施し，結果の整理の段階で H 群と L 群に該当する参加者の視覚探索課題のデータだけを分析の対象とする方法である。

3　結果の整理と考察のポイント

3.1　結果の整理

　縦軸が 1 文字当たりの探索所要時間，横軸が類似性要因（視覚的類似・音韻的類似・非類似の 3 水準）の棒グラフを描き，水準間の変化を H 群と L 群で比較する。次に，探索所要時間をデータとする 3（類似性）×2（リソース）の 2 要因分散分析を行い，類似性とリソースの主効果，ならびに 2 要因間の交互作用を調べる。類似性要因に有意な主効果が見られた場合，3 つの

水準間の有意差を多重比較検定によって調べる。

3.2 考察のポイント

仮説1が成立するためには，類似性の主効果が有意となり，さらに多重比較検定の結果，コントロール条件に対して視覚的類似条件と音韻的類似条件のパフォーマンスが有意に低下しなければならない（所要時間が有意に長くなる）。さらに，視覚的類似条件と音韻的類似条件の間で有意差が生じていれば，視空間スケッチパッドと音韻ループに対する負荷の程度が異なることを意味する。

仮説2が成立するためには，H群はL群に比較して全体としてのパフォーマンスの低下が少ないことが示されなければならない。リソースの少ないL群はH群に比べて探索時間が有意に長くなったであろうか。また，リソースの影響は交互作用の形で特定の類似性条件との組み合わせで現れるかもしれない。仮に視覚的類似条件の方がより多くのリソースを必要としていれば，リソースL群の視覚類似条件のパフォーマンスの低下は相対的により大きくなるであろう。

4 発展的課題

ワーキングメモリに関する実験ではしばしば，二重課題が使われる。一般に，ある課題（1次課題）の遂行に X_1, X_2, X_3, …, X_n と複数の処理プロセスの関与が想定される場合，その寄与の程度を明らかにするために，既に処理特性の分かっている課題（2次課題）を平行して遂行させる。2次課題の導入で1次課題のパフォーマンスが低下すれば，1次課題の処理には2次課題の処理と同様なプロセスが関与していると推定される。今回の実験に当てはめれば，視覚探索シートで目標文字Fを抹消しながら（1次課題の遂行）同時に，並行して別の課題を遂行するのである。ワーキングメモリ・モデルでは課題遂行に中央実行系，音韻ループ，そして視空間スケッチパッドの3つのシステムが関わっているとされる。これらの関わりの程度は課題によって変化する。そこで，今回の実験に2次課題，すなわちワー

キングメモリを構成する3つのシステムへの選択的記憶負荷という要因を導入してみよう。

　これまでの研究で，音韻ループに対する2次課題には構音抑制が使われることが多い（苧阪, 2002；斎藤, 1993）。日本語であれば「あいうえお」，英語であれば「the, the, the」と声に出す，あるいは内声の形で反復する。これによって音韻ループ内の表象の保存とリハーサルが妨害される。中央実行系や視空間スケッチパットに関する2次課題についても，それぞれいくつかの課題が提案されている（例えば, Baddeley, 1966；Logie & Salway, 1990；Morris & Jones, 1990；西本, 2002, 2004；斎藤, 1993）。2次課題として記憶負荷（構音抑制）の要因を導入すると，実験計画は3要因分散分析を前提とした3（類似性）×2（リソース）×2（記憶負荷）の要因配置となる。記憶負荷については被験者内要因として，構音抑制の有無の2水準を設ける。構音抑制の主効果が見られるのか，類似性とリソースとどのような交互作用を示すのかを調べてみよう。

【引用文献】●●●●●

Baddeley, A. D.（1966）. The capacity for generating information by randomization. *The Quarterly Journal of Experimental Psychology*, **18**, 119-130.
Baddeley, A. D.（1986）. *Working memory*. Oxford University Press.
Hitch, G. J., & Baddeley, A. D.（1976）. Verbal reasoning and working memory. *The Quarterly Journal of Experimental Psychology*, **28**, 603-621.
Just, M. A., & Carpenter, P. A.（1992）. A capacity theory of comprehension：Individual differences in working memory. *Psychological Review*, **99**, 122-149.
Logie, R. H.（1986）. Visuo-spatial processing in working memory. *The Quarterly Journal of Experimental Psychology*, **38**A, 229-247.
Morris, N., & Jones, D. M.（1990）. Memory updating in working memory：The role of the central executive. *British Journal of Psychology*, **81**, 111-121.
西本武彦（2002）. 作業記憶における下位システムへのリソース配分方略　早稲田大学大学院文学研究科紀要, **48**, 27-38.
西本武彦（2004）. ワーキングメモリにおけるリソース配分方略　早稲田大学大学院文学研究科紀要, **50**, 29-36.
苧阪満里子・苧阪直行（1994）. 読みとワーキングメモリ容量：日本語版リーディングスパンテストによる測定　心理学研究, **65**, 339-345.
苧阪満里子（2002）. 脳のメモ帳　ワーキングメモリ　新曜社
斎藤　智（1993）. 構音抑制と記憶更新が音韻的類似性効果に及ぼす影響　心理学研究, **64**, 289-295.

> **読書案内**
>
> ■バッデリー，A. D.（川幡政道訳）（1988）．**カラー図説　記憶力：そのしくみとはたらき**　誠信書房
>   記憶研究を平易に解説した本。第11章でワーキングメモリについて，図を豊富に用いながらわかりやすく説明している。
> ■高野陽太郎（編）（1995）．**認知心理学2：記憶**　東京大学出版会
>   記憶についてのやや専門的な概説書。第4章で，短期記憶と作業記憶について解説している。
> ■森　敏昭（編著）（2001）．**おもしろ記憶のラボラトリー**　北大路書房
>   ワーキングメモリを含む広い範囲の記憶について，具体的実験例が紹介されている。
> ■苧阪満里子（2002）．**脳のメモ帳　ワーキングメモリ**　新曜社
>   ワーキングメモリについて分かりやすく解説するとともに，その脳神経基盤についての近年の研究を紹介している。リーディングスパン・テストについての解説も含まれている。

第7章 メロディの記憶

覚えてなくても好きになる？

重要用語

▶潜在記憶　▶顕在記憶　▶単純接触効果

---

1 はじめに

　初めて耳にしたはずのメロディであるにもかかわらず，とても気に入ったという経験はないだろうか？　そのメロディに対して好意的な感情をもったのは，昔同じようなメロディを聴いたことがあった，ということが理由であるのかもしれない。

　「何かを覚えていること」＝「記憶」の分類方法にはさまざまなものが存在するが，「覚えている」ということを自覚している場合とそうでない場合によって記憶を2種類に分類する方法がある。「覚えていることを自覚していること」を想起意識があるというが，想起意識の伴う記憶を顕在記憶（explicit memory）といい，想起意識の伴わない記憶を潜在記憶（implicit memory）と呼ぶ（太田，1995）。例えば，夕ご飯の献立を考えているときに，「昨日の夕ご飯はサンマを食べた」ということを思い出すことは，顕在記憶である。これに対して，昨日の夕食に何を食べたかに思いを巡らせることをせず，今日の夕ご飯は魚以外のメニューにしようと思うとすれば，そこには潜在記憶が影響していると考えられる。

　顕在記憶を測定するときには，再認，再生などの手続きがとられる。それでは，想起意識のない潜在記憶を測定するにはどのような方法をとれば良いのだろうか？　潜在記憶を測定する典型的な実験として単語完成課題（word fragment completion task）を用いたものがある。この実験は学習段階とテスト段階に分けられる。学習段階では，刺激のリストが呈示される。その後のテスト段階では単語完成課題を行う。この課題は，「しん□□く」

というような虫食いの単語を完成させる課題である（正解は「しんりがく」：心理学，「しんりょく」：新緑，など）。テスト段階で行う単語完成課題の半数は，学習段階で呈示したものであり，残りの半数は新しい単語である。このような課題を行うと，学習段階で呈示した単語の方が，新しく呈示した単語よりも正確に回答することができる。

　単語完成課題のような方法は，潜在記憶の測定において一般的であり，刺激がメロディである場合でも同じような方法を用いることが可能である。つまり，一部が欠けているメロディを完成させる課題（メロディ完成課題：musical stem completion task）を用いるという方法である（Warker & Halpern, 2005）。しかし，メロディを完成させる課題は音楽的な能力を必要とするため，正答率が参加者の音楽的経験に大きく左右されてしまう可能性がある。そのような問題を防ぐために，メロディの潜在記憶を測定する方法として，単純接触効果が利用されている。単純接触効果とは何回も繰り返し刺激に接触することで，その刺激に対する好意度が高くなるというものである（Zajonc, 1968）。

　ジョンソンほか（Johnson et al., 1985）は，記憶力が低下する障害であるコルサコフ症候群[1]の患者と健常者を対象として，メロディの単純接触効果を検討した。実験では，参加者たちにとって親近性の低い韓国音楽のメロディを聴かせ，再認課題と好悪判断課題を行った。その結果，患者群ではメロディの再認は困難であったが，メロディへの単純接触効果は健常者群とほぼ同様に起こっていることが確認された。また，ペレスほか（Peretz et al., 1998）は，健常者を対象としてメロディの単純接触効果について検討し，再認されていなかった刺激が，好悪判断課題では好意度が上昇していることを示した。このような研究の結果から，単純接触効果は顕在記憶とは関係なく起こる現象であり，潜在記憶に基づいていることが明らかになっている（生駒, 2005）。

　顕在記憶と潜在記憶では，課題成績に影響を与える要因が異なることが知られている。その1つに学習段階とテスト段階での刺激の物理的な変化が挙げられる。視覚呈示刺激を用いた実験では，学習段階とテスト段階に

おける刺激の物理的特徴の変化が，顕在記憶に影響を与えず，潜在記憶には影響を与えることが示唆されている。例えば，小松・太田 (1984) の実験では，学習段階で課題をひらがなで呈示する群と，漢字で呈示する群に分け，テスト段階ではひらがなでの単語完成課題を行った。その結果，漢字で呈示された群より，ひらがなで呈示された群の方が，単語完成課題の成績が高かった。

このように，顕在記憶には刺激の物理的な変化が影響を与えず，潜在記憶には影響を与えるという知見が，聴覚呈示刺激にも適用されるならば，物理的特徴の変化は再認課題に影響を与えず，印象評定にのみ影響を与えることが予想される。ペレスほか (1998) の実験では，音色を変化させることで，学習段階に呈示した刺激と，テスト段階に呈示した刺激の物理的特徴を変化させた。フルートの音色と，ピアノの音色を用いてメロディを作成し，学習段階とテスト段階で同じ楽器の音色のものと，音色を変化させたものの2種類の刺激を参加者に呈示した。その結果，学習段階とテスト段階で音色を変化させると，再認成績が低下し，印象評定には影響を与えないことが示された。したがってこの結果は，顕在記憶には刺激の物理的な変化が影響を与え，潜在記憶には影響をおよぼさなかったことを示唆している。この結果は，視覚的な刺激を用いて行った実験の結果とは逆であり，ここから刺激の物理的な変化が記憶に与える影響は，視覚呈示と聴覚呈示では異なるとも考えられる。

しかし，ペレスほか (1998) の実験では，呈示するメロディに親近性の高いメロディと低いメロディの両方を用いている。親近性の高いメロディはメロディそのものではなく，言語情報である曲のタイトルとメロディを連合させて覚えている可能性があり，親近性の低いメロディとは記憶方略が異なる可能性がある。そこで本演習では，親近性の低いメロディのみを用いて，刺激の物理的特徴がメロディの潜在記憶におよぼす影響について検討することを目的とする。

2 方法

2.1 実験参加者
　大学生32名程度とする。参加者の音楽経験にばらつきがあると実験結果に影響をおよぼす可能性があるので，一定の基準（学校の授業以外での音楽経験年数が7年以下など）を設けたほうが良い。

2.2 要因計画
　2×2の2要因混合計画とする。独立変数は項目のタイプ（新項目/旧項目：被験者内要因）と，音色の種類（一致/不一致：被験者間要因）である。実験は学習段階とテスト段階からなり，学習段階では各参加者に対して「好悪判断」，「再認」の2つの課題をこの順に課す。従属変数は再認課題では正答率であり，好悪判断では評定値である。実験参加者をランダムに2群に分け，音色の一致群，不一致群にそれぞれ16名ずつ割りふる。

2.3 材料
　48種類の親近性の低いメロディを用意する。親近性の低いメロディは以下の条件を満たすものとする。①5音から構成される，②同一オクターブの12半音階から構成される，③1つの音の長さを1秒とする。48種類のメロディは，MIDI音源のピアノ音とフルート音を用いて2パターンずつ作成する。メロディを作成するためのソフトウェア（MIDIシーケンサ）はインターネット上に無料のものが公開されているので，そのようなソフトウェアを用いると良い[2]。

　作成したメロディの親近性が低いことを確認するためには，予備実験を行う必要がある。予備実験は，大学生10名に作成したメロディを聴かせ，親近性を5段階（1：親しみがない，2：あまり親しみがない，3：どちらでもない，4：やや親しみがある，5：親しみがある）で判断させる。予備実験の結果，平均評定値が2以下のものを親近性が低いメロディとする。したがって，予備実験時には48個よりも多くのメロディを作成しておく必要がある。

　既に予備実験を行い，以上の条件を満たしていることが確認されている

メロディを，**付録 7.A**，**7.B** に添付する。

2.4 装置

　刺激呈示のために，Microsoft PowerPoint（Microsoft 社）を用い，コンピューターを通して呈示する。音は，コンピューター内蔵のスピーカーからそのまま呈示するのではなく，外部接続のスピーカーもしくはヘッドホンを用いて呈示した方が良い。また，①学習段階で行う親近性を判断する課題，②テスト段階で行う，好悪判断課題と再認課題，③フェイスシートから構成される記録用紙を用意する。記録用紙は A4 サイズで作成し，①，②，③はそれぞれ別の用紙を用いる。学習段階における回答用紙は，5 段階からなる，親近性の尺度を用いる。テスト段階の回答用紙は，メロディごとに，好悪判断課題の尺度，再認課題の回答欄を横に並べる。フェイスシートの質問項目は，年齢，性別，学校の授業以外での音楽経験と，内観（実験を行っていて気づいたこと）である。

　可能であれば，E-Prime（Psychology Software Tools 社）などの心理学実験用のソフトウェアを用いて刺激の呈示順序を参加者ごとにランダムにし，反応の記録もコンピューター上で行うと良い。

2.5 一般的手続き

　実験は参加者ごとに個別に実験室で行う。実験セッションは学習段階と，テスト段階から構成される。作成した 48 種類の刺激のうち，32 種類を学習段階で呈示する。テスト段階では，学習段階で呈示したメロディのうち，半数を残りの 16 種類のメロディと入れ替えて呈示する。以下では各段階について詳しく述べる。

　学習段階では，参加者に 32 種類のメロディを 5 秒おきに呈示し，各メロディに「親しみがあるかないか」を 5 段階で評価するように求める。音色に対する好みが好悪判断に影響をおよぼさないように，各群の参加者を 2 つのグループに分け，1 つめのグループには刺激をピアノ音で呈示し，2 つめのグループにはフルート音で呈示する。

学習段階終了後，5分程度の休憩を挟み，参加者にテスト段階に関する教示を行った後，テスト課題を開始する。

　テスト段階では，学習段階で呈示した32個のメロディのうち半数を新しいメロディと入れ替えて，学習段階と同様に呈示する。学習段階で呈示した刺激と同じメロディを旧項目，学習段階で呈示した刺激から入れ替えたメロディを新項目とする。テスト段階で呈示する刺激は，音色一致群では学習段階と同じ音色で呈示する。また，音色不一致群では，学習段階と異なる音色を用いて呈示する。好悪判断課題では，テスト段階と同様にメロディが「好きか嫌いか」を5段階（1：嫌い，2：やや嫌い，3：どちらでもない，4：やや好き，5：好き）で評価するように求める。再認課題では，学習段階で「聴いたか聴いていないか」を判断するように求める。再認課題は，顕在記憶の課題であるが，顕在記憶が潜在記憶の課題である，好悪判断に影響を与える可能性がある。その影響をできる限り小さくするため，参加者がメロディを意図的に覚えることがないようにする必要がある。したがって，学習段階の教示の中で，テスト段階に記憶課題があることについては触れないように気をつける。テスト段階の終了後，フェイスシートに記入してもらい，内観をとる。

2.6 教示

1）学習課題の教示

　「実験が始まるとメロディが流れてくるので，そのメロディに親しみがあるかどうかを5段階で判断してもらいます。メロディにとても親しみがある場合は5を，まったく親しみがない場合は1に印をつけてください。その中間であれば，当てはまる数字に印をつけてください。回答時間は5秒です。5秒たったら次のメロディに移ります」

2）テスト段階の教示

　「テスト段階では，2つの課題を行ってもらいます。1つめはメロディを聞いて，そのメロディが好きか嫌いかを5段階で判断してもらう課題になります。好きだと思う場合は5，嫌いだと思う場合は1に印をつけてくだ

さい。その中間であれば，当てはまる数字に印をつけてください。2つめは，そのメロディが先ほどの実験で聴いたか聴いていないかを判断してもらう課題になります。聴いたと思う場合は○，聴いていないと思う場合は×を回答用紙に記入してください。回答時間は10秒です。10秒たったら次のメロディに移ります」

3 結果の整理と考察のポイント
3.1 結果の整理
　学習段階で行った親近性判断は分析には用いないが，刺激ごとに評定値の平均を求め，各刺激の評定値が2以下となっているのかどうかを確認する。評定値が極端に高い刺激があれば，その刺激は再認課題・好悪判断の分析から除外する。同様に，すべての評定値が極端に高い参加者がいた場合にも，分析から除外する。

1）再認課題の分析
　各メロディの再認率の平均と分散を求める。平均再認率がチャンスレベル（50%）程度であるかどうか確認する。次に，音色の変化によって再認率に差が見られるかどうか確認するため，再認率を用いて音色一致群と音色不一致群の間で t 検定を行う。再認率の分散が大きければ，Hit率とFA率を算出し，修正再認率（d'）を分析に用いる。

2）好悪評定の分析
　各メロディの平均評定値と分散を求め，2要因の分散分析（音色×項目タイプ）を行う。

3.2 考察のポイント
　まず各条件において，単純接触効果が生じているかどうか確認する。学習段階と比べてテスト段階の方が好悪評定の値が高くなっていれば，単純接触効果が生じているとみなす。次に音色の種類によって再認成績，好悪判断の評定値に差が見られるかどうか確認する。再認成績の評定値に差が見られたとすれば，視覚呈示した刺激を用いた実験と同じ結果であり，差

が見られなければ異なる結果となる。また，好悪判断の評定値に差が見られなければ，視覚呈示した刺激を用いた実験と同じ結果であり，見られれば異なる結果となる。これらの結果が，どのような要因によって生じているのか考えてみよう。

4 発展的課題

今回の実験では親近性の低いメロディを用いたが，親近性の高いメロディを用いた場合，親近性の低いメロディと異なる結果となることが考えられる。刺激の親近性を変化させて検討してみよう。またどうして結果が異なる可能性があるのか考えてみよう。

潜在記憶は顕在記憶と比べて，保持期間が長いことが知られている。今回の実験では5分後にテスト段階の課題を行ったが，1週間後でも単純接触効果は持続しているのだろうか。また，保持期間を長くすることによって，学習課題とテスト課題における刺激の物理的な変化が単純接触効果に与える影響は，変化するだろうか。ペレスほか（1998）の実験2など，学習段階とテスト段階の間に時間を空けた実験を参考にして，実験を行ってみよう。

メロディの潜在記憶を測定する指標として，単純接触効果ではなく，メロディ完成課題（Warker & Halpern, 2005）や，間接再認手続き（indirect recognition procedure）（上田・寺澤, 2010）を用いた研究もある。単純接触効果と同じような結果となるかどうか検討してみよう。

[注]
1) コルサコフ症候群（Korsakov's syndrome）：記憶障害の一種。記憶障害のほかに見当識障害（場所や時間が分からなくなる），作話などの認知障害や，意識の低下などの合併症状が伴う。 **2)** 例えば，「てきとーシーケンサ」は，五線譜の上に音符を置いていくだけで MIDI ファイルを作成することができる。詳細は以下の URL を参照のこと（http://www.vector.co.jp/soft/win95/art/se093598.html）

【引用文献】●●●●●

生駒　忍（2005）．潜在記憶現象としての単純接触効果　認知心理学研究, **3**, 113-131.
Johnson, M., Kim, J., & Risse, G. (1985). Do alcoholic Korsakoff's syndrome patients acquire affective

reactions? *Journal of Experimental Psychology：Learning, Memory, and Cognition*, **11**, 22-36.
小松伸一・太田信夫（1984）．プライミングにおける刺激表記形態の効果　日本心理学会第48回大会発表論文集，401.
太田信夫（1995）．「潜在記憶」高野陽太郎（編）『認知心理学2』記憶，東京大学出版会　209-224.
Peretz, I., Gaudreau, D., & Bonnel, A.（1998）. Exposure effects on music preference and recognition. *Memory & Cognition*, **26**, 884-902.
上田紋佳・寺澤孝文（2010）．間接再認手続きによる言語的符号化困難な音列の潜在記憶の検出　心理学研究，**81**, 413-419.
Warker, J. A., & Halpern, A. R.（2005）. Musical stem completion：Humming that note. *American Journal of Psychology*, **118**, 567-585.
Zajonc, R. B.（1968）. Attitudinal effects of mere exposure. *Journal of Personality and Social Psychology Monograph*, **9**（**2, Part 2**）, 1-28.

読書案内

■宮本聡介・太田信夫（編著）（2008）．**単純接触効果研究の最前線**　北大路書房
　単純接触効果について，歴史，メカニズム，周辺領域との関係など，網羅的に解説されている。特に第9章「音楽心理学と単純接触効果」では，メロディを用いた単純接触効果の研究について紹介が行われている。

■谷口高士（編）（2000）．**音は心の中で音楽になる：音楽心理学への招待**　北大路書房
　音楽心理学について研究方法をはじめ，基礎的な研究から応用的な研究までさまざまなトピックが紹介されている。

■高野陽太郎（編）（1995）．**認知心理学2 記憶**　東京大学出版会
　第10章「潜在記憶」において潜在記憶についての概説が行われている。

付 録

付録 7.A 刺激メロディの構成

No	1音目	2音目	3音目	4音目	5音目
1	D	Cis	F	D	Fis
2	Gis	Gis	Ais	E	G
3	C	Fis	A	Dis	Fis
4	Gis	Ais	F	A	A
5	Cis	C	Cis	H	H
6	Cis	F	Gis	G	A
7	C	Cis	Fis	E	E
8	G	F	Dis	H	E
9	C	Fis	D	C	F
10	Dis	E	C	Fis	Fis
11	H	H	C	Gis	D
12	C	H	G	Dis	Dis
13	Dis	Ais	D	Dis	Fis
14	Gis	Dis	Fis	Gis	Cis
15	G	Cis	F	C	Ais
16	A	F	C	H	Fis
17	H	G	Dis	H	C
18	Ais	Gis	D	C	Dis
19	A	Fis	Ais	A	Fis
20	G	F	Fis	G	Cis
21	E	Fis	Ais	F	Fis
22	F	A	Fis	F	Cis
23	F	H	D	Gis	G
24	Gis	G	Cis	G	D
25	Fis	Fis	A	G	D
26	F	Gis	D	F	G
27	H	Dis	F	H	H
28	H	G	Ais	H	D
29	Dis	C	Dis	A	Cis
30	Ais	E	F	Fis	Ais
31	Gis	D	H	A	Fis
32	D	A	Gis	Gis	D

No	1音目	2音目	3音目	4音目	5音目
33	Gis	Cis	G	Fis	H
34	A	G	Dis	H	Gis
35	Ais	Cis	Fis	Ais	D
36	A	A	F	C	E
37	A	D	A	Cis	Fis
38	A	Ais	C	A	G
39	C	Gis	H	H	A
40	A	G	D	Gis	F
41	H	E	C	G	A
42	Fis	H	Ais	C	A
43	E	C	A	Ais	Fis
44	A	C	C	Ais	C
45	Dis	F	F	Dis	Cis
46	E	F	A	Ais	D
47	D	E	Fis	H	E
48	E	Gis	Fis	H	E

付録 7.B 音の組み合わせ

リズムパターン

音と記号の対応

C Cis D Dis E F Fis G Gis A Ais H

第8章 心的回転
心で回して比べてみよう

重要用語

▶心的回転　▶表象　▶視覚的物体認識

---

1 はじめに

　誰かと話をしているときに，相手の腕時計の針の位置を読み違えて時間を勘違いした経験はないだろうか。自分の腕に着けている時計を見る場合，12時の位置が上に向くようにしてから時間を確認するため，こうしたことは起こりにくい。しかし，相手の腕にある時計を見るときは，12時の位置は相手の腕の位置によりさまざまな角度を取るため，読み取りが難しくなる。

　このように，対象の傾きは，ときとして物体認識の過程におよぼす。シェパードとメッツラー（Shepard & Metzler, 1971）は，サイコロのような立方体を組み合わせた3次元の物体を描いた2線画が，傾きを除けば同一か，それとも異なる図形かを判断させた（図8.1）。図8.1に示された2図形が同一か否かを判断するとき，どのようにその課題を行っただろうか。もしかすると，一方の図形に他方を重ね合わせるよう，頭の中でイメージを回転させたのではないだろうか。刺激呈示から反応までに掛かる時間は，2図形の角度の差に比例して増加した。シェパードとメッツラーは，こうした反応時間の増大が実験参加者の内的表象（representation）の操作を反映するものであるとして「心的回転（mental rotation）」と名付けた。この心的回転は，外部にある対象を我々が内部に再構成する際の内的表象の性質をめぐる論争（イメージ論争）においても重要な論点となった。外界の状況を理解するとき，私たちは外界の視覚的情報を内部で符号化し表現する。この情報を用いて私たちは物体認識などの処理を行うわけだが，この外界

を再構築し表現した情報が内的表象である。物体認識に関する研究では、こうした内的表象の表現形式、および課題処理の過程で行われる操作が関心の対象となる。心的回転は、内的表象の操作過程を内観のみならず反応時間という客観的な指標により検討することのできる課題として、多くの研究者により取り上げられた。

どんな課題でも傾きに応じて課題の処理に掛かる時間が増加するわけではない。例えば、イーレイ（Eley, 1982）は事前に学習した無意味線画の弁別課題を行ったが、図形の傾きは反応時間に影響をおよぼさなかった。こうした心的回転の生起の有無を考えるうえで、コーバリスとマクラーレンによる実験（Corballis & McLaren, 1984）は興味深い。コーバリスとマクラーレンは左右あるいは上下に対称関係にある2文字（bとdあるいはbとp）の弁別を行う際の反応時間を測定し、正立時からの傾きに応じて反応時間が増加することを報告した（**図 8.2**）。

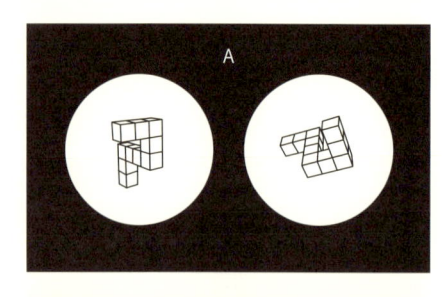

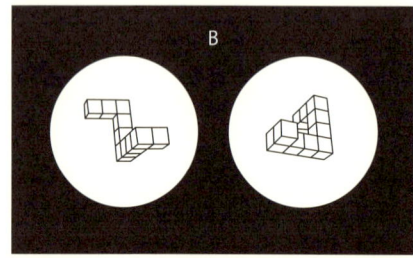

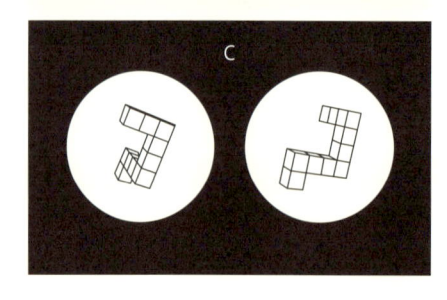

図 8.1●シェパードとメッツラー（1971）で用いられた刺激。(A) および (B) は同じ図形の対だが、(C) はどのように回転させてみても重なり合わない、異なる図形対である。

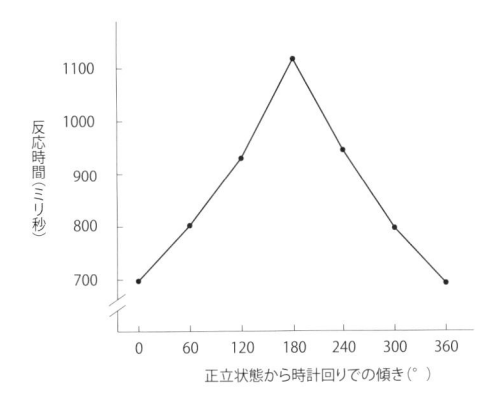

図8.2●コーバリスとマクラーレン（1984）の実験結果

　こうした心的回転の有無を説明するものとして，高野は情報タイプ理論を唱えた（高野，1987；Takano, 1989）。高野は，課題遂行のために必要となる構成要素間の結合情報が，傾きにかかわらず抽出可能な情報（配置情報）の場合は心的回転がみられないが，向きが決まってはじめて判断できるような，傾きの影響を受ける情報（相対方向情報）の場合には心的回転が起こると論じた。例えばTとLの場合，Tのように短い線分の中央と長い線分の端部が接合しているか，それともLのように端部どうしで接合しているかを調べることで判断できる。両者の違いは傾きにかかわらず判断できる，配置情報に関する差異であるため，心的回転は起こらない。一方，bとdの弁別の場合，円の部分が線分下部の「右」か「左」かを判断するために上下の向きを揃える必要がある。これは相対方向情報に関する点のみが異なるということであるため，心的回転が必要となる。

　本演習では，コーバリスらが用いたbとdの刺激をもとに情報タイプ理論を検証しよう。配置情報（TとL）と相対方向情報（bとd）それぞれを差異とする刺激を用意し，弁別課題を行う。反応時間が傾きの影響を受けるかどうかを検討する。本演習における仮説は以下の通りである。情報タイプ理論に従うならば，仮説2が採択されることになる。

仮説1　2図形の傾きの差に応じて反応時間が増加するのは，配置情報

に基づく弁別課題のみである。

仮説2 2図形の傾きの差に応じて反応時間が増加するのは，相対方向情報に基づく弁別課題のみである。

仮説3 2図形の傾きの差に応じた反応時間の増加は，配置情報・相対方向情報どちらの弁別課題でも起こる。

仮説4 2図形の傾きの差に応じた反応時間の増加は，配置情報・相対方向情報どちらの弁別課題でも起こらない。

2 方法

2.1 実験参加者

視力もしくは矯正視力（眼鏡もしくはコンタクトレンズによる矯正時の視力）が正常な者を実験参加者とする。キー押しによって反応を求めるため，実験参加者の利き手を確認する。

2.2 要因計画

2つの独立変数からなる2×6の要因計画とする。第1の変数は弁別に用いる情報に関する要因（弁別情報条件）であり，①配置情報が異なる刺激（TとL：配置情報条件），②相対方向情報が異なる刺激（bとd：相対方向情報条件）の2水準を設定する。第2の変数は文字の傾きである。正立状態を，0°として時計回りにから60°ずつ，6水準を設定する。どちらも被験者内要因とする。従属変数は，刺激呈示から実験参加者の反応までの反応時間である。

2.3 材料

bとd，およびTとLの4字を刺激として用いる。それぞれについて0°から300°まで60°ごとに回転した6つの画像ファイルを用意する（図8.3）。

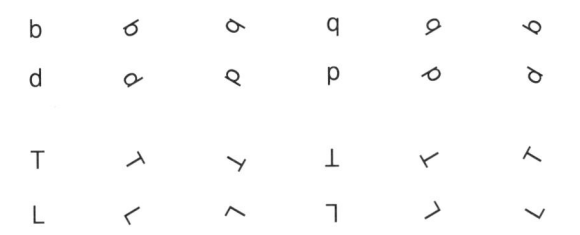

図8.3 ●実験に用いる刺激。上段：bとd，下段：TとL。それぞれ，時計回りに60°刻みで傾けたもの。

2.4 一般的手続き

　最初に実験参加者に教示を与えたうえで，練習試行・本試行を実施する。1試行は，試行開始を示すビープ音より始まり，画面中央に「＋」印を500ミリ秒呈示した後で刺激を画面中央に呈示する。実験参加者は呈示された刺激がbかdか（もしくはTかLか）をキー押しにより報告する。反応があった時点もしくは反応時間の上限（例えば10秒）に到達した時点で画面上の刺激を消去して，試行終了とし，正誤を500ミリ秒画面に表示する。

　1ブロックはいずれかの弁別情報条件内の2字（bとd，もしくはTとL）と6種類の傾き角度よりなる12の刺激により構成される。4ブロック分の試行を繰り返して測定したところで休憩とし，もう一方の弁別情報条件で構成された刺激を用いた4ブロックを実施する。ブロック内の呈示順序はランダムとする。半数の実験参加者は配置情報条件より始め，残りの半数は相対方向情報条件より始めることとし，参加者間でカウンターバランスを取るようにする。どちらの弁別情報条件から始めるかは，事前にランダムに割り付けておく。本試行に先立って，まったく別の文字を刺激として1ブロックの練習試行を行う。

　キー押しについても，文字とキーの対応を実験参加者の半数では逆転させる。これも，実験参加者をどちらに割り付けるか，あらかじめランダムに定めておく。

2.5 教示

「これから，画面中央にbもしくはd，TもしくはLがさまざまに傾いた状態で表示されます。呈示されたキーがb(T)ならば緑のキーを，d(L)ならば赤のキーを押してください。ブザー音に続いて画面中央に十字マークが表示されます。十字マークと入れ替わりに，その位置に字が表示されます。できるだけ速く，できるだけ正確に反応してください」

反応キーにはあらかじめ赤・緑のシールをそれぞれ貼っておく。半数の実験参加者には緑と赤を入れ替えて（b・T→赤，d・L→緑）にして教示する。

2.6 そのほかの留意点

1）刺激の作成に関して

相対方向情報条件の刺激として用いるbとdに関して，それぞれの文字をそのまま刺激として用いた場合，フォントつまり文字の書体デザインによっては配置情報による弁別が可能になってしまう可能性がある。そこで，刺激の違いが相対方向情報のみとなるよう，一方の字（例えばb）を鏡映反転してもう一方の字(d)を得るとよいだろう。作成に当たってはグラフィックソフトウェアを用いるほかに，例えばMicrosoft PowerPoint（Microsoft社）のテキストボックスオブジェクトを用い，鏡映反転や回転した画像を作成する方法もある。オブジェクトを回転したうえで画像ファイルとしてスライドを保存（「名前を付けて保存」の際に，「ファイルの形式」で「JPEG交換形式」を選ぶ）すればよい。

2）実験に用いるソフトウェアについて

刺激呈示の制御と反応の記録は，コンピューターによって行う。E-Prime（Psychology Software Tools社）などの心理学実験用ソフトウェアを用いて実験を行うとよいだろう。E-primeで実験を行うためのサンプル・スクリプトを用意したので，関心がある方は序章の**4節**を参照されたい。

3 結果の整理と考察のポイント
3.1 結果の整理
まずは実験参加者ごとに誤答率を求め，ほかと比べて著しく誤答率の高い者がいないか確認しよう。そのような実験参加者は，課題を正しく理解していなかった可能性がある。もしもそのような参加者がいた場合は，これを除いて分析する。

正答試行について，縦軸が平均反応時間，横軸が傾きの折れ線グラフを文字ごとに描く。相対方向情報条件と配置情報条件で比較できるよう，弁別情報条件ごとにグラフをまとめよう。その際，0°のときのデータを用い360°も表示するとよいだろう。

次に，反応時間について2（弁別情報）×6（傾き）の2要因分散分析を行い，弁別情報と傾きの主効果，ならびに2要因間の交互作用を調べる。有意な主効果が見られた場合は，多重比較を行う。交互作用が有意だった場合は，傾きについての単純主効果を弁別情報の条件ごとに検討する。

3.2 考察のポイント
傾きに応じて反応時間が増える，心的回転が見られるかを刺激条件ごとに検討しよう。180°をピークとした山型の関数が見られるか，相対方向情報条件，配置情報条件それぞれでグラフを確認する。そのうえで，分散分析の結果を検討する。

仮説1が成立するためには，配置情報条件のみ単純主効果が有意となる必要がある。一方，仮説2が成立する場合は，相対方向情報条件のみ単純主効果が有意となる。相対方向情報条件では傾きに応じて反応時間が増加する一方，配置情報条件ではそうした増加の見られぬ平坦な関数となる。

仮説3が成立するならば，交互作用が見られずどちらの刺激条件でも傾きの効果が見られる。交互作用の有意な場合でも，傾きに関して単純主効果が見られこととなる。仮説4が真ならば，傾きの主効果は見られない。

最後に，誤答率の影響についても確認をしておこう。速さと正確さはトレード・オフの関係にあるため，より速く反応しようとすれば誤答が増加

するものと考えられる。傾きによる反応時間の増加は、傾きの増加に応じて参加者がより慎重に判断しようとした結果かもしれない。この場合、傾きに応じて誤答率は減少することとなる。傾きの水準ごとに誤答率がどのように変化しているかを調べ、その可能性を検証する。

4 発展的課題

傾きの影響に関して、今回はbとdもしくはTとLという、単純でなじみが深く、違いのすぐに分かる刺激を用いた。これに関連して高野(1984)ではなじみのない刺激を用いた場合には、配置情報であっても心的回転が用いられるケースを紹介している。この実験では米国の実験参加者を用い、漢字と、漢字のパーツの一部を左右反転した偽漢字の弁別課題を行った。異なる部分を実験者より教えられた群では心的回転が消失したが、教えられなかった群では配置情報が異なっているにもかかわらず、傾きに応じて反応時間が増加する心的回転が見られた。日本人を実験参加者とした場合でも、あまりなじみのない文字（たとえば梵字など）を用いれば、検証することができるだろう。

今回のような弁別課題以外でも心的回転は見られる。ジョリクール(Jolicoeur, 1985)は身近な物体の線画をさまざまな角度で呈示し、それが何か分かったらその物体の名前をできるだけ速く、正確に呼称するよう実験参加者に求めた（命名課題）。ある線画をはじめて見たときの刺激呈示から呼称までの反応時間を角度ごとに取ると、関数はM型になった。すなわち、正立状態から傾くにつれて反応時間は増加するものの、120°～240°ではまるでグラフを上下に折り返したように反転し、180°に向けて反応時間は減少した。初回呈示時は、180°近辺を除けば心的回転が起こったと見ることができるだろう。しかしながら2度目以降、同じ線画が異なる角度で呈示された際には、傾きの影響は著しく減じられた。こうした2度目以降の呈示結果は、イーレイ(1982)のそれとほぼ同様だったといえるだろう。ジョリクールの初回呈示時に見られた傾きの効果もまた、対象の同定に必要な情報が配置情報であったとしても、実際の絵をはじめて見る場合はうまく

利用できない可能性を示唆するものと捉えることができる。ジョリクール（1992）は，対象の同定の際に，心的回転に基づくシステム（mental-rotation system）と特徴に依拠したシステム（feature-based system）の2つが並行して処理を行うとする二重システム理論（dual-systems theory）を提唱した。

　ジョリクールの命名課題を行うには，本演習で使用した装置に加え，発声反応を取得し，計時するためのボイスキーが必要になる。刺激に関しては，**第1章**で紹介されたスノッドグラス線画刺激日本語拡張版（Nishimoto et al., 2005；Nishimoto et al., 印刷中）を利用できる。イーレイの実験についても，**第10章**で用いたドルードル（Nishimoto et al., 2010）の一部を，刺激として用いることができるだろう。この場合は，ドルードルを対ではなく単体で用いることとなる。利用に適したものと適さないものがあるので，各ドルードルの特性や形状をよく確認して刺激にするとよいだろう。

【引用文献】●●●●●

Corballis, M. & McLaren, R.（1984）. Winding one's Ps and Qs：Mental rotation and mirror-image discrimination. *Journal of Experimental Psychology*：*Human Perception and Performance*, **10**, 318-327.
Eley M. G.（1982）. Identifying rotated letter-like symbols. *Memory & Cognition*, **10**, 25-32.
Jolicoeur, P.（1985）. The time to name disoriented natural objects. *Memory & Cognition*, **13**, 289-303.
Jolicoeur, P.（1992）. Identification of disoriented objects：A dual-systems theory. In G. W. Humphreys（Ed.）, *Understanding vision*. Cambridge：Blackwell, pp. 180-198.
Nishimoto, T., Ueda, T., Miyawaki, K., Une, Y., & Takahashi, M.（2010）. A normative set of 98 pairs of nonsensical pictures（droodles）. *Behavior Research Methods*, **42**, 685-691.
Nishimoto, T., Ueda, T., Miyawaki, K., Une, Y., & Takahashi, M.（印刷中）. The role of imagery-related properties in picture naming：A newly standardized set of 360 pictures for Japanese.
Shepard, R. N. & Metzler, J.（1971）. Mental rotation of three-dimensional objects. *Science*, *Behavior Research Methods*. **171**, 701-703.
高野陽太郎（1987）．傾いた図形の謎　東京大学出版会
Takano Y.（1989）. Perception of rotated forms：A theory of information types. *Cognitive Psychology*, **21**, 1-59.

読書案内

- 高野陽太郎（1987）．**傾いた図形の謎**　東京大学出版会
  心的回転がどのようなときに起こるか，あるいは起こらないかを説明する，情報タイプ理論をまとめたものである。理論についてだけでなく，どのように問題を捉え，検証していけばよいのかを学ぶことができるだろう。
- 川人光男・行場次朗・藤田一郎・乾敏郎・力丸裕（1994）．**視覚と聴覚**　岩波講座　認知科学3　岩波書店
  視覚の処理過程に関して，知覚・生理学や計算論の観点からも知ることができる。対象の記述

における座標系の問題なども触れられている。
■齊藤　勇（監修），行場次朗（編）（1995）．**視覚認知**　認知心理学重要研究集 1　誠信書房
　視覚認知に関する主要な研究がコンパクトにまとめられており，おもしろい。シェパードとメッツラーによる実験についても紹介されている。
■守　一雄（1995）．**認知心理学**　現代心理学入門 1　岩波書店
　認知心理学に関する概論書だが，章を 1 つ割いて心的イメージに関する紹介を行っている。本文にある「イメージ論争」についても触れられている。

第9章 イメージと記憶
上手に覚えるコツ

重要用語

▶心的イメージ　▶記憶術　▶体制化

---

1 はじめに

　歴史上の重要な出来事，英単語，専門用語，人物の名前…。試験勉強などのとき，私たちは必死になってたくさんのことを覚えようとする。もし簡単に覚えられる方法があれば，こんなにありがたいことはない。

　これは大昔の人にとっても同じで，ギリシア時代やローマ時代から，効率よくものを覚えるための記憶術が考案されてきた（Yates, 1966）。有名なものとして，場所法（method of loci）は，自分のよく知っている場所のイメージと，覚えるべき項目のイメージとを結びつけて覚える。例えば，「にんじん，猫，机…」といった一連の単語を覚える場合，まず自分の家から最寄り駅までのルートを思い浮かべる。そして家の玄関ににんじんが置いてあるのを頭の中でイメージし，家を出たところに猫がいるのをイメージし，最初の角を曲がったところに机が捨ててあるのをイメージし，というようにして覚える。

　場所法をはじめとして多くの記憶術では，視覚的なイメージを活用している。ここでいうイメージとは，心的イメージ（mental imagery），つまり心の中で思い浮かべるイメージのことを指す。例えば私たちは目の前にリンゴの実物がなくても，心の中でリンゴの見た目や味を思い浮かべることができる。これが心的イメージである。記憶術の多くは，覚えるべき項目のイメージ，特に視覚的イメージを心の中で操作するというプロセスを含んでいる。例えば上述の場所法の場合，自分のよく知っている場所のイメージと覚えるべき材料のイメージを結びつけるという操作を行っている。

はたして，イメージを活用すると本当によく覚えられるのだろうか？多くの研究が，その通りであることを示している。例えばガプトンとフリンケ（Gupton & Frincke, 1970）は，名詞と動詞の対（例えば「武器」-「振動する」）を呈示し，一部の実験参加者には，その単語対のイメージ（例えば振動する銃）を思い浮かべるよう教示した。その結果，これらの実験参加者群は，イメージ教示を受けなかった群と比較して，記憶成績が良かった。このように，イメージを活用することにより，実際によく覚えられることが示されている。

　それでは，なぜイメージを活用するとよく覚えられるのだろう？　第1の仮説として，覚えるべき項目のイメージを思い浮かべると，その項目が複数の形式で符号化されるためということが考えられる。ペイヴィオの二重符号化理論（dual coding theory）によると，例えば単語を覚える際にその単語のイメージを思い浮かべることにより，単語は言語的に符号化されるのみでなく，イメージという形で非言語的にも符号化される（Paivio, 1971）。このように二重に符号化されることにより，後でその記憶を想起する際に，言語とイメージという2種類の手がかりが使用可能となる。このため，記憶成績がよくなる。

　これに対し第2の仮説として，イメージを思い浮かべることにより，複数の項目がひとまとまりの項目へと体制化（organization）されるため，記憶成績が上がるということが考えられる。体制化とは，関連する情報をまとめあげることをいう。体制化することにより記憶成績が向上することはよく知られている。イメージは，体制化をもたらすために記憶を促進するのかもしれない。例えば上述の「武器」-「振動する」の場合，そのまま単語対として覚えると，「武器」と「振動する」という2つの項目を別々に覚えなくてはならないが，「振動する銃」というイメージを作ることにより，ひとまとまりの項目へと体制化される。このため，効率よく覚えることが可能となるのかもしれない。

　はたしてどちらの仮説が正しいのだろうか？　これを確かめることが本演習のテーマである。実験では，心的イメージを形成する方法を操作する

ために，相互関連教示か分離教示を与え，その効果を比較する。同様の実験は，バウアー (Bower, 1970) やモリスとスティーヴンス (Morris & Stevens, 1974) など，多数行われている。実験参加者には2つの単語を対にしたものを覚えてもらうが，相互関連教示群の参加者には，各単語の示す対象が相互に関連し合ったイメージを思い浮かべてもらい，体制化を促す（図9.1(a)を参照）。一方，分離教示群の参加者には，各単語の示す対象を，それぞれ分離したイメージとしてばらばらに思い浮かべてもらう（図9.1(b)を参照）。このほか統制条件として，単語対を繰り返し音読して覚える群も設ける（統制群）。もし第1の仮説（ある項目についてイメージを思い浮かべると，その項目が複数の形式で符号化されるため，記憶成績が上がる）が正しいのであれば，分離教示も相互関連教示もともに，記憶を促進する効果をもつはずである。これに対し，もし第2の仮説（イメージを思い浮かべることにより，複数の項目がひとまとまりの項目へと体制化されるため，記憶成績が上がる）が正しいのであれば，相互関連教示は記憶を促進するが，分離教示は記憶を促進する効果をもたないはずである。

図9.1(a) ●相互関連教示で思い浮かべるイメージの例。「ピアノ」-「葉巻」の場合。(Wollen et al., 1972, p. 520, Fig. 1)

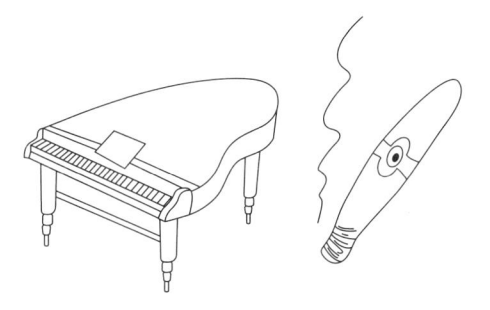

図9.1(b) ●分離教示で思い浮かべるイメージの例。「ピアノ」-「葉巻」の場合。(同論文，p. 520, Fig. 1)

2 方法

2.1 実験参加者
　相互関連教示群，分離教示群，統制群のそれぞれに，大学生を約 15 名ずつランダムに割り当てる。

2.2 要因計画
　1 要因 3 水準とする。独立変数は記銘方法で，「相互関連教示群」「分離教示群」「統制群」の 3 水準である。被験者間要因とする。

2.3 材料
　互いに無関連な単語を対にしたものを多数用意する。**付録 9.A** にこのような単語対 40 個を示す。これらの単語対は西本ほか(Nishimoto et al., 印刷中)のスノッドグラス線画刺激日本語拡張版に基づいて作成したものである。西本ほかでは，360 の概念についてさまざまな指標が測定されている。これらの概念のうち，イメージ喚起性が 6.3 以上のものを抜粋し(イメージ喚起性の値は最小で 1，最大で 7 である)，意味的関連性の低いもの同士を対にした。イメージ喚起性(あるいは心像性；imageability)とは，その概念がどの程度すばやく容易に心的イメージを喚起するかを表す。例えば「ニワトリ」はイメージ喚起性が高いが，「事実」はイメージ喚起性が低い。イメージを喚起しやすい概念の方が，イメージ形成による記憶の促進効果が高いため，本演習で使用する単語対には，イメージ喚起性の高いものを用いる。

2.4 装置
　単語対は，Microsoft PowerPoint (Microsoft 社) を使ってコンピューターの画面上に呈示する。このほか，再生テスト用の用紙が必要である。

2.5 一般的手続き
　実験は，単語対の学習段階，単語の再生テストの 2 段階に分かれている。

1）学習段階

　まず相互関連教示，分離教示，統制群用の教示のいずれかを与える。その後，40個の単語対をランダムな順序で呈示し，各教示にしたがった方法で覚えてもらう。各単語対の呈示時間は10秒とする（ただし，予備実験を行ってみて実験参加者が長すぎると感じるようなら，もう少し短くしてもよい）。

2）再生テスト

　学習段階終了後，再生テストを行う。学習段階で呈示した単語をできるだけたくさん想起して，用紙に書いてもらう。このとき，単語を想起する順は呈示したときの順と同じでなくてかまわない。また，単語対の形で思い出す必要はなく，対を構成する単語をばらばらに書いてもよい。制限時間は5分とする。

2.6 教示

1）学習段階の教示（相互関連教示群）

　「これからたくさんの単語対をお見せしますので，できるだけたくさん覚えてください。各単語対は10秒間呈示されます。単語対が呈示されている間，各単語の表すものの視覚的なイメージを心の中で思い浮かべて覚えるようにしてください。このとき，2つの単語のイメージを別々に思い浮かべるのではなく，2つのものが何らかの形で結びついたイメージを思い浮かべてください（ここで図9.1(a)のような例を見せる）」

2）学習段階の教示（分離教示群）

　「これからたくさんの単語対をお見せしますので，できるだけたくさん覚えてください。各単語対は10秒間呈示されます。単語対が呈示されている間，各単語が表すものの視覚的なイメージを心の中で思い浮かべて覚えるようにしてください。このとき，2つの単語のイメージをそれぞれ別々に思い浮かべてください（ここで図9.1(b)のような例を見せる）」

3）学習段階の教示（統制群）

　「これからたくさんの単語対をお見せしますので，できるだけたくさん覚えてください。各単語対は10秒間呈示されます。単語対が呈示されてい

る間，単語対を声に出して繰り返し読み上げて覚えるようにしてください」

4）再生テストの教示（全群共通）

「単語をできるだけたくさん思い出して，用紙に記入してください。記入する順序は，先ほど単語をお見せしたときと同じでなくてかまいません。また，必ずしも単語対の形で思い出す必要はなく，各単語をばらばらに記入してもかまいません。制限時間は5分です」

2.7 そのほかの留意点

この実験は，教示により実験参加者の形成するイメージを操作する。したがって，学習段階で与える教示は非常に重要なので，念入りに教示すること。相互関連教示群，分離教示群には，形成してもらうイメージの例として，それぞれ図9.1(a)，(b)のような絵を見せながら教示するとよいだろう。確実に理解してもらえる教示を作成するために，予備実験を行うことを勧める。

さらに，実験の最後に内観を報告してもらい，単語をどのように覚えたか確認するとよい。統制群の実験参加者でも，自発的にイメージを使用する場合がある。

3 結果の整理と考察のポイント

3.1 結果の整理

実験参加者ごとに正再生率を算出する。このとき，単語対を単位として採点するのではなく，単語単位で採点する。すなわち，全単語数（40対なので80語）を分母として，正しく再生できた単語数の割合を計算する。対を構成する単語の片方のみを想起できた場合も，正再生とみなす。単語の表記（漢字，ひらがな，カタカナ）は，呈示時と同じでなくてもかまわない。

条件（相互関連教示，分離教示，統制）ごとに正再生率の平均と標準偏差を算出し，グラフまたは表で表す。さらに，1要因3水準の分散分析，および多重比較により，3つの条件の間で正再生率を比較する。

3.2 考察のポイント

3つの条件間で正再生率を比較することにより，仮説を検証する。もし「ある項目についてイメージを思い浮かべると，その項目が複数の形式で符号化されるため，記憶成績が上がる」が正しいのであれば，相互関連教示群と分離教示群の両方が，統制群より高い正再生率を示すはずである。これに対し，もし「イメージを思い浮かべることにより，複数の項目がひとまとまりの項目へと体制化されるため，記憶成績が上がる」が正しいのであれば，相互関連教示群のみが統制群より高い正再生率を示し，分離教示群と統制群の成績は変わらないはずである。もし両方の仮説が正しい，つまりイメージは，複数の形式での符号化と，複数項目の体制化の両方により，記憶を促進するのであれば，正再生率は相互関連教示群＞分離教示群＞統制群となるはずである。どの仮説を支持する結果が得られただろうか？ なお先行研究では，2つめの仮説（体制化によるもの）のみが支持されており，1つめの仮説（複数の形式での符号化によるもの）は支持されていない（Bower, 1970；Morris & Stevens, 1974）。

なお，上述の通り主要な従属変数は単語単位での正再生率だが，補助的な従属変数として，単語対を単位とした正再生率を算出するのも興味深い。すなわち，対を構成する単語の両方を再生できた場合のみ正しく再生したとみなして，正再生率を計算する。対単位での正再生率を条件間で比較した場合，対の体制化が促されるであろう相互関連教示群で，もっとも高い成績が得られることが予想される。

4 発展的課題
4.1 言語教示との比較

先行研究同様に，「イメージを思い浮かべることにより，複数の項目がひとまとまりの項目へと体制化されるため，記憶成績が上がる」という仮説を支持する結果が得られたとしたら，それはつまり，イメージは体制化というプロセスを通して，間接的に記憶に影響を与えるということを意味する。もしそうだとしたら，必ずしもイメージを使用しなくても，複数の項

目を体制化しさえしれば，イメージ使用と同程度に記憶の促進効果が得られるはずである。この点を確認するために，イメージにより体制化を促進する条件と，言語的に体制化を促進する条件とを比較する実験を行ってみよう。言語的体制化の条件では，対を構成する2つの単語を結びつけた文を作成してもらうとよい（「武器が振動する」など）。

このような実験をもとに，心的イメージが記憶において果たす役割を改めて考えてみよう。本章の冒頭で述べたように，イメージは記憶術でもしばしば活用されているが，はたしてイメージは記憶においてどのような役割をもつのだろうか（あるいは何の役割ももたないのだろうか）？

4.2 風変わりなイメージの効果

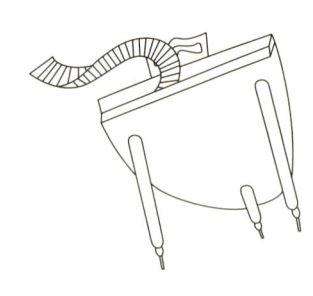

図9.2 ● 風変わりなイメージの例。「ピアノ」の場合。(Wollen et al., 1972, p. 520, Fig. 1)

イメージを思い浮かべて記憶を促進するためには，平凡なイメージよりも，できるだけ風変わりなイメージを形成した方が効果的である，という考えがある。確かに直感的には，奇抜でインパクトのあるイメージの方が，よく覚えられるように思われる。実際はどうなのだろうか？　実験で確かめてみよう。ウォーレンほか (Wollen et al., 1972) は，本演習のように相互関連教示と分離教示を比較するのに加え，風変わりなイメージと平凡なイメージの比較も行っている（図9.2に風変わりなイメージの例を示した）。その結果，風変わりなイメージを思い浮かべることは特に効果がないと報告している。

【引用文献】●●●●●

Bower, G. H.（1970）. Imagery as a relational organizer in associative learning. *Journal of Verbal Learning and Verbal Behavior*, **9**, 529-533.

Gupton, T. & Frincke, G.（1970）. Imagery, mediational instructions, and noun position in free recall of noun-verb pairs. *Journal of Experimental Psychology*, **86**, 461-462.

Morris, P. E., & Stevens, R.（1974）. Linking images and free recall. *Journal of Verbal Learning and Verbal Behavior*, **13**, 310-315.

Nishimoto, T., Ueda, T., Miyawaki, K., Une, Y., & Takahashi, M.（印刷中）. The role of imagery-related properties in picture naming：A newly standardized set of 360 pictures for Japanese. *Behavior Research Methods*.

Paivio, A.（1971）. *Imagery and verbal processes*. New York：Holt, Rinehart & Winston.

Wollen, K. A., Weber, A., & Lowry, D. H.（1972）. Bizarreness versus interaction of mental images as determinants of learning. *Cognitive Psychology*, **3**, 518-523.

Yates, F. A.（1966）. *The art of memory*. London：Routledge & Kegan Paul.
（イエイツ, F. A. 玉泉八洲男（監訳）（1993）. 記憶術　水声社）

読書案内

■リチャードソン, J. T. E.（西本武彦監訳）（2002）. **イメージの心理学：心の動きと脳の働き**　早稲田大学出版部
イメージの認知心理学的研究と神経科学的研究の幅広いレビュー。5章「記憶方略としてのイメージ」でイメージが記憶に与える影響についての研究を紹介しているので，本演習の参考になる。

■コスリン, S. M.・トンプソン, W. L.・ガニス, G.（武田克彦監訳）（2009）. **心的イメージとは何か**　北大路書房
イメージ研究の第一人者コスリンが，認知心理学史上の重要な論争であるイメージ論争について丹念に論じている。

■ルリヤ, A. R.（天野清訳）（2010）. **偉大な記憶力の物語：ある記憶術者の精神生活**　岩波書店
私たちの多くは記憶力の低さを嘆くものだが，世の中にはまれに，記憶力が高すぎて混乱する人もいる。この本は，想像を絶する記憶力の持ち主の心的経験を，著名な神経心理学者が報告したもの。

付 録

付録 9.A 実験で用いる単語対 40 個

ラケット	―	タマネギ
蕾	―	ピラミッド
オルガン	―	オットセイ
アリ	―	ノコギリ
ローラースケート	―	王冠
メロン	―	サメ
足	―	傘
カニ	―	フルート
毛虫	―	鏡
車輪	―	クジラ
包丁	―	ヨット
お椀	―	亀
太陽	―	信号
アコーディオン	―	ウシ
バス	―	サイ
靴	―	ピストル
電気スタンド	―	ユリ
イチゴ	―	耳
蜂	―	コンセント
階段	―	キノコ

バナナ	―	鎖
鼻	―	ベスト
エビ	―	鍵
壷	―	カバ
家	―	アスパラガス
ウサギ	―	風船
梨	―	アイロン
ヘビ	―	サンドイッチ
爪切り	―	ヒマワリ
フライパン	―	木
カタツムリ	―	ハンガー
コショウ	―	井戸
時計	―	ピーナッツ
琴	―	イヌ
スイカ	―	リボン
松	―	電球
ツバメ	―	ホルン
トースター	―	ニワトリ
鉛筆	―	テント
ラクダ	―	トンカチ

西本ほか（印刷中）に基づき作成。イメージ喚起性が 6.3 以上の単語から構成されている。

第10章 命名と記憶
暗記の名人，こじつけ名人

―― 重要用語 ――
▸スキーマ ▸再生 ▸再認 ▸プロトタイプ効果

1 はじめに

　関ヶ原の戦いはいつ？「ヒーローワーワー（1600）入り乱れ」だ。自然対数の底はいくつ？「鮒，一鉢二鉢（2.71828）」だ。恋の正字は？「愛（いと）し愛しと言う心（戀）」だ。皆，一度はこうした暗記法を使ったことがある。無味乾燥な数字も複雑すぎる文字も，意味的に解釈すると記憶に定着する。言葉でなく絵についてはどうだろう。簡単な実験をしてみよう。

　図 10.1 の絵を 10 秒見てから右の絵を隠し，左の絵を手がかりに右がどんな絵だったか描いてみる。思った以上に C は難しい。A, B と C の違いは絵に説明文（ラベル）がついているかどうかだ。C に「ピアノの鍵盤と，それを弾くベートーベンの髪の毛」というラベルがあれば，おそらく A, B と同じように良く描けたに違いない。この例で分かるように，抽象的な絵でも覚えるときに意味的に，つまり言葉を使って解釈すると想起しやすい。

　バウアーほか（Bower et al., 1975）の古典的研究はドルードル（droodle）（Price, 1978）と呼ばれる図 10.1 のような無意味絵を使い，記憶における意味的処理と想起の関係を明らかにしている。散文を材料にして同じテーマを検証したブランスフォードとジョンソン（Bransford & Johnson, 1972）の実験と合わせると，認知におけるスキーマ（Alba & Hasher, 1983）や文脈の働きの理解を深めることができる。スキーマ（schema：図式）とは，簡単に言うと，事物・状況を解釈するための一般的，標準的知識の集合体である。友達が「今日は講義に出席する」「就職面接に行く」と言えば，そこで

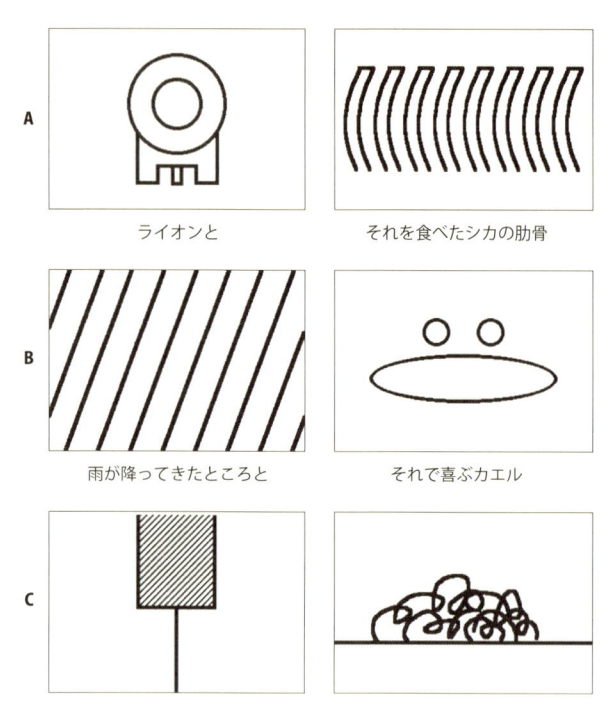

A	○(ライオン図)	(肋骨図)
	ライオンと	それを食べたシカの肋骨
B	(斜線図)	(カエル図)
	雨が降ってきたところと	それで喜ぶカエル
C	(四角と線)	(ぐるぐる線)

図10.1●ドルードルの例：Cのドルードルにふさわしいラベルは？
(Nishimoto et al., 2010)

どんなことが行われるか大体の見当はつく。これは，聞き手である我々が，大学の講義や就職面接についてのスキーマをもっているからである。

　バウアーほか（1975）はドルードルを解釈するためのラベルを与える場合と与えない場合で，再生（recall）や再認（recognition）の正確さに有意な差が出ることを示した。ドルードルはランダム図形ほどの無意味性をもたない。しかし，具象性が乏しいために具体的概念との対応がつけ難い。描かれたものを見て，それがすぐにライオンだ，カエルだとは認識できない。絵を解釈するための通常の描画上の手がかりが欠落しているのである。その意味でドルードルは無意味である。実際，試しに作ってみると思いもかけないユーモラスな絵ができる（Takahashi & Inoue, 2009）。西本ほか

(Nishimoto et al., 2010）にはそうしたドルードルが集められており，いくつかの指標（ラベルの適合性，ラベルの多様性，対としての知覚的関連性など）について標準化されている[1]。

　この演習は，バウアーほか（1975）の追試である。彼らは，散文（言語情報）の場合にみられる意味的処理と想起成績の関係が，絵（視覚情報）の場合もみられることを検証した。絵の意味的処理が想起成績を向上させるとともに，想起内容を歪める場合があるという仮説を検証してみよう。

2 方法

2.1 実験参加者

　バウアーほか（1975）の実験では16人であったが，本演習では人数を増やして，大学生30人程度（偶数）とする。暗記術について特別な訓練を受けていないことを事前に確認しておく。

2.2 要因計画

　2つの独立変数からなる2×2の要因計画とする。第1のラベル（ドルードルに付ける解釈用の説明文）要因については「ラベル有り」「ラベル無し」の2水準（被験者間要因），第2の想起課題の要因については「再生」「再認」の2水準（被験者内要因）とする。記憶テストの順序は最初に再生テスト，その後に再認テストを実施する。実験参加者をランダムに2群に分け，「ラベル有り」と「ラベル無し」群にそれぞれ15名程度（同数）を割り振る。

2.3 材料（ドルードル）

　付録10.Aに実験用のセットと，各ドルードルの再生・再認率（付録10.B）を示す。このセットにほかのドルードルを加えると，ドルードル相互の形態的類似性，複雑さの程度，ラベル相互の関係などが影響して，想起成績が変化する可能性がある。新規にドルードルのセットを作る場合も，西本ほか（2010）が提供するドルードルを組み合わせる場合も，実験用のセットについてはあらかじめ予備実験を行い，各ドルードルの再生・再認率を

調べて取捨選択し，最終的に25対前後のセットを構成する．

2.4 装置

ドルードルはMicrosoft PowerPoint（Microsoft社）を使い，コンピューター画面上（個人実験の場合）あるいはプロジェクターでスクリーンに呈示する（集団実験の場合）．再生テストにおける描画用にA4ないしはB4サイズの白紙を用意する．集団実験の場合の再認テストは工夫が必要なので，本章2.8節を参照してテスト用紙を作成する．

2.5 一般的手続き

実験の流れとしては，「ラベル有り」と「ラベル無し」のそれぞれの群で，最初にすべてのドルードル対を呈示して覚えさせ，次に再生，再認の順で想起テストを行う．再生は手がかり再生（cued recall）であり，呈示した対の一方を示し，対応する片方のドルードルを描かせる．再認では，対を構成するドルードルを左右2つの山に分け，正しい対を復元する（正しい組み合わせをつくる）．以下に，個々の手順を詳しく述べる．

実験参加者を2群に分けたあと，それぞれの課題について教示（後述）を与える．ドルードル対はPowerPointを使ってスライド形式で呈示する．1対の呈示時間は10秒とする．

再生テストはドルードル対の一方を呈示し，もう一方を描かせる．手がかりドルードルをAとし，再生ドルードルをBとすると，記銘時は常にAを左側，Bを右側に配置する（図10.1を参照）．ドルードル対の呈示に引き続いて直後再生テストを行う．このとき実験参加者には，基本的な輪郭線を描くだけでよいことを強調する．描かれるドルードルの大きさを統一するために，適当な大きさの枠を複数個配列したB4サイズの記録紙を用意する．数が25対前後であれば，全体の作業時間は10分程度，1つの再生に20〜30秒程度を目安にする．制限時間直前になって再生を始めた場合は，そこからさらに20秒程度の時間を与える．

手がかり再生に引き続いて，再認テストに入る．照合は刺激カード（記

銘時のAのドルードル）と反応カード（同じくBのドルードル）の2つのカードの山を実験参加者に渡して，正しい対になるようにAとBを選択させる（Bの山はテーブルの上に広げる）。照合作業を繰返すと，通常，後半になって対を構成できなくなることがあるが，一度選択した対の変更は認めない。必ず内観をとる。教示は，一般的に次のような内容にして，ドルードルの呈示方式に応じて適宜変更する。

2.6 教示
1）課題全体についての教示

「これから左右2枚で1組となっている絵を見て，それらを覚えてもらいます。絵は全部で○○組あります。絵を見る時間は1組の絵について10秒です（＊）。すべての組を見たあと，今度は左側の絵を1枚ずつ出しますので，その右側にあった絵を思い出して描いてください」。ラベルを与える群に対しては＊印の個所に，「なお，絵の下に説明文が書かれています。この説明文を参考にして2つの絵を覚えてください」という教示を付け加える。

2）再生テストの教示

「これから，先ほど見た左右1組の絵の左側の絵だけ1枚ずつ見てもらいます。右側にどんな絵が描かれていたか思い出して，手元の回答用紙の枠の中に番号順に描いてください。芸術的に細かく描こうとせずに，思い出した絵のポイントをつかんで描くように注意してください。20秒たったら次の絵に移ります」。20秒の時間制限の直前に描き始めたら，さらに20秒の時間を与える。

3）再認テストの教示

「はじめに見た左右1組の絵の左側の絵が，先ほどとは違った順番で山になっています。机の上には右側の絵がバラバラに並べられていますので，組になる絵を探してください。選んだ絵は裏返しにして横に重ねて置いてください。組になる絵を思い出せないときは，当て推量で選ばないで『該当ナシ』として次に進んでください。左側の絵は一度めくったら前に戻っ

てはいけません。一度選んだ右側の絵を後で訂正することもできません。全体の作業を10分以内で終わるようにしてください」。

2.7 再生ドルードルの評価法

再生されたドルードルは，一般に予想されるより正確に描かれている。採点は細かいチェックリスト方式ではなくて，複数の評定者による主観的な総合評価法を採用する。個別に評定した後で，それぞれのドルードルについて両極端値を除いた平均評定値を求める。評定は5～7段階評定尺度を使う。実験参加者個人の描画上の癖（線を太く描くとか，全体に小さめに描くとか）は減点の対象にしない。ドルードルの複雑さが異なるので，複雑なドルードルについては評価を若干甘くする。参考のために，5段階評定尺度の評定基準を示す。

0：何も描かれていない。描かれていても原画とまったく違っている。
1：輪郭線から判断すれば，まったく違っているとは言い切れないが，ポイントとなる部分が描かれていない。
2：輪郭線と絵の重要ポイントはしっかりと描けているが，細部が描けていなかったり，位置を間違えていたり，左右が反対だったりする。
3：大体原画と同じだが，細部の数・形などがわずかに違っている。
4：原画とまったく同じに描けている。

2.8 そのほかの留意点

1）再認テストの手続

同じ実験参加者に対して常に再生テストを先に実施し，その後に再認テストを行うので，先行経験の効果を分離できない。両群で実験参加者が異なる場合（被験者間計画）に比較して，正再認率（正照合率）が相対的に向上する。被験者内計画を採用する限り，再生・再認テストの順序を入れ替えることはできないので，記銘時も含めて最低限，実験参加者ごとに呈示順をランダム化する。また，教示では再認テストに触れていない。つまり，

再認に対しては偶発学習（incidental learning）条件となっている。呈示順の恒常誤差を避けるには，想起テストに関しても被験者間計画とする。

照合に際して選択されたB（右側）のドルードルを除いて行くと，順次選択肢の数が減少して行く。これに対しては，手がかり刺激としてのA（左側）のドルードルの呈示順序をランダム化することで，結果に対するバイアスを出来る限り低減する。

2）個人実験か集団実験か

実験は個人実験でも集団実験でも可能である。集団実験の場合，再生テストにおける描画時間は1枚20秒前後に固定する。実験参加者はその時間内で完了しなければならない。また，再認テストにも工夫が必要となる。1つのやり方としては，選択対象となるB（右側）のすべてのドルードルを縮小してA4サイズの用紙に貼付け，それを配布して回答は番号で選択させる。この場合のA（左側）の手がかりドルードルの呈示時間は10秒程度にする。

3）内観報告の活用

この実験では特に内観報告が重要である。ラベルの有無で記憶成績に差がないドルードルに関しては，必ずと言ってよいほど，実験参加者それぞれ独自の記憶方略を用いている。内観を集めることで，ドルードルに対するラベルの適合性に関する情報を入手できる。

3 結果の整理と考察のポイント

3.1 結果の整理

正再生率（再生の正確さを数値化したもの）と正再認率（正照合率）について結果をグラフ化するとともに，「ラベル有り」と「ラベル無し」群との間で有意差検定（t検定）を行う。

3.2 考察のポイント

1） 全体傾向の分析と合わせて各ドルードル単位で分析を行う。特に，「ラベル無し」群の実験参加者が自分自身でラベルを作ったかどうか，そのラ

ベルは結果にどのように作用しているか，再生されたドルードルがラベルに沿った形に変容しているかどうかを検討する。しばしば見られる例として，**図 10.1**B の右側の絵は，「雨が降ってきたところと，それで喜ぶカエル」というラベルによって，よりカエルらしく再生される。これがいわゆるプロトタイプ効果である。最初見たもの（曖昧な絵）の記憶が，手がかりが示す概念（カエル）に沿って変容し，より典型的な形（カエルらしいカエル）で想起される現象である。

2） ドルードルによってラベルの適合性に若干差がある。また，ラベル無し条件でも実験参加者が比較的容易に自分のラベルを付けて解釈できるものがある。こうしたことから，必ずしも仮説通りの差が出ないことがある。

4 発展的課題

ラフネルとクラツキー（Rafnel & Klatzky, 1978）が指摘するように，単にラベルを付けたことで想起が促進されたのではないことを確認する必要がある。彼らにならって，ドルードルに適切でないラベルを付けた統制条件を入れ，記銘時点で与えられる適切なラベルのみが優れた記憶成績に結びつくことを確認してみよう。バウアーほか（1975）は，彼らの第 2 実験で，ラベル付のドルードル対をバラバラにして，左右のドルードルの間に意味的な関連性をもたない対を作り（例えば，「雨が降ってきたところと，ベートーベンの髪の毛」），これを記銘させると，想起成績が低下することを示している。

視覚情報に対する言語的符号化の促進効果と同時に，他方で抑制効果を示した研究もある。古典的となったカーマイケルほか（Carmichael et al., 1932）の実験では，再生された絵がラベルに適合したものに変化しており，これを言語的符号化の抑制効果とみなすことができる。北神（2000）は，言語的符号化が促進的に働く場合と抑制的に働く（想起成績を低下させる）場合があるのは，テスト時に依存する記憶の種類が異なるためと考えた。抽象的表象もしくはラベルの記憶に依存しても正答が得られる課題条件であれば促進効果がみられ，視覚的に詳細な記憶を必要とする課題条件では抑

制効果が見られるとした。これらの研究を参考にして，言語的符号化による抑制や歪曲効果について検討してみよう。

視覚情報と言語情報の相互作用に関する実験では，ドルードルのような無意味図形だけでなく，ほかにも具象画や写真が使われる。読書案内や西本ほか（Nishimoto et al., 印刷中）を参考にして，視覚と言語の相互作用に関する学習を深めていこう。

[注]

1）バウアーほか（1975）が用いたドルードルはプライス（Price, 1953）が制作したユーモア材料の一部である。現在，版権を有する会社のホームページで138個が公開されている（http://www.droodles.com/）。また，エストニア文学館の「エストニア民俗アーカイブス」には民俗資料としてriddleと呼ばれる「謎解き」が約17万5000個余り収集され（Voolaid, 2003），そのうちの絵形式647個が公開されている（http://www.folklore.ee/folklore/vol25/droodles.pdf）。

【引用文献】●●●●●

Alba, J. W., & Hasher, L.（1983）. Is memory schematic? *Psychological Bulletin*, **93**, 203-231.
Bower, G. H., Karlin, M. B., & Dueck, A.（1975）. Comprehension and memory for picture. *Memory & Cognition*, **3**, 216-220.
Bransford, J, D., & Johnson, M. K.（1972）. Contextual prerequisites for understanding：Some investigations of comprehension and recall. *Journal of Verbal Learning and Verbal Behavior*, **11**, 717-726.
Carmichael, L., Hogen, H. P., & Walter, A. A.（1932）. An experimental study of the effect of language on the reproduction of visually perceived form. *Journal of Experimental Psychology*, **15**, 73-86.
北神慎司（2000）. 視覚情報の記銘における言語的符号化の影響 心理学研究, **71**, 87-394.
Nishimoto, T., Ueda, T., Miyawaki, K., Une, Y., & Takahashi, M.（2010）. A normative set of 98 pairs of nonsensical pictures（droodles）. *Behavior Research Methods*, **42**, 685-691.
Nishimoto, T., Ueda, T., Miyawaki, K., Une, Y., & Takahashi, M.（印刷中）. The role of imagery-related properties in picture naming：A newly standardized set of 360 pictures for Japanese. *Behavior Research Methods*.
Price, R.（1978）. *Droodles of droodles*. Price/Stern/Sloan.
（プライス，R. 東 玲子（訳）（1994）. ドルードル アスキー）
Rafnel, K. J., & Klatzky, R. L.（1978）. Meaningful-interpretation effects on codes of nonsense pictures. *Journal of Experimental Psychology：Human Learning and Memory*, **4**, 631-646.
Takahashi, M., & Inoue, T.（2009）. The effects of humor on memory for non-sensical pictures. *Acta Psychologica*, **132**, 80-84.
Voolaid, P.（2003）. Constructing digital databases of the periphery of Estonian riddles：Database Estonian droodles. *Folklore*, **25**, 87-92. Retrieved October 8, 2009, from http://www.folklore.ee/folklore/vol25/droodles.pdf.

読書案内

- ■バートレット, F.C.（宇津木 保・辻 正三訳）(1983). **想起の心理学** 誠信書房
  現実的な材料を用いて日常場面における記憶の解析を試みた先駆的研究であり，認知心理学の基本文献の1つ。絵の記憶の変容過程の記述は本演習の参考になる。
- ■スペアー, K.T・レムクール, S.W.（苧阪直行ほか訳）(1986). **視覚の情報処理：＜みることの＞ソフトウエア** サイエンス社
  第9章は視覚システムと言語システムの相互作用についての知見を与えてくれる。
- ■イエイツ, F.A.（玉泉八州男監訳）(1993). **記憶術** 水声社
  記憶術は現代の我々が考える以上に，宗教，倫理，哲学，芸術，文学，科学などの歴史と関連することが思想史的視点から詳細に考察されている。

付 録

付録 **10.A** 実験に用いるドルードルのセット（Nishimoto et al., 2010）

傘と　　　傘立て	CDと　　　MD	
No. 1	No. 2	
火と　　　フライパン	ビデオの早送りボタンと　ビデオテープ	
No. 3	No. 4	
モグラたたきのモグラと　ハンマー	コルク栓と　ワインオープナー	
No. 5	No. 6	
魔女の帽子と　ほうき	鍵と　　　鍵穴	
No. 7	No. 8	
ニワトリと　その卵	ピアノの鍵盤と　歌う人	
No. 9	No. 10	

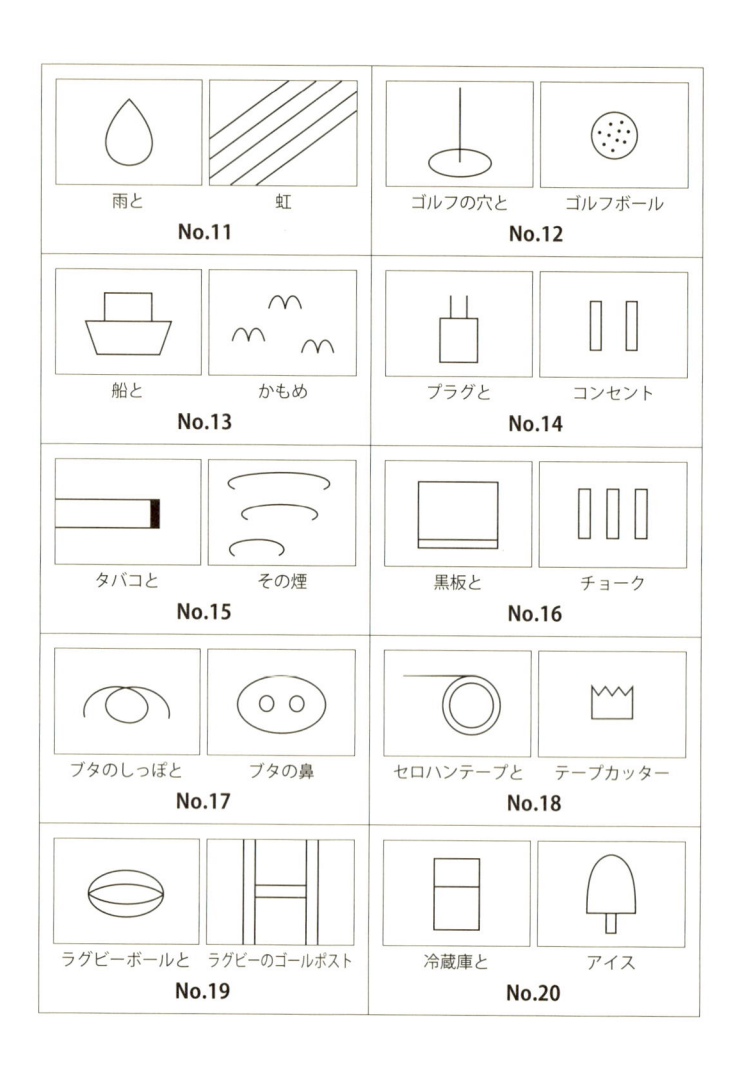

雨と	虹	ゴルフの穴と	ゴルフボール
No.11		No.12	
船と	かもめ	プラグと	コンセント
No.13		No.14	
タバコと	その煙	黒板と	チョーク
No.15		No.16	
ブタのしっぽと	ブタの鼻	セロハンテープと	テープカッター
No.17		No.18	
ラグビーボールと	ラグビーのゴールポスト	冷蔵庫と	アイス
No.19		No.20	

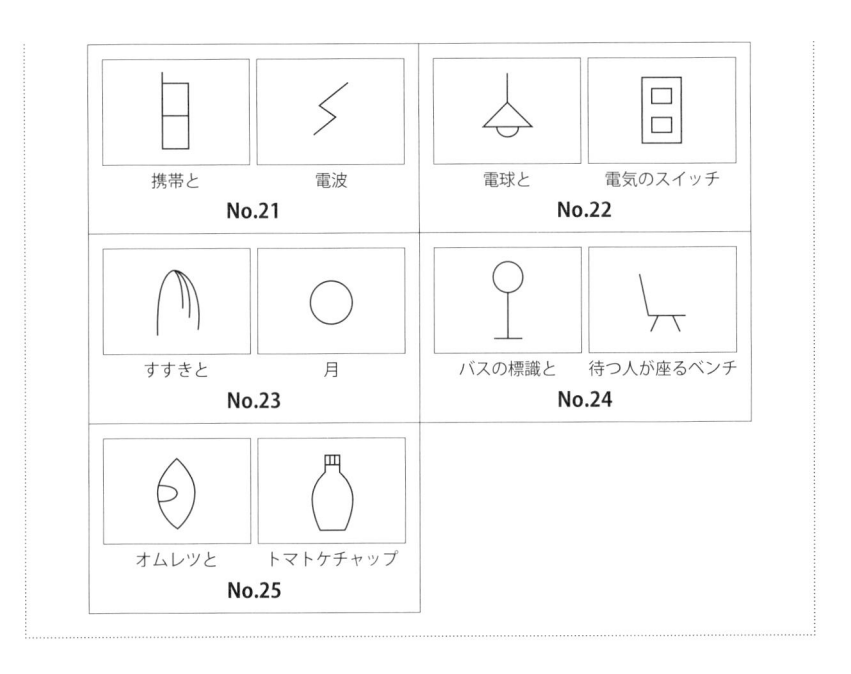

携帯と 電波 **No.21**	電球と 電気のスイッチ **No.22**
すすきと 月 **No.23**	バスの標識と 待つ人が座るベンチ **No.24**
オムレツと トマトケチャップ **No.25**	

付録 10.B　付録 10.A のドルードルに関する再生・再認テストの標準データ。すべてのドルードルは記銘時にラベル付きで呈示されている。

刺激 No.	再生評定値		正再認率	
	平均	SD	平均	SD
1	2.7	1.50	0.90	0.31
2	3.4	0.93	0.97	0.18
3	1.4	1.62	0.77	0.43
4	3.4	0.84	0.97	0.18
5	2.1	1.65	0.83	0.38
6	1.3	1.43	0.77	0.43
7	2.5	1.66	0.87	0.35
8	3.0	1.48	0.83	0.38
9	3.5	0.90	1.00	0.00
10	2.0	1.50	0.97	0.18
11	2.5	1.43	0.90	0.31
12	3.3	1.11	0.97	0.18
13	2.2	1.54	1.00	0.00
14	2.2	1.55	0.93	0.25
15	1.8	1.42	0.93	0.25
16	2.5	1.59	0.80	0.41
17	3.0	1.26	1.00	0.00
18	2.7	1.36	0.87	0.35
19	2.9	1.23	0.93	0.25
20	2.3	1.74	0.90	0.31
21	2.5	1.41	0.93	0.25
22	2.1	1.76	0.87	0.35
23	2.9	1.57	0.90	0.31
24	2.4	1.48	0.87	0.35
25	2.3	1.35	0.87	0.35

刺激 No.：付録 A のドルードル No.に対応
再生評定値：5 名の評価者による 5 段階評定（本文 2.7 節を参照）の平均値
正再認率：正照合率の平均値
被験者数：30 名

第11章 フォールスメモリ
あなたの思い出は本物ですか？

重要用語

▶フォールスメモリ　▶記憶の構成的性質　▶DRM パラダイム
▶Remember/Know 判断

---

1 はじめに

　正月，久しぶりに実家に帰った。夜には親戚が集まり，思い出話に花が咲く。「そういえばひろしちゃんは，子供の頃お祭りで迷子になったわねえ」と叔母さん。そんなことあったっけ？「覚えてないの？　大騒ぎになったのよ。お母さんなんか泣きながら探し回って…」言われてみれば少しずつ思い出してきた。僕は夜店の口上に気をとられているうちに，家族とはぐれたのだった。必死で探し回る若い母と歳を取った現在の母の姿を重ね，胸が熱くなる。そこへ，冷えたビールを何本か抱えた母がやってきた。「母さん，今俺がお祭りで迷子になったときの話をしてたんだよ」「何言ってるの。迷子になったのは弟のまさるでしょ」

　私たちの記憶は案外あてにならない。真実だと思いこんでいた記憶が，実は誤っていることもある。実際には起こらなかった出来事を，起こったこととして誤って思い出すことを，フォールスメモリ（false memory）[1]という。フォールスメモリは1990年代からさかんに研究されるようになったトピックである。これまでの研究により，フォールスメモリは実験室においても簡単に引き起こされることが示されている。例えば，実験参加者に対して，実際には経験していないはずの幼少期の出来事（「ショッピング・センターで迷子になった」など）の想起を繰り返し求めると，実験参加者は次第に起きてもいない出来事を「想起」し始める（例えば Loftus & Pickrell, 1995）。フォールスメモリが生じることからわかるように，記憶とは，経験

したことを機械的にコピーして，後でそれをそのままの形で取り出すというような単純なものではない。記憶とは構成的性質をもつもの，すなわち断片的な記憶をもとに，想起のたびに作り上げられるものである。

　フォールスメモリ研究はアメリカにおいて，子供に対する性的虐待という社会問題と関連してクローズアップされた。アメリカでは，長い間忘却していた幼少期の性的虐待の記憶を，心理療法を受けることにより思い出したと主張する者が続出し，場合によっては虐待を与えた保護者を訴えるケースも出てきた。一部の心理療法家によると，性的虐待のようなトラウマの記憶は無意識の底へと抑圧されることがあるが，後に心理療法を受けることによりその記憶が回復する可能性があるという。これに対して記憶研究者は，回復したとされる記憶は実際にはフォールスメモリにすぎないと反論したのである。

　本演習では，本当にフォールスメモリが生じるのか確かめてみよう。DRMパラダイム（Deese-Roediger-McDermott paradigm）と呼ばれる実験課題を用いて，単語のフォールスメモリを引き起こす。この課題は，ディーズ（Deese, 1959）の研究をもとに，ローディガーとマクダーモット（Roediger & McDermott, 1995）が定式化したものである。まず実験参加者に，一連の単語のリストを呈示する（例えば，「ベッド，休息，目覚め，疲労，夢…」）。これらの単語を連想語と呼ぶ。連想語はすべて，ある特定の単語（クリティカル語と呼ぶ）と強い連想関係にある言葉だが（上記の例の場合は「眠る」），リストの中にクリティカル語そのもの（「眠る」）は含まれていない。その後，呈示された連想語を想起するよう求める。すると実験参加者は，連想語のみでなく，実際には呈示されていなかったクリティカル語も高い確率で想起してしまう。つまり，クリティカル語についてのフォールスメモリが生じる。しかもその際，「実際にあった」という確信をもって想起することがある。DRMパラダイムは簡単にフォールスメモリを引き起こすことができるため，多くのフォールスメモリ研究で用いられる標準的な手法となっている。

　本演習ではDRMパラダイムを用いて，「ある単語（クリティカル語）と強

い連想関係にある単語群(連想語)は,その単語(クリティカル語)のフォールスメモリを引き起こす」という仮説を検証しよう。手続きとしては,まず連想語のリストを呈示し,次にその記憶テストを行う。記憶テストにおいて,クリティカル語のフォールスメモリが生じるか確認する。DRMパラダイムでは,記憶テストとして再生と再認のどちらを用いてもかまわないが,今回は再認を用いた手続きを紹介する。

2 方法

2.1 実験参加者

大学生20〜30名程度に参加してもらう。集団実験(複数の実験参加者に対して同時に実験を行うこと)も可能である。

2.2 要因計画

1要因3水準とする。独立変数は単語の種類で,「連想語」「クリティカル語」「新奇語」の3水準である。被験者内要因とする。

2.3 材料

クリティカル語と強い連想関係にある単語(連想語)のリストを用意する。付録11.Aに宮地・山(2002)が梅本(1969)の単語の連想基準表をもとに作成した12の単語リストを示す。これらのリストは高い確率で虚再生(実際には経験していないのに誤って再生すること。フォールスメモリの一種)を引き起こすことが確かめられている。各リストは15単語から構成される。12リストのうち半数の6リストを学習段階と再認テスト(本章2.5節参照)で使用し,残りの6リストは再認テストのみで使用する。どの6リストを学習段階で呈示するかについては,実験参加者間でカウンターバランスをとる。すなわち,12リストを6つずつのセットAとBに分け,半数の実験参加者ではセットAを学習段階と再認テストの両方で呈示し,セットBは再認テストのみで呈示する。残りの半数の実験参加者では,これとは逆に,セットBを学習段階・再認テストの両方で呈示し,セットAを再

認テストのみで呈示する。

2.4 装置

　連想語を録音して聴覚呈示するための装置が必要である。実験者が口頭で読み上げることも可能だが，読み上げのペースを一定にする，読み間違いを避けるなど，細かな条件を統制するためには，録音したものを呈示する方がよい。また，Microsoft PowerPoint（Microsoft社）などを用いて単語を視覚呈示する方法もある。ただし，視覚呈示より聴覚呈示の方がフォールスメモリが生じやすいことが示されている（Gallo, McDermott, Percer, & Roediger, 2001）。

　このほかに，緩衝課題，および再認テストで用いる用紙を作成する（詳細は 2.5 節にて述べる）。

2.5 一般的手続き

　実験は，単語リストの学習段階，緩衝課題，単語の再認テストの3段階に分かれている。

1）学習段階

　単語リストの学習段階では，実験参加者に記憶実験を行うことを教示した後で，録音した単語リストを聞かせる。呈示する単語は，付録の12リストから選んだ6つのリストの連想語15個ずつ，合計90語である。単語の呈示順は，90語をランダムな順序で呈示するのではなく，各リストの15語ずつを連続して呈示するようにする（これをブロック呈示という）。ランダムな順序で呈示するよりブロック呈示の方が，フォールスメモリが出現しやすい。呈示速度は，約2秒につき1語とする。

2）緩衝課題

　学習段階の直後に再認テストを行うと，新近性効果[2]がテスト結果に影響する可能性があるので，間に1分間の緩衝課題を挟む。緩衝課題としては，例えば2桁どうしの掛け算など，計算課題がしばしば用いられる。計算問題が多数印刷された用紙をあらかじめ配布しておき，学習段階の単語

リスト呈示が終了したら，すぐに緩衝課題にうつる。

3）再認テスト

緩衝課題終了後，学習段階で呈示した単語を思い出すよう実験参加者に教示し，再認テストを行う。再認テストの用紙には，単語48語とそれに対する判断を記入する欄（学習段階で「あった」か「なかった」か○をつけるようになっているもの）を設けたものを用いる。制限時間は特に設けなくてよい。

再認テストで用いる48語の内訳は以下の通りである。①18語は学習段階で実際に呈示した連想語であり，学習段階で用いた6つのリスト（学習リストと呼ぶ）から，それぞれ3語ずつを無作為に抜粋する。これらの単語に対しては「あった」と答えれば正解ということになる。②6語は6つの学習リストそれぞれに対するクリティカル語である。これらは実際には呈示されなかった単語なので，「なかった」と答えれば正解だが，フォールスメモリが生じることにより，「あった」と答える実験参加者が高い確率で現れることが予想される。③残りの24語も学習段階で呈示されなかった単語である。これらの単語は，**付録 11.A** に掲載した12リストのうち，学習段階で用いなかった6リスト（新奇リスト）から抜粋する。すなわち，各新奇リストの連想語から3語ずつ抜き出したもの（合計18語），および各新奇リストのクリティカル語（合計6語）を用いる。これら24語を新奇語と呼ぶ。以上合計48語を，ランダムな順序で再認テスト用紙に印刷する。

2.6 教示

1）学習段階の教示

「これからたくさんの単語をお聞かせするので，よく覚えてください。どのくらい覚えられたか，あとでテストします」

2）緩衝課題の教示

緩衝課題のやり方を教示する。例えば計算課題を用いる場合は，「計算課題を行います。1分間の間に，できるだけたくさんの問題を解いてください」と教示する。

3）記憶テストの教示

「単語の記憶テストを行います。用紙に印刷されたそれぞれの単語について，先ほど聞いた単語リストの中にあったかなかったかを判断して○をつけてください。制限時間は特にありません」

2.7 そのほかの留意点
1）記憶テスト

再生テストを用いてもフォールスメモリは生じるので，再認テストの代わりに再生テストを用いてもよい。その場合は，6つの学習リストをまとめて呈示する代わりに，1リストずつ呈示し，直後に制限時間2分程度でそのリストの再生を行う，という手続きを6回繰り返す。

なおローディガーとマクダーモット（1995）の実験2では，学習段階で呈示した単語リストのうち，半数のリストでは再認のみを行い，残りの半数では再生を行い，さらにその後再認を行っている。その結果，第1に，再生においてもフォールスメモリが生じた。第2に，再認のみを行ったときと比較して，再生を行ってから再認を行うと，再認テストにおいてフォールスメモリが生じる確率がより高まった。

2）内観報告の活用

たまに，単語リストが特定の単語と強い連想関係にあることに気づく実験参加者が現れる。このような参加者のデータは分析から除外した方がよい。このため実験終了時に参加者に内観を報告してもらい，実験の目的や単語リストの仕組みに気づいたか確認する。

3 結果の整理と考察のポイント
3.1 結果の整理

実験参加者ごとに，連想語・クリティカル語・新奇語のそれぞれについて，「あった」と判断した割合（再認率）を求める。全参加者の平均と標準偏差を求めてグラフまたは表にまとめる。また，1要因3水準の分散分析，および多重比較により，3つの条件（連想語，クリティカル語，新奇語）の間

で再認率を比較する。

3.2 考察のポイント

　新奇語に対する再認率と比較して，連想語あるいはクリティカル語の方が再認率が高いか確認する。連想語は実際に呈示された刺激なので，当然新奇語より再認率は高くなるはずである。重要なのはクリティカル語と新奇語の比較である。もしクリティカル語に対してフォールスメモリが生じたのであれば，新奇語よりクリティカル語の方が再認率が高くなるはずである。また，連想語とクリティカル語を比較するとどうだろうか。ローディガーとマクダーモット（1995）の実験2では，連想語とクリティカル語で同程度の再認率が得られている。

4 発展的課題
4.1 Remember/Know 判断

　再認テストで「あった」と答えた単語について，さらに Remember/Know 判断を行ってもおもしろい。Remember/Know 判断とは，実験参加者が記憶を想起する際に抱く主観を問うものである（Tulving, 1985）。Remember とは，その出来事を経験したときのことを詳細に回想できることである。例えば本演習のような単語の再認テストの場合，その単語の前後に聞いた単語や，単語を聞いたときに考えたこと，単語を読み上げていた声の調子などを思い出せることである。Know とはその出来事が起こったという確信はあるが，そのときの経験を回想できないことである。Remember と Know では異なる心的プロセスが働くと考えられている。ローディガーとマクダーモット（1995）をはじめ，フォールスメモリ研究ではしばしば Remember/Know 判断が用いられる。興味深いことに，フォールスメモリが生じた単語（つまり実際には呈示されていなかったにもかかわらず「あった」と判断されたクリティカル語）についても，実際に呈示された連想語と同程度に Remember という判断がなされることが示されている。これはつまり，実際には聞いていない単語に対して，それを聞いたときの詳

細を回想できると判断しているということである。

　Remember/Know 判断を実施する場合は，再認テストで「あった」と判断された単語についてさらに，その単語を聞いたときのことをはっきりと思い出せる場合は「思い出せる」を，あったことはわかるがその単語を聞いたときの状況を思い出せない場合は「わかるだけ」を選ぶように選択肢を設ける。

　分析の際は，再認率と同様の方法で，Remember 判断と Know 判断の割合を単語の種類（連想語，クリティカル語，新奇語）ごとに算出し，比較する。ローディガーとマクダーモット（1995）と同様に，連想語とクリティカル語で同程度の Remember 判断が得られただろうか。

4.2 情動語の使用

　本章の冒頭で述べたように，フォールスメモリ研究は，トラウマの記憶との関連で注目された。しかし本演習で紹介した単語のリストには，トラウマとなるような出来事とは異なり，実験参加者の情動を喚起するような項目はあまり含まれていない。そこで高橋（2001）は，情動語（快語・不快語・中立語）をクリティカル語とした DRM パラダイム用の単語リストを作成することを試みている。この情動語リストを用いて実験するのもおもしろいだろう。ただしこのリストには不快語も含まれており，実験参加者に不快な思いをさせる恐れがあるので，実験について事前に詳細な説明をして同意を得るなど，実験参加者の人権に十分配慮した実験を行う必要がある。

4.3 フォールスメモリに影響を与える諸要因の操作

　フォールスメモリ研究は近年集中的に行われ，フォールスメモリの生起しやすさに影響を与えるさまざまな要因が明らかになっている。例えば高橋（2002）は，フォールスメモリに影響を与える要因を，符号化変数（材料の覚え方に関する要因），材料変数（覚える材料そのものに関する要因），テスト変数（記憶テストに関する要因），参加者変数（実験参加者の個人差に関する

要因）に分類している。また，ギャロ（Gallo, 2006）はDRMパラダイムを用いたフォールスメモリ研究を幅広くレビューしている（邦訳も出版されている。読書案内を参照のこと）。このようなレビューを参考に，フォールスメモリに影響を与える要因を操作した実験を行うとよい。

[注]

1) **false memory** は，偽りの記憶，虚記憶，虚偽記憶などとも訳される。 2) 一連の刺激のリストについて記憶テストを行うと，リストの終末部の項目の記憶成績がよくなること。これらの項目は短期記憶から想起されると考えられている。

【引用文献】

Deese, J.（1959）. On the prediction of occurrence of particular verbal intrusions in immediate recall. *Journal of Experimental Psychology*, **58**, 17-22.
Gallo, D. A.（2006）. *Associative illusions of memory*：*False memory research in DRM and related tasks*. New York：Psychology Press.
　（ギャロ，D. A. 向居暁（訳）（2010）．虚記憶　北大路書房）
Gallo, D. A., McDermott, K. B., Percer, J. M., & Roediger, H. L. Ⅲ.（2001）. Modality effects in false recall and false recognition. *Journal of Experimental Psychology*：*Learning, Memory, and Cognition*, **27**, 339-353.
Loftus, E. F., & Pickrell, J. E.（1995）. The formation of false memories. *Psychiatric Annals*, **25**, 720-725.
宮地弥生・山　祐嗣（2002）．高い確率で虚記憶を生成するDRMパラダイムのための日本語リストの作成　基礎心理学研究，**21**, 21-26.
Roediger, H. L. Ⅲ, & McDermott, K. B.（1995）. Creating false memories：Remembering words not presented in lists. *Journal of Experimental Psychology*：*Learning, Memory, and Cognition*, **21**, 803-814.
高橋雅延（2001）．偽りの記憶の実験のための情動語リスト作成の試み　聖心女子大学論叢，**96**, 150-127.
高橋雅延（2002）．フォールス・メモリ研究の最前線　基礎心理学研究，**20**, 159-163.
Tulving, E.（1985）. Memory and consciousness. *Canadian Psychology*, **26**, 1-12.
梅本尭夫（1969）．連想基準表　東京大学出版会

読書案内

- ギャロ，D. A.（向居暁訳）（2010）．**虚記憶**　北大路書房
  フォールスメモリ研究，特にDRMパラダイムを用いたものについて広範かつ詳細にレビューしているので，非常に参考になる。ただしやや専門的。
- 井上　毅・佐藤浩一編著（2002）．**日常認知の心理学**　北大路書房
  日常認知に関するさまざまなトピックを紹介した本。7章「偽りの記憶と共同想起」でフォールスメモリ研究がコンパクトに紹介されている。
- ロフタス，E. F.・ケッチャム，K.（仲真紀子訳）（2000）．**抑圧された記憶の神話：偽りの性的虐待の記憶をめぐって**　誠信書房
  心理療法で「回復」したとされる記憶の真実性について，記憶研究者の立場から鋭く批判している。

付録

付録 **11.A** 実験に用いる単語リスト。各リストはクリティカル語（1語）と連想語（15語）より構成される。

クリティカル語	悪魔	痛い	階段	改良	聞く	汚ない
連想語	黒	傷	のぼる	機械	話す	便所
	サタン	腹	2階	改善	読む	ごみ
	怖い	かゆい	降りる	品種	講義	よごれた
	天使	棘	長い	改悪	音楽	不潔
	魔女	苦痛	疲れる	台所	耳	どぶ
	悪い	つねる	梯子	進歩	噂	川
	お化け	切る	上がる	農業	講演	下水
	善人	血	しんどい	良い	尋ねる	ぞうきん
	鬼	手術	すべる	発明	書く	汚水
	醜い	けが	石段	生活	言う	泥
	悪人	刺す	手すり	よくなる	見る	くさい
	デビル	注射	段々	必要	音	ごみ箱
	恐ろしい	頭	坂	改正	レコード	海
	妖精	病気	エスカレーター	良くする	話	美しい
	神	つらい	きつい	改革	ニュース	汚物

クリティカル語	希望	自殺	電波	走る	平和	礼儀
連想語	将来	死	ラジオ	運動会	鳩	挨拶
	夢	他殺	波長	歩く	戦争	おじぎ
	大きい	未遂	テレビ	100 m	広島	エチケット
	未来	鉄道	電気	速い	世界	正しい
	大志	死ぬ	電信	犬	愛	守る
	望み	失恋	無線	ランナー	憲法	大切
	明るい	睡眠薬	見えない	自動車	緑	道徳
	光	絶望	短波	陸上	国連	固苦しい
	ふくらむ	首つり	電子	逃げる	のどか	茶道
	素晴らしい	殺人	放送	自転車	安全	必要
	高い	青年	アンテナ	競走	望む	作法
	楽しい	卑怯	電報	マラソン	自由	躾
	失望	心中	通信	電車	日本	丁寧
	理想	ガス	波	リレー	穏か	先生
	人生	飛びこみ	流れる	止まる	長崎	正しさ

宮地・山（2002）より抜粋。
「必要」は「改良」リストと「礼儀」リストの両方の連想語となっているので注意すること。

言語・思考・判断……第Ⅲ部

人間は言葉を操る動物である。私たちは多くの知識や概念を，言葉が記された文字や文章によって得，またこれらを活用して推測や判断を行う。では，私たちは概念や知識をどのように活用しているのだろうか。いま目にしているこの文章を理解したり，この文章をきっかけにしていろいろなことを，正しくあるいは誤って推測・判断したりするのはどうしてだろうか。第12章から第15章までは理解や推測に関わる知識や言葉についての実験を扱う。つづく第16章では，判断における無意識的な側面の検討方法を紹介してゆく。

第12章 概念構造　▶上田 卓司

第13章 音読と黙読による文理解　▶田中 章浩

第14章 文章理解　▶上田 卓司

第15章 演繹的推論　▶西本 武彦

第16章 潜在的態度の測定（IAT）　▶井出野 尚

第12章 概念構造

「また」焼き魚?

重要用語

▶概念　▶カテゴリー　▶事例　▶典型性

---

1 はじめに

　考えてもみて欲しい，夕食の献立が何日間も連続して焼き魚であることを。3日目にはきっとうんざりするだろう。5日目にもなると食事をとることが苦役にも等しくなるだろう。食事を用意してくれるありがたさも忘れ，「また焼き魚か」と口をついて出そうになるが，ぐっとこらえる。聞きとがめられでもしたら「昨日は鮭だったし，その前はサンマだけど一夜干しだったでしょ。文句があるなら（以下略）」と返されること必定だからだ。得体もしれない魚を焼かれるよりはずっといい。だが，せめて明日は照り焼きであることを期待したいものである。

　さて，このような日々の暮らしの中で直接経験することができるのは，常に，個別で具体的な事柄や物だけである。ある海域を泳いでいたサンマを漁って焼き魚を作り食べ終えれば，二度とそのサンマを食べることは出来ないし，たとえ同じ「サンマ」であっても，塩加減や火加減がまったく同じ「焼き魚」を作ることは出来ないだろう。それでも私たちは出てくる料理を同じ「焼き魚」として扱うことが出来るし，焼かれているのは同じ「サンマ」であると考える。個体としては異なっても「サンマはサンマ」であり「焼き魚は焼き魚」であると認識している，つまり「サンマ」や「魚」「焼き魚」とはどういうものであるかを分かっているのである。これは私たちが「サンマ」「魚」「焼き魚」の概念（concept）をもっているからであり，「サンマ」と「鮭」は同じ「魚」という所属グループ，つまりカテゴリーのメンバー（成員・事例）であるという知識をもっているからである。

私たちが直接経験できる個々のさまざまな事物は，特定の時間や場所にあり，私たちはそうした事物を時間や場所といった文脈とともにエピソードとして記憶する。タルヴィング（Tulving, 1972）は長期記憶を，個々のエピソードの記憶（episodic memory）と，一般的な知識についての意味記憶（semantic memory）とに区分することを提唱した。意味記憶として貯蔵された概念あるいはカテゴリー的知識があるおかげで，私たちは個々のエピソードをまったくの新しい出来事として記憶する必要がなくなり，複数のエピソードやそれらを構成する事物に対して「似ている」あるいは「これまで同様に対処する」といった判断が可能になるのである。

　では，概念あるいはカテゴリー的な知識はどのように獲得され，意味記憶として体制化されているのだろうか。実験心理学では古くから概念形成（concept formation）あるいはカテゴリー学習（category learning）という主題でこの問題に取り組んできた。こうした研究では，幾何学的な図形や無意味綴り，あるいは擬似漢字といった人工的に定義された刺激事例を呈示し，それらの事例に共通するルールもしくは定義的特性を抽出することができるかという点が中心的に検討され，概念形成が行われているかが判断されてきた。この観点では，概念とはあるカテゴリーに所属する事例をほかのカテゴリーから区別する定義的特性であり，あるカテゴリーの事例は定義的特性をもつという点で「同じ地位のもの」とみなされることになる。例えば，2で割り切れるという特性をもつ整数はすべて等しく「偶数」である。

　ロッシュ（Rosch, E.）をはじめとした研究者は，定義的特性論とも呼ばれるこうした古典的な考えに対し，「魚」「鳥」といった自然的カテゴリーに所属する事例は定義的特性によって基礎づけられた等しいものではなく，その成員性（membership）には差があることを主張した。この考えをもとに，ある事物がある概念もしくはカテゴリーに所属するかどうかは，定義的特性によってではなく，プロトタイプ（prototype）と呼ばれる典型的な事例もしくは事例から平均化・抽象化された心的表象との関係（類似度）によって決まるとするプロトタイプ理論が発展し，概念形成過程や意味記憶の構造が検討されるようになった。

プロトタイプ理論の基礎となるのが典型性（typicality）つまりカテゴリーの「事例らしさ」である。あるカテゴリーに所属する（と思われる）事例について，それらがどのくらい典型的な事例であるかを評価する，つまり典型性評定を行うと，より典型的な事例とそうでない事例という具合に典型度に差が生じる。典型的な事例はより早期に学習・獲得しやすく，カテゴリー名を呈示されたときに想起しやすい。また，ある事例がカテゴリーに所属するかどうかを判断するカテゴリー真偽判断課題（category verification task）を行う際も，典型的な事例のほうがより素早く判断される。こうした典型性効果（typicality effect）が多くの研究で確認されてきた（McCloskey & Glucksberg, 1978；Rosch, 1978；Smith et al., 1974）。

　典型性効果の存在は，カテゴリーとその事例という，概念間の結びつきあるいは連合の強さを反映したものと捉えられるが，評定によって得られる典型度や，カテゴリー名を呈示した際に特定の事例を挙げる割合（産出頻度，これを事例優越性；instance dominance という）は，カテゴリーを基準にしたものである。確かに「魚」と言われると，「アロワナ」や「ウツボ」よりも「サンマ」「鯛」といった事例の方がもっともらしいと感じるし，例として挙がりやすいだろう。この逆は考えられるだろうか。つまり事例を基準にした概念間の連合である。ロフタスとシェフ（Loftus & Scheff, 1971）はこの「逆連合」の程度をカテゴリー優越性（category dominance）と呼んだ。「魚」と言われて「アロワナ」を思い出すことはあまりないかもしれないが，「アロワナ」は何かと問われれば「魚」以外の何者でもない。このように必ずしも典型的な事例ではないが，カテゴリーとの結び付きが強い事例は存在する。ロフタス（1973）は，カテゴリー優越性もまたカテゴリー真偽判断に要する反応時間に影響することを示している。つまりカテゴリー優越性の高い事例は，やはりカテゴリー真偽判断課題での反応時間が短くなる。

　本章では，ロフタス（1973）の実験をもとに，典型性効果の1つであるカテゴリー真偽判断における反応時間差が，カテゴリー優越性の程度によっても確認されるかを目的とする。

2 方法

2.1 実験参加者

　個人実験で行うことにする。実験参加者の数については，40名～60名程度を見込むことにしよう。2.3節で記すように刺激を2つのグループに分けるので，1事例あたり20～30名分の反応時間データを確保するようにする。なお今回の実験では単語の意味的な判断を要する課題を行うので，各実験参加者が日本語圏で生まれ育ったかどうかを確認する必要がある。

2.2 要因計画

　基本的には，カテゴリー優越性の程度を検討する計画となる。ただし分散分析を行う場合は，刺激や実験参加者をブロック要因とする（検討したい独立変数ではないが解析上，要因としてみなす）。

2.3 材料

　本章**付録 12.A**に掲載されている具体物をカテゴリー事例として用いる。これは**第1章**と同じくスノッドグラス線画刺激日本語拡張版（Nishimoto et al., 印刷中）からとったものである。事例名とカテゴリー名で対を作成し，それぞれを単語として呈示する。**付録 12.A**に挙げた刺激セットをそのまま用いるとよい。付録では60の刺激事例を2つの刺激グループに分け，片方を真偽判断において「Yes」反応を引き出すための刺激，もう一方を「No」反応用の刺激として使用するようになっている。例えば2名の実験参加者に対して，ある実験参加者はグループAを「Yes」，グループBを「No」とし，もう一方の参加者にはグループAを「No」，グループBを「Yes」とする。刺激の呈示順は，刺激グループにかかわらず実験参加者ごとに完全にランダム化する。そのほかに10程度の事例-カテゴリー対を練習・緩衝試行用の刺激対として用意しておく。また，読み間違いなどによるエラーを避けるために，刺激呈示の際には単語にすべてフリガナをつけることにするが，たとえカタカナで記された事例であってもフリガナをつけ，刺激間での知覚的属性を同一条件に保つように配慮する。

2.4 装置

カテゴリー真偽判断課題では，多くの反応が1秒以内に観測されることになるので，コンピューターを用いて刺激の制御・呈示と反応取得を行う。実験用のプログラムが必要となるが，**第1章**の「線画命名」実験と同じく，E-Prime（Psychology Software Tools 社）や SuperLab（Cedrus 社）といったソフトウェアを用いてプログラムを作成する。

2.5 一般的手続き

実験セッションについては，練習試行，本試行の順で構成する。本試行の試行数が多くなり，実験参加者の疲れが予想される場合には，休憩を挟むようにするが，休憩明けには数試行程度の緩衝試行を挟んでから本試行に復帰するようにする。

1試行の流れは，警告信号→事例名単語呈示→SOA→カテゴリー名単語呈示と真偽判断→フィードバック（正答例示）→試行間間隔（2000〜3000ミリ秒程度）となる。SOA とは Stimulus Onset Asynchrony の略称で，複数刺激を連続呈示する場合の，1刺激目（ここでは事例名）呈示開始時点と2刺激目（カテゴリー名）と呈示開始時点の時間間隔を指す。今回の実験では SOA を 800 ミリ秒とする。

フィードバックを出す場合，正解/不正解の2種類の音声信号を呈示してもよいし，画面に「正解」「間違い」などの文字を表示して実験参加者に知らせてもよい。画面呈示でフィードバックを行う場合は，正解/不正解だけではなく，回答に要した反応時間を表示するのも実験参加者のモチベーションを保つ工夫となるだろう。

真偽判断課題なので，キーボードやマウスのボタンを利用して反応させる。利き手の方が素早くボタンを押せるので，両手を使って反応させる場合は「Yes」反応と「No」反応とでボタンを押させる回数の割合が等しくなるよう配慮する。なお，反応時間データの取得一般については，**第1章**の2節も参照して欲しい。

2.6 教示

素早く正確に判断することを基本とした教示を作成する。判断にあたっては「厳密に考えて所属しているといえるか」ではなく、直感的に「それらしいか」を判断基準とすることを強調する。

2.7 そのほかの留意点

付録 12.A として掲載した刺激事例はカテゴリー多様性つまり呈示事例に対してどのくらい多様なカテゴリー反応があるかに基づいて選定した。事例名(刺激概念名)を単語で呈示し、自由記述によって回答されたカテゴリー名の多様性に基づいたものである(上田ほか,2010)。カテゴリー名は、「果物」「くだもの」「フルーツ」は同一のカテゴリー反応であるとみなす、といった整理を行った後に、最頻回答カテゴリー名を用いた。多様性の程度については**第1章**と同じく情報量に基づいて算出した。**第1章4節**に算出法が示されている。一方、ロフタスたちが定義するカテゴリー優越性は優越比率に基づくものである。優越比率とは産出されたカテゴリー名全体に対して最頻反応カテゴリー名が占める割合であるが、今回の場合、カテゴリー多様性との相関は -0.96 なのでどちらの基準を用いてもほぼ同一の結果になると考えられる。

付録に掲載されている「No」反応用カテゴリー名は、明らかに事例がカテゴリーに所属しないよう、上位概念のレベルで異なるようなカテゴリー名と組み合わせて作成した。また、刺激の半数が「生物」に、残りが「人工物」に所属すると考えてよさそうな事例を選定してある。これは反応時間を主要な従属変数とするので、ケアレスミス以外での誤答が生じる可能性を最小化するためである。ロフタス(1973)やアンダーソンとレーダー(Anderson & Reder, 1974)では、「Yes」反応用カテゴリー名の順序を入れ替えて、別の事例と組み合わせて使用している。「No」反応で得られるデータも分析対象にする場合は、予想される難易度や、カテゴリーや事例に関するほかの指標を参考にカテゴリー名を選定すると良いだろう。

3 結果の整理と考察のポイント
3.1 結果の整理

まず実験参加者ごとに正答率と平均反応時間を求める。ほかの実験参加者と比較して，顕著に正答率が低い場合はその実験参加者はデータ分析の対象から外す。反応時間についても同様で，外れ値が多い実験参加者は分析対象外とする。

データ分析は「Yes」反応に対する正答のみを分析対象として，事例単位で分析を行う。刺激事例ごとに求められた平均反応時間を刺激の反応時間とし，この値をグラフの縦軸に，各刺激事例のカテゴリー多様性の大きさを横軸にとり，散布図としてプロットしてみる。プロットしたデータに回帰直線を当てはめて，カテゴリー多様性と反応時間の関係を検討する。付録 12.A をそのまま用いる場合，多様性の程度によって 5 段階にランク分けされているので，このランクを利用して分散分析を行う，といったやり方も考えられる。

3.2 考察のポイント

カテゴリー多様性が増すにつれて，反応時間が増大したかどうかを中心に刺激事例とカテゴリーの関係について考察を進める。ほかの刺激事例とは異なった振る舞いがみられる事例 – カテゴリー対があれば，カテゴリー多様性以外の刺激属性について検討してみよう。

4 発展的課題
4.1 ほかの指標との関係について

本章での実験は，情報量に基づくカテゴリー多様性をカテゴリー優越性の指標として用いることで反応時間との関係を検討した。本章 1 節でも紹介した，事例のカテゴリー典型性や事例優越性とカテゴリー優越性，そして反応時間データとの関係はどのようになっているだろうか。例えば，「リンゴ – 果物」など，カテゴリーからみても事例からみても「それらしい」組み合わせ，つまりカテゴリー優越性と事例優越性がともに高い事例 – カ

テゴリーの組み合わせがある。逆に「クロレラ - 植物」のように，どちらの優越性も低いであろう組み合わせもある。こうした組み合わせと典型性はどのような関係になっているのであろうか。また，事例あるいはカテゴリー優越性の一方が高くもう一方が低い組み合わせでは，カテゴリー真偽判断はどのようになされるのであろうか。

カテゴリー真偽判断課題における反応時間に影響するほかの要因としては熟知度，単語出現頻度などが考えられる。このような刺激属性を統制してカテゴリー優越性の効果を検討するとどのような結果が得られるであろうか。これらの要因を組み込んだ重回帰分析を行い，各要因が反応時間にどのように影響しているかを検討してみよう。

4.2 刺激呈示方法と反応時間の関係について

今回の実験では，事例 - カテゴリー対を呈示するのに，事例→カテゴリー名の順序で呈示した。この順序を逆にした場合でも同様の結果が得られるであろうか。先行研究では，結果が分かれている（Casey, 1992；Chumbley, 1986）。上田（2006）で紹介した典型性に基づく真偽判断課題では事例とカテゴリー名を同時に呈示している。本章で用いたスノッドグラス線画刺激日本語拡張版は典型性評定値が整備されていないが，カテゴリー事例の典型性を考慮する場合は，改田（1986）や古橋（1992）のカテゴリー規準表が参考になるだろう。

今回の実験のように事例名とカテゴリー名を継時呈示にする場合，呈示順序のほかにも SOA の長さによって反応時間が変わることが予想される。意味プライミング効果の実験で語彙決定課題を行う際にも SOA をコントロールすることが多い。SOA を主要な独立変数とする実験を企画してみよう。また，こうした実験や今回の実験がコリンズとロフタス（Collins & Loftus, 1975）が提唱する意味記憶モデルである活性化拡散理論の枠組みでうまく説明できるか考察してみよう。

【引用文献】●●●●●

Anderson, J. R., & Reder, L. M.（1974）. Negative judgments in and about semantic memory. *Journal of Verbal Learning and Verbal Behavior*, **73**, 664-681.

Casey, P. J.（1992）. A re-examination of the roles of typicality and category dominance in verifying category membership. *Journal of Experimental Psychology：Learning, Memory, & Cognition*, **18**, 823-834.

Chumbley, J. I.（1986）. The roles of typicality, instance dominance, and category dominance in verifying category membership. *Journal of Experimental Psychology：Learning, Memory, and Cognition*, **12**, 257-267.

Collins, A. M., & Loftus, E. F.（1975）. A spreading-activation theory of semantic processing. *Psychological Review*, **82**, 407-428.

古橋啓介（1992）．概念カテゴリーの典型度規準表　山形大學紀要 教育科学，**10**, 295-312.

改田明子（1987）．自然カテゴリーに関する変数の関係について　東京大学教育学部紀要，**26**, 227-234.

Loftus, E. F, & Scheff, R. W.（1971）. Categorization norms for fifty representative instances. *Journal of Experimental Psychology*, **91**, 355-364.（Monograph）

Loftus, E. F.（1973）. Category dominance, instance dominance, and categorization time. *Journal of Experimental Psychology*, **97**, 70-74.

McCloskey, M., & Glucksberg, S.（1978）. Natural categories：Well defined or fuzzy sets? *Memory & Cognition*, **6**, 462-472.

Nishimoto, T., Ueda, T., Miyawaki, K., Une, Y., & Takahashi, M.（印刷中）. The role of imagery-related properties in picture naming：A newly standardized set of 360 pictures for Japanese. *Behavier Research Methods*.

Rosch, E.（1978）. Principles of categorization. In E. Rosch & B. B. Lloyd（Eds.）, *Cognition and categorization*. Hillsdale, NJ：Erlbaum, pp. 27-48.

Smith, E. E., Shoben, E. J., & Rips, L. J.（1974）. Structure and process in semantic memory：A featural model for semantic decisions. *Psychological Review*, **81**, 214-241.

Tulving, E.（1972）. Episodic and semantic memory. In E. Tulving, & W. Donaldson（eds.）, *Organization of memory*. New York：Academic Press, pp. 381-403.

上田卓司（2006）．概念とカテゴリー　西本武彦・林 静夫（編）認知心理学ワークショップ：実験で学ぶ基礎知識 新装版　早稲田大学出版部　pp. 105-132.

上田卓司・宇根優子・宮脇 郁・高橋 優・西本武彦（2010）．日本語版 Snodgrass 線画刺激による自然カテゴリー構造の把握　日本心理学会第74回大会発表論文集，682.

読書案内

■井上 毅（2010）．**長期記憶II 知識としての記憶**　日本認知心理学会（監修）太田信夫・厳島行雄（編）現代の認知心理学2　記憶と日常，pp. 69-105.
　エピソード記憶と意味記憶の区分をはじめ，本性でも挙げた活性化拡散理論等の意味記憶モデルや，概念的知識の構造について詳しく紹介されている。

■坂本康昭（2010）．概念とカテゴリ化　日本認知心理学会（監修）楠見 孝（編）**現代の認知心理学3　思考と言語**　北大路書房，pp. 59-80.
　人工概念刺激を用いた研究に基づく概念形成・カテゴリー学習の理論やモデルについて，プロトタイプ理論以後の事例理論や，ルールに基づく学習とのハイブリッドモデル，クラスタリングアプローチに基づいた SUSTAIN モデル，といった最新の動向についてまとめられている。

■城田和明（1997）．概念と概念形成理論　長縄久生・椎名乾平・川崎惠里子（編）**認知心理学の視点：理論と測定法**　ナカニシヤ出版，pp. 152-170.
　古くからの概念研究の流れが，哲学的な論点を含め良くまとめられている。

付 録

付録 12.A スノッドグラス線画刺激日本語拡張版の 360 事例から選定した，60 事例のカテゴリー優越性（カテゴリー多様性と優越比率）とカテゴリー名。360 全事例のカテゴリー名ならびにカテゴリー多様性，優越性は**第 1 章の付録 1.A** にまとめられている。

刺激グループ	刺激ID	概念名	フリガナ	カテゴリー	「No」反応用カテゴリー	カテゴリー多様性	多様性ランク	優越比率	生物/人工物
A	92	琴	コト	楽器	植物	0.00	1	1	人工物
A	357	シャツ	シャツ	衣料	動物	0.00	1	1	人工物
A	150	ソファー	ソファー	家具	植物	0.57	1	0.8889	人工物
A	340	ライオン	ライオン	動物	食器	0.00	1	1	生物
A	26	ウマ	ウマ	動物	乗り物	0.22	1	0.9643	生物
A	86	毛虫	ケムシ	虫	家具	0.72	1	0.7857	生物
A	89	コート	コート	衣料	果物	1.05	2	0.8148	人工物
A	124	城	シロ	建物	鳥	1.15	2	0.8077	人工物
A	334	指輪	ユビワ	装飾品	魚類	1.15	2	0.7857	人工物
A	19	イルカ	イルカ	動物	家具	1.03	2	0.6667	生物
A	239	蜂	ハチ	虫	建物	1.04	2	0.7037	生物
A	356	ロバ	ロバ	動物	衣料	1.05	2	0.8148	生物
A	29	鉛筆	エンピツ	文房具	動物	1.53	3	0.5909	人工物
A	117	ジャケット	ジャケット	衣料	虫	1.58	3	0.6818	人工物
A	352	ロープウェイ	ロープウェイ	乗り物	魚類	1.84	3	0.6429	人工物
A	31	オオカミ	オオカミ	動物	衣料	1.53	3	0.6667	生物
A	359	ワシ	ワシ	鳥	道具	1.62	3	0.5238	生物
A	63	キツツキ	キツツキ	鳥	建物	1.62	3	0.5714	生物
A	76	靴	クツ	衣料	鳥	2.37	4	0.36	人工物
A	299	帽子	ボウシ	衣料	虫	2.39	4	0.5238	人工物
A	182	手袋	テブクロ	衣料	植物	2.83	4	0.4286	人工物
A	45	カタツムリ	カタツムリ	虫	道具	2.66	4	0.3636	生物
A	105	ザリガニ	ザリガニ	生き物	衣料	2.90	4	0.3125	生物
A	24	ウナギ	ウナギ	動物	建物	2.97	4	0.1818	生物
A	206	ナイフ	ナイフ	刃物	果物	3.08	5	0.3333	人工物
A	331	ポスト	ポスト	郵便	食べ物	3.12	5	0.2593	人工物
A	83	車	クルマ	乗り物	食べ物	3.15	5	0.3704	人工物
A	161	タツノオトシゴ	タツノオトシゴ	海の生き物	食器	3.14	5	0.2727	生物
A	173	羽	ハネ	動物	楽器	4.07	5	0.1429	生物
A	332	雪ダルマ	ユキダルマ	雪	楽器	3.38	5	0.2593	その他

刺激グループ	刺激ID	概念名	フリガナ	カテゴリー	「No」反応用カテゴリー	カテゴリー多様性	多様性ランク	優越比率	生物/人工物
B	272	笛	フエ	楽器	動物	0.00	1	1	人工物
B	282	フルート	フルート	楽器	動物	0.00	1	1	人工物
B	140	ズボン	ズボン	衣料	動物	0.15	1	0.8929	人工物
B	110	シカ	シカ	動物	建物	0.43	1	0.9231	生物
B	68	キリン	キリン	動物	道具	0.46	1	0.9259	生物
B	261	ヒツジ	ヒツジ	動物	食器	0.62	1	0.8636	生物
B	279	ブラウス	ブラウス	衣料	鳥	1.05	2	0.8182	人工物
B	307	ホルン	ホルン	楽器	動物	1.06	2	0.7857	人工物
B	113	自転車	ジテンシャ	乗り物	植物	1.16	2	0.7857	人工物
B	275	ブタ	ブタ	動物	家具	1.12	2	0.7857	生物
B	131	スカンク	スカンク	動物	衣料	1.16	2	0.7895	生物
B	346	リス	リス	動物	家具	1.19	2	0.7037	生物
B	32	バイク	バイク	乗り物	魚類	1.53	3	0.5357	人工物
B	187	電車	デンシャ	乗り物	鳥	1.55	3	0.7273	人工物
B	236	バス	バス	乗り物	虫	1.57	3	0.6429	人工物
B	256	カワウソ	カワウソ	動物	家具	1.56	3	0.72	生物
B	53	カブトムシ	カブトムシ	昆虫	乗り物	1.59	3	0.5714	生物
B	170	チョウ	チョウ	昆虫	乗り物	1.83	3	0.5	生物
B	198	ドライバー	ドライバー	工具	虫	2.35	4	0.3704	人工物
B	118	スコップ	スコップ	道具	魚類	2.39	4	0.5385	人工物
B	218	ノコギリ	ノコギリ	道具	動物	2.40	4	0.2857	人工物
B	99	サカナ	サカナ	魚類	楽器	2.62	4	0.3571	生物
B	49	カニ	カニ	生き物	家具	2.98	4	0.2593	生物
B	27	エビ	エビ	生き物	果物	3.06	4	0.2381	生物
B	91	コップ	コップ	食器	動物	3.14	5	0.2857	人工物
B	215	ネジ	ネジ	一部分品	動物	3.15	5	0.25	人工物
B	267	風車	フウシャ	建物	虫	3.72	5	0.2105	人工物
B	258	ピエロ	ピエロ	サーカス	果物	3.40	5	0.2963	その他
B	223	ハート	ハート	記号	鳥	3.47	5	0.2963	その他
B	163	タバコ	タバコ	葉	建物	4.06	5	0.1364	その他

第13章 音読と黙読による文理解
音読は本当に効果的？

重要用語

▶音読　▶黙読　▶モダリティ効果　▶語順方略　▶命題表象

1 はじめに

　何年か前に，音読（oral reading）がブームになったことがあった。音読に伴って活動する脳部位や，音読がもたらすメリットについては多数の書物や論文が出版されたが，意外にも，音読という認知活動がどのような認知過程に支えられているのか，心理学的な知見は十分とは言いがたい。音読という認知活動は，黙読（silent reading）とどのように異なるのだろうか？

　音読とは，目から視覚的に入力された文字列を声に出して読み上げることである。黙読とは，目から視覚的に入力された文字列を声に出さず，口も動かさずに読むことである。両者には目から視覚的に文字列が入力されるという共通点がある。一方で，音読は口を動かすという作業（構音運動）が含まれるのに対し，黙読ではそれが含まれないという違いが見られる。もう1つの重要な違いは，音読では声を出しているのに対し，黙読ではそれがないということだ。口を動かすことと声を出すことはイコールではない。私たちは声を出さずに口だけ動かすこともできるからだ。さらにいうと，自分の出した声が自分の耳を通じて自分自身にフィードバックされている（音声フィードバック）という点も見逃せない。単純化すれば，黙読は目だけを使って読んでいるのに対し，音読は目に加えて口や耳も使って読んでいるといえるだろう。

　では，これらの表面的な要素の違いは心の中の情報処理過程の違いにも結びつくのだろうか。そして，そうした情報処理過程の違いは，音読と黙

読それぞれの結果としての内容理解の違いへとつながっていくのだろうか。文や文章を音読した後と黙読した後の内容理解度については古くから検討されてきたが，検討に用いた課題が研究間で異なるために，音読と黙読のどちらがより正確な内容理解へとつながるのか，一貫した結果は出ていない。また，黙読と比較したときの音読の特徴である構音運動と音声情報がそれぞれ内容理解に対して果たす役割を切り分けた検討は行われてこなかった。

では，文の理解において構音運動はどのような役割を果たしているのだろうか。構音運動はたいていの場合，実際に声を出しており，自分の発した声は聴覚系を通じて再び自身へとフィードバックされる。そこで，この音声フィードバックと切り離して，純粋に構音運動の役割のみを取り出すためには，音声フィードバックをまったく伴わずに構音するという状況を作り出して検討する必要がある。文の理解に対する構音運動の効果を直接検討した研究は少ないが，文理解ではなく，単純な文字列や単語リストの系列再生課題の記憶成績を指標とした研究では，呈示された刺激について構音運動することが課題成績を向上させるとの報告が多い（Cheng, 1974；Levy, 1971；Murray, 1968）。これらの研究から，構音運動は文の短期的な保持を促進する可能性を指摘できる。

次に，文の理解において音声情報はどのような役割を担うのであろうか。文や文章を視覚呈示した後と聴覚呈示した後の内容理解度を比較した研究からは，視覚か聴覚かといった呈示モダリティによる差は報告されていない（高井, 1989）。一方で，内容理解度ではなく，文や文章の記憶を問う課題においては，視覚呈示された後の成績が聴覚呈示された後の成績よりも低いという，モダリティ効果（modality effect）と呼ばれる現象が報告されており（Sannomiya, 1982），音声情報は文の短期的な保持を促進すると考えられる。

以上のように，構音運動や音声情報が文を正しく理解することに直接結びつくかどうかは明らかにされていない。とはいえ，文を読んで理解するためには，そこまでに読んだ内容を保持しつつ，後続する文字列を処理し

ていく必要があることを踏まえれば，構音運動や音声情報が文の記憶を促進することで，文の理解を支えている可能性を指摘できる．文を正しく理解するためには，文を構成する要素の保持に加えて，構成要素間の順序の記憶が重要となる．例えば，「太郎を次郎が殴った」という文について，「太郎」「次郎」「殴った」「を」「が」という構成要素をすべて記憶していても，それらの語順を保持していなければ，「太郎が次郎を殴った」（SOV文：主語＋目的語＋動詞）のか，それとも「太郎を次郎が殴った」（OSV文：目的語＋主語＋動詞）のかといった判断が出来ないのである．そこで本演習では，構音運動と音声情報が文の理解におよぼす影響を検討する．

　本演習では文理解に対する構音運動と音声情報の効果を独立に検討するために，構音運動の有無と音声情報の有無を操作した4条件を設定し，条件間での課題成績を比較する．構音無・音声無条件は，視覚呈示された文字情報を構音運動も音声情報も伴わずに処理させる条件であり，日常的な黙読の形態と同一である．構音無・音声有条件は，構音運動は行わないが，視覚呈示された文字情報とともに，それを読み上げた音声情報が呈示される条件である．これは他人が読んで聞かせてくれる"読み聞かせ"の状態に近い．一方，構音有・音声無条件は，視覚呈示された文字情報について，構音運動を伴って発声するが，その音声情報のフィードバックがない状態であり，いわゆる"口パク"の条件である．最後に，構音有・音声有条件は，視覚呈示された文字情報を構音運動によって読み上げ，その音声情報が自分にフィードバックされる条件であり，日常的な音読の形態と同一である．

2 方法

2.1 実験参加者

　日本語を母語とする大学生30名程度とする．視力（矯正可）や聴力に問題がないことを事前に確認しておく．

2.2 要因計画

実験参加者の行う課題には動作主判断課題と修飾語判断課題がある。これら2つの課題は文理解のそれぞれ異なる側面を測定しており，課題間の成績の比較は意味をなさない。そのため，動作主判断課題，修飾語判断課題のそれぞれにおいて，正答率を従属変数とし，構音運動（有/無），音声情報（有/無），課題文のタイプ（SOV文/OSV文）を独立変数とする3要因被験者内計画とする。

2.3 材料

髙橋・田中（2011b）で作成された刺激を使用する。課題文に使用する項目は本章付録の **13.A** のとおりである。課題文に含まれる2つの有生名詞は同一のものにならないようにし，これら2つの名詞の組み合わせや，その他項目間の組み合わせに偏りが生じないようにし，課題文をSOV文，OSV文それぞれ64文，合計128文作成する（本章付録の **13.B** 参照）。SOV文とOSV文の2種類を用意するのは，文中での「が」「を」の助詞の出現位置が固定していると，それに着目した方略を利用して課題に正解できてしまうためである。参加者には1ブロックにつき，7文節からなるSOV文・OSV文をそれぞれ16文ずつ，合計32文を課題文として呈示する。課題文はすべて「形容詞（形容動詞）＋名詞＋助詞，形容詞（形容動詞）＋名詞＋助詞，動詞」を基本構造とし，場所情報や目的語情報などを表す文節も含めて，計7文節から構成される（**図13.1**）。

それぞれの課題文に対しては質問文を用意する。質問文は動作主を問うもの（例「誘ったのは？」）と，文中の形容詞または形容動詞が修飾している対象を問うもの（例「やさしいのは？」）の2種類から構成される。前者が動作主判断課題であり，後者が修飾語判断課題である。1ブロックで全32の課題文のうち，半数を動作主判断課題，残りの半数を修飾語判断課題に割り当てる。ある試行がどちらの課題に属するのかは，課題文呈示後に質問文が呈示されるまで，実験参加者には分からないようになっている。このように2種類の課題を用意することによって，文の理解度を多面的に把握

することができ，かつ実験参加者が文に含まれる特定の情報のみに着目するのを防ぐことができる。

また，文の構造にバリエーションをもたせるために，上記の課題文に加え，フィラー文を1ブロックにつき8文程度組み込むとよい。フィラー文は課題文を使役構造にしたもの（例：「～手伝わせた」）とし，対応する質問文は動作主を問うもの，場所を問うもの，目的語を問うものを作成するとよいだろう。

2.4 装置

Microsoft PowerPoint（Microsoft 社）ないし実験制御ソフトウェアを使い，課題文を1文節ずつコンピューター画面上に呈示する。音声を呈示する条件では，画面に課題文を呈示するのと同じタイミングで，課題文を読み上げた音声刺激をヘッドホンないしスピーカーから呈示する。音声刺激は静かな部屋の中で自分たちで課題文を読み上げ，デジタル録音機材を用いて wave 形式の音声ファイルとして収録する。1人の発話者がすべての文を読み上げるようにする。読み上げる際には，流暢かつ自然に読み上げられるように十分な練習をしておく。

2.5 一般的手続き

実験は個人形式で行う。1試行の流れを図 13.1 に示す。まず，白色背景の画面上に注視点を青字で呈示する。参加者がキーを押した後，課題文を1秒（1000 ミリ秒）に1文節ずつ黒字で呈示する。7文節すべての呈示が終了した後，1秒の空白を挟んで質問文を青字で呈示し，同時に文中に出てきた2つの有生名詞を選択肢として呈示する。参加者は質問文に対して，キーを押して回答する。回答用紙に○を付ける形式でもよい。

実験は全4ブロックから構成され，各参加者は構音無・音声無条件，構音無・音声有条件，構音有・音声無条件，構音有・音声有条件を4つのブロックに割り当てる。ブロックの実施順序は参加者間でカウンターバランスをとり，ブロック内での試行順序はランダム順とする。

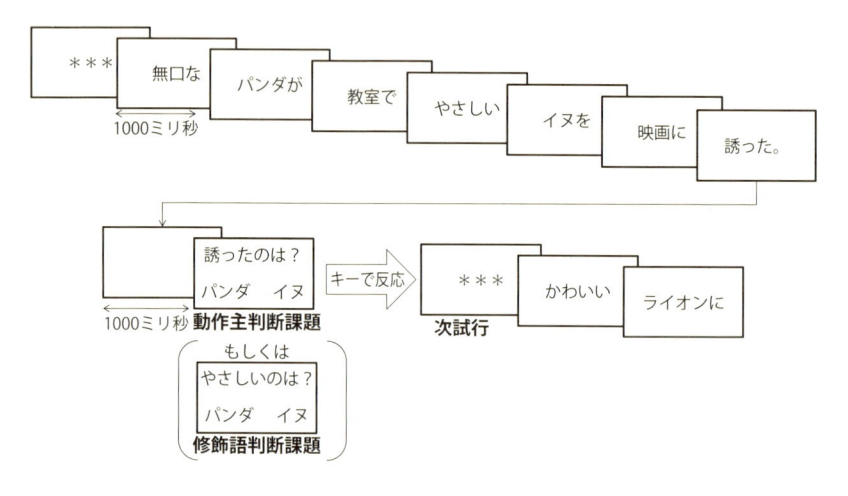

図 13.1 ● 1 試行の流れ

2.6 教示

構音無・音声無条件では，画面に呈示された課題文を黙読し，質問文に回答するように教示する。構音無・音声有条件では，画面に呈示された課題文と，同じ文を読み上げた音声をもとに，質問文に回答するように教示する。構音有・音声無条件では，画面に呈示された課題文を声に出さずに口を動かして読み，その後質問文に回答するように教示する。構音有・音声有条件では，画面に呈示された課題文を自然な声で読み上げたうえで，質問文に回答するように教示する。いずれの条件においても，質問文については黙読して反応するように教示する。

3 結果の整理と考察のポイント
3.1 結果の整理

まず参加者ごとに，動作主判断課題と修飾語判断課題のそれぞれについて，各条件での正答率を求める。その後，動作主判断課題と修飾語判断課題のそれぞれについて，全参加者での平均正答率を条件別に算出し，グラフ化したうえで，構音運動（有/無）×音声情報（有/無）×課題文のタイプ

（SOV 文/OSV 文）の3要因被験者内分散分析を実施する。

3.2 考察のポイント

1）動作主判断課題に対して，構音運動と音声情報による促進効果は生じたか？

　動作主判断課題は，文中の「が」の助詞がどの名詞に後続していたかという語順を保持していれば正答できる課題である。分散分析の結果，構音運動の主効果が見られ，構音有条件のほうが構音無条件よりも成績が高ければ，構音運動によってこうした語順の保持が促進され，より正確に動作主の判断を行うことができたと考えられるだろう。同様に，音声情報の主効果が見られ，音声有条件のほうが音声無条件よりも成績が高ければ，音声情報によってこうした語順の保持が促進され，より正確に動作主の判断を行うことができたと考えられるだろう。

2）修飾語判断課題に対して，構音運動と音声情報による促進効果は生じたか？

　修飾語判断課題は，文中の形容詞ないし形容動詞がどの名詞の前に配置されていたかを保持していれば正答できる課題である。分散分析の結果，とりわけ構音運動の主効果と音声情報の主効果に着目し，上記1）と同様に，構音運動と音声情報が修飾語判断において果たす役割についても考察してみよう。

3）構音運動と音声情報による促進効果には，文タイプによる違いが見られたか？

　SOV 文では，「＜名詞・名詞・動詞＞という語順の場合，＜行為者・被行為者・行為＞として理解する」という語順方略（word-order strategy）に沿って解釈することで，文を正しく理解することが可能である。一方，OSV 文で語順方略を用いてしまうと，誤った命題表象（propositional representation）を構築してしまうことになる。例えば，「太郎が次郎を殴る」といった SOV 文では，語順方略を適用することで文の正しい解釈が可能だが，「太郎を次郎が殴る」という OSV 文で語順方略を用いると，太郎が行為者ということになってしまい，文を誤って理解してしまう。このように適用できる方略に違いがあるため，SOV 文と OSV 文では，構音運

動や音声情報の効果の現れ方に違いが見られる可能性がある。このことを検討するには，文タイプによる交互作用に着目すればよいだろう。つまり，動作主判断課題と修飾語判断課題のそれぞれにおいて，構音運動×文タイプ，もしくは音声情報×文タイプの交互作用が有意であったかどうかに着目する。もしこれらの交互作用が有意であったなら，構音運動ないし音声情報がもつ文理解の促進効果は，文のタイプによっても異なってくることが示唆される。なぜ文のタイプによって違いが生じるのかを考察してみよう。

4）構音運動と音声情報には交互作用が見られたか？

上記3）の交互作用以外にも，構音運動×音声情報の交互作用，あるいは構音運動×音声情報×文タイプの交互作用が得られる可能性も想定できる。もしこのような交互作用が得られたら，構音運動と音声情報は文の理解に対して単に加算的に作用するだけではなく，より複雑に絡み合っていることが示唆される。交互作用の下位検定を実施したうえで，例えば構音運動をするときには音声情報の有無は影響しないが，構音運動をしない場合には音声情報による促進効果が得られるなどといった具合に，両者の絡み合いについて分析してみよう。

4 発展的課題

本演習では文の内容理解度を問う課題を設定したが，この課題に後続して再認課題も設ければ，文の記憶の性質についても同時に検討することができる（詳細は，髙橋・田中（2011b）を参照されたい）。

本演習では，いくつかの決まった構造の単文のみを用いているが，刺激の種類によっても結果が異なってくる可能性があるだろう。付録の刺激を用いる以外にも，単文ではなく文章を用いたり，ガーデンパス文（**第14章**参照）のように統語構造の複雑な文を用いたりすることなどが考えられる。

本演習では実験参加者として一般の大学生を想定しているが，先行研究からは読み手の経験や能力によって，音読と黙読による内容理解度に違いが生じる可能性が示唆されている。具体的には，読み手の年齢が若かっ

り，読み手の能力が低かったりする場合には，黙読よりも音読のほうが内容理解度が高くなるとの報告が多く（Elgart, 1978；Miller & Smith, 1985；田中，1989），成人を対象とした研究では音読と黙読での内容理解には差がないとするものが多い（森，1980；Salasoo, 1986；髙橋，2007）。もし大学生よりも年少の実験参加者に協力してもらえるなら，参加者集団による結果パターンの違いを検討することも興味深い。

　本演習では，課題文そのものについての構音運動および音声情報がもつ促進効果に着目した。この反対の視点として，課題文を黙読するときに，課題文とは無関連な構音運動および音声情報がもつ妨害効果に着目することで，黙読の認知プロセスの性質を詳細に探ることもできる（詳細は，髙橋・田中（2011a）を参照されたい）。音読と同時に無関連な構音運動を行うことはできないが，代わりにタッピングなどの無関連運動を行うこともできる（詳細は，髙橋・田中（2011c）を参照されたい）。

　本演習では構音有・音声無条件を「口パク」で行った。しかし，この動作は意外と難しい。参加者が口パクでは難しいと感じるようなら，実験中に比較的大きな音量でノイズを呈示しておき，参加者には小声で音読させるとよいだろう。これによって参加者の課題負荷を軽減できるうえ，参加者自身の発した声はノイズにかき消されるため，音声フィードバックを阻害することができる。

【引用文献】●●●●●

Cheng, C. M.（1974）. Different roles of acoustic and articulatory information in short-term memory. *Journal of Experimental Psychology*, **103**, 614-618.
Elgart, D. B.（1978）. Oral reading, silent reading, and listening comprehension：A comparative study. *Journal of Reading Behavior*, **10**, 203-207.
Levy, B. A.（1971）. The role of articulation in auditory and visual short-term memory. *Journal of Verbal Learning and Verbal Behavior*, **10**, 123-132.
Miller, S. D., & Smith, D. E.（1985）. Differences in literal and inferential comprehension after reading orally and silently. *Journal of Educational Psychology*, **77**, 341-348.
森　敏昭（1980）. 文章記憶に及ぼす黙読と音読の効果. 教育心理学研究, **28**, 57-61.
Murray, D. J.（1968）. Articulation and acoustic confusability in short-term memory. *Journal of Experimental Psychology*, **78**, 679-684.
Salasoo, A.（1986）. Cognitive processing in oral and silent reading comprehension. *Reading Research Quarterly*, **21**, 59-69.

Sannomiya, M.（1982）. The effect of presentation modality on text memory as a function of difficulty level. *The Japanese Journal of Psychonomic Science*, **1**, 85-90.
髙橋麻衣子（2007）．文理解における黙読と音読の認知過程：注意資源と音韻変換の役割に注目して　教育心理学研究, **55**, 538-549.
髙橋麻衣子・田中章浩（2011a）．文の読解処理過程における音韻表象の役割：語順情報と助詞の処理に着目して　認知心理学研究, **8**, 131-143.
髙橋麻衣子・田中章浩（2011b）．音読での文理解における構音運動と音声情報の役割　教育心理学研究, **59**, 179-192.
髙橋麻衣子・田中章浩（2011c）．黙読と音読での読解過程における認知資源と音韻表象の役割　認知科学, **18**, 595-603.
高井かづみ（1989）．物語の記憶・理解における呈示モダリティおよびテキストの効果　教育心理学研究, **37**, 386-391.
田中　敏（1989）．読解における音読と黙読の比較研究の概観　読書科学, **33**, 32-40.

読書案内

■森　敏昭（編）（2001）．**おもしろ言語のラボラトリー**　認知心理学を語る　第 2 巻　北大路書房
　音声言語・文字言語を含む言語処理過程についての認知心理学的研究を紹介した本。文字言語の理解過程については，文字・単語の認知，文の理解，文章の理解とレベル別に紹介されている。特に第 2 章では，文理解プロセスについて実験研究を紹介しながら説明されており，本演習の参考になる。

付　録

付録 13.A　課題文に使用する項目

有生名詞	イヌ，ネコ，パンダ，ゴリラ，ペンギン，ライオン
形容詞・形容動詞	無口な，おもしろい，きれいな，若い，冷たい，かわいい，やさしい
格助詞	「が」，「を」もしくは「に」
場所情報	学校，喫茶店，公園，会社，駅，教室＋「で」
動詞（述部）	大声で呼んだ，思い切り殴った，わざわざ訪ねた，長い時間待った，映画に誘った，丁寧にほめた，一生懸命手伝った，あちこち探した，お茶を出した，手紙を書いた，電話をした，本をあげた，公式を説明した，荷物を渡した，ビデオを貸した，かばんを預けた

付録 13.B 実験で用いる課題文のリスト

ブロック	文タイプ（語順）	質問タイプ	課題文
A	SOV	動作主判断	かわいいライオンが冷たいネコに会社でお茶を出した
A	SOV	動作主判断	荷物を冷たいペンギンが会社で若いネコに渡した
A	SOV	動作主判断	あちこちきれいなライオンが若いゴリラを公園で探した
A	SOV	動作主判断	喫茶店できれいなライオンがおもしろいパンダに公式を説明した
A	SOV	動作主判断	若いゴリラが冷たいパンダを会社で大声で呼んだ
A	SOV	動作主判断	喫茶店でかわいいパンダが思い切り無口なペンギンを殴った
A	SOV	動作主判断	電話を冷たいゴリラがきれいなライオンに学校でした
A	SOV	動作主判断	喫茶店でビデオを若いライオンが冷たいゴリラに貸した
A	SOV	修飾語判断	やさしいライオンが丁寧に学校できれいなネコをほめた
A	SOV	修飾語判断	若いイヌが学校で一生懸命やさしいライオンを手伝った
A	SOV	修飾語判断	若いペンギンが駅でやさしいパンダをわざわざ訪ねた
A	SOV	修飾語判断	手紙を無口なパンダが学校で若いイヌに書いた
A	SOV	修飾語判断	冷たいライオンが若いゴリラを映画に駅で誘った
A	SOV	修飾語判断	きれいなライオンが若いイヌに会社でかばんを預けた
A	SOV	修飾語判断	喫茶店で無口なイヌがきれいなライオンを長い時間待った
A	SOV	修飾語判断	やさしいライオンが本を若いペンギンに駅であげた
A	OSV	動作主判断	長い時間教室でおもしろいパンダをきれいなライオンが待った
A	OSV	動作主判断	おもしろいパンダに電話を公園で無口なライオンがした
A	OSV	動作主判断	無口なゴリラをおもしろいネコが公園で思い切り殴った
A	OSV	動作主判断	教室で丁寧に無口なゴリラをおもしろいイヌがほめた
A	OSV	動作主判断	若いライオンにおもしろいネコが公園でお茶を出した
A	OSV	動作主判断	喫茶店でおもしろいペンギンに無口なゴリラが荷物を渡した
A	OSV	動作主判断	やさしいゴリラを駅で若いネコが大声で呼んだ
A	OSV	動作主判断	冷たいライオンに学校で手紙を若いパンダが書いた
A	OSV	修飾語判断	かわいいイヌに本を若いパンダが教室であげた
A	OSV	修飾語判断	ビデオをきれいなイヌに無口なパンダが駅で貸した
A	OSV	修飾語判断	公園で無口なペンギンを映画におもしろいゴリラが誘った
A	OSV	修飾語判断	かばんをきれいなライオンに学校で無口なイヌが預けた
A	OSV	修飾語判断	おもしろいライオンを教室でわざわざかわいいパンダが訪ねた
A	OSV	修飾語判断	かわいいパンダをあちこち公園で冷たいゴリラが探した
A	OSV	修飾語判断	若いペンギンをきれいなネコが一生懸命喫茶店で手伝った
A	OSV	修飾語判断	きれいなイヌにかわいいライオンが公式を駅で説明した
A（フィラー）	SOV	動作主判断	お茶を喫茶店で冷たいイヌが無口なゴリラに出させた
A（フィラー）	SOV	動作主判断	学校で電話を無口なゴリラがきれいなライオンにさせた
A（フィラー）	SOV	目的語判断	かわいいペンギンが若いネコにかばんを教室で預けさせた
A（フィラー）	SOV	場所判断	学校で若いパンダが一生懸命おもしろいイヌを手伝わせた
A（フィラー）	OSV	動作主判断	喫茶店で長い時間やさしいイヌが若いネコが待たせた
A（フィラー）	OSV	動作主判断	あちこちおもしろいライオンにやさしいイヌが会社で探させた
A（フィラー）	OSV	目的語判断	手紙を教室でかわいいイヌに若いパンダが書かせた
A（フィラー）	OSV	場所判断	駅でかわいいライオンに冷たいイヌが公式を説明させた
B	SOV	動作主判断	学校でかわいいイヌがやさしいゴリラを大声で呼んだ
B	SOV	動作主判断	長い時間やさしいペンギンが会社で若いネコを待った
B	SOV	動作主判断	公園でやさしいゴリラがお茶を無口なペンギンに出した
B	SOV	動作主判断	やさしいパンダが荷物を冷たいイヌに公園で渡した

ブロック	文タイプ（語順）	質問タイプ	課題文
B	SOV	動作主判断	かわいいペンギンが喫茶店で手紙をおもしろいネコに書いた
B	SOV	動作主判断	公式をおもしろいパンダが若いライオンに会社で説明した
B	SOV	動作主判断	無口なパンダが教室でやさしいイヌを映画に誘った
B	SOV	動作主判断	おもしろいパンダがかばんを冷たいネコに公園で預けた
B	SOV	修飾語判断	会社でかわいいイヌが本を無口なゴリラにあげた
B	SOV	修飾語判断	ビデオを公園でおもしろいパンダが無口なライオンに貸した
B	SOV	修飾語判断	丁寧に喫茶店で若いパンダがかわいいイヌをほめた
B	SOV	修飾語判断	やさしいイヌがかわいいネコに電話を駅でした
B	SOV	修飾語判断	冷たいイヌがわざわざ若いネコを会社で訪ねた
B	SOV	修飾語判断	おもしろいゴリラが駅で冷たいイヌをあちこち探した
B	SOV	修飾語判断	思い切りやさしいペンギンが会社できれいなイヌを殴った
B	SOV	修飾語判断	一生懸命公園できれいなペンギンが無口なゴリラを手伝った
B	OSV	動作主判断	喫茶店でかわいいイヌにきれいなネコが手紙を書いた
B	OSV	動作主判断	かわいいライオンに駅で冷たいイヌが公式を説明した
B	OSV	動作主判断	おもしろいパンダをわざわざ喫茶店でやさしいペンギンが訪ねた
B	OSV	動作主判断	やさしいパンダにお茶を若いゴリラが駅で出した
B	OSV	動作主判断	教室でおもしろいネコを大声できれいなペンギンが呼んだ
B	OSV	動作主判断	学校で本をやさしいネコにきれいなペンギンがあげた
B	OSV	動作主判断	若いペンギンを思い切りおもしろいゴリラが教室で殴った
B	OSV	動作主判断	冷たいイヌをかわいいパンダが丁寧に学校でほめた
B	OSV	修飾語判断	長い時間かわいいゴリラをおもしろいパンダが学校で待った
B	OSV	修飾語判断	おもしろいネコにビデオをきれいなペンギンが教室で貸した
B	OSV	修飾語判断	電話を冷たいパンダに教室でおもしろいペンギンがした
B	OSV	修飾語判断	おもしろいパンダにかばんを駅で若いゴリラが預けた
B	OSV	修飾語判断	冷たいパンダを映画に会社できれいなペンギンが誘った
B	OSV	修飾語判断	駅で一生懸命きれいなイヌをおもしろいゴリラが手伝った
B	OSV	修飾語判断	あちこちかわいいネコを若いライオンが駅で探した
B	OSV	修飾語判断	荷物を学校でかわいいネコにきれいなライオンが渡した
B（フィラー）	SOV	動作主判断	学校で手紙をきれいなペンギンがやさしいネコに書かせた
B（フィラー）	SOV	動作主判断	やさしいネコが長い時間学校できれいなゴリラを待たせた
B（フィラー）	SOV	目的語判断	やさしいネコが無口なゴリラに教室で公式を説明させた
B（フィラー）	SOV	場所判断	冷たいゴリラが公園であちこちかわいいペンギンを探させた
B（フィラー）	OSV	動作主判断	おもしろいライオンに会社でお茶を無口なネコが出せた
B（フィラー）	OSV	動作主判断	かわいいパンダに駅で冷たいペンギンが一生懸命手伝わせた
B（フィラー）	OSV	目的語判断	学校で冷たいイヌにやさしいパンダがかばんを預けさせた
B（フィラー）	OSV	場所判断	若いパンダにきれいなライオンが喫茶店で電話をさせた
C	SOV	動作主判断	無口なゴリラが教室で思い切りかわいいライオンを殴った
C	SOV	動作主判断	学校で冷たいゴリラがかわいいネコにかばんを預けた
C	SOV	動作主判断	若いゴリラが冷たいイヌを公園で長い時間待った
C	SOV	動作主判断	無口なネコがおもしろいライオンに喫茶店で本をあげた
C	SOV	動作主判断	会社で丁寧に冷たいペンギンが若いライオンをほめた
C	SOV	動作主判断	無口なパンダが冷たいネコを一生懸命会社で手伝った
C	SOV	動作主判断	学校でわざわざ無口なネコが冷たいゴリラを訪ねた
C	SOV	動作主判断	やさしいイヌが手紙を会社で冷たいゴリラに書いた
C	SOV	修飾語判断	会社でやさしいネコが映画にかわいいライオンを誘った
C	SOV	修飾語判断	かわいいペンギンが会社で無口なイヌに電話をした
C	SOV	修飾語判断	大声で喫茶店でやさしいネコが若いライオンを呼んだ

ブロック	文タイプ（語順）	質問タイプ	課題文
C	SOV	修飾語判断	冷たいペンギンが教室でビデオを無口なパンダに貸した
C	SOV	修飾語判断	お茶を若いパンダが駅できれいなイヌに出した
C	SOV	修飾語判断	おもしろいパンダが教室でやさしいネコに荷物を渡した
C	SOV	修飾語判断	教室でかわいいパンダが無口なライオンをあちこち探した
C	SOV	修飾語判断	若いペンギンが無口なイヌに公園で公式を説明した
C	OSV	動作主判断	喫茶店できれいなペンギンをあちこちやさしいイヌが探した
C	OSV	動作主判断	お茶をかわいいゴリラに学校で無口なペンギンが出した
C	OSV	動作主判断	おもしろいパンダを教室でかわいいネコが一生懸命手伝った
C	OSV	動作主判断	公式を若いゴリラに教室でやさしいイヌが説明した
C	OSV	動作主判断	本を会社で冷たいライオンにおもしろいイヌがあげた
C	OSV	動作主判断	公園でかわいいネコにビデオをやさしいイヌが貸した
C	OSV	動作主判断	映画にかわいいゴリラを教室で冷たいイヌが誘った
C	OSV	動作主判断	冷たいゴリラに教室でかばんをやさしいイヌが預けた
C	OSV	修飾語判断	公園で無口なペンギンをきれいなゴリラがわざわざ訪ねた
C	OSV	修飾語判断	無口なペンギンに会社で荷物をおもしろいイヌが渡した
C	OSV	修飾語判断	きれいなネコにかわいいゴリラが手紙を公園で書いた
C	OSV	修飾語判断	若いペンギンに駅できれいなパンダが電話をした
C	OSV	修飾語判断	大声でかわいいネコを公園でおもしろいイヌが呼んだ
C	OSV	修飾語判断	やさしいイヌを学校でかわいいペンギンが長い時間待った
C	OSV	修飾語判断	学校で思い切り冷たいイヌを若いライオンが殴った
C	OSV	修飾語判断	駅できれいなネコを無口なペンギンが丁寧にほめた
C（フィラー）	SOV	動作主判断	お茶をかわいいゴリラがきれいなパンダに公園で出させた
C（フィラー）	SOV	動作主判断	おもしろいパンダが電話を無口なペンギンに会社でさせた
C（フィラー）	SOV	目的語判断	荷物を若いパンダが会社でかわいいネコに預けさせた
C（フィラー）	SOV	場所判断	きれいなネコが若いイヌに一生懸命教室で手伝わせた
C（フィラー）	OSV	動作主判断	若いペンギンに長い時間おもしろいイヌが公園で待たせた
C（フィラー）	OSV	動作主判断	手紙を冷たいネコにおもしろいイヌが会社で書かせた
C（フィラー）	OSV	目的語判断	やさしいペンギンに冷たいゴリラが公園で公式を説明させた
C（フィラー）	OSV	場所判断	おもしろいゴリラにあちこち学校で無口なネコが探させた
D	SOV	動作主判断	無口なライオンがあちこちやさしいパンダを会社で探した
D	SOV	動作主判断	教室で手紙を冷たいライオンが無口なペンギンに書いた
D	SOV	動作主判断	冷たいライオンが思い切り学校でやさしいパンダを殴った
D	SOV	動作主判断	かばんをやさしいネコが喫茶店で若いペンギンに預けた
D	SOV	動作主判断	本を公園で冷たいゴリラがきれいなパンダにあげた
D	SOV	動作主判断	きれいなネコがビデオを学校でやさしいイヌに貸した
D	SOV	動作主判断	無口なゴリラが喫茶店で丁寧にやさしいペンギンをほめた
D	SOV	動作主判断	学校で若いペンギンが荷物をやさしいパンダに渡した
D	SOV	修飾語判断	冷たいライオンが無口なペンギンを大声で公園で呼んだ
D	SOV	修飾語判断	冷たいネコがお茶を教室でおもしろいパンダに出した
D	SOV	修飾語判断	わざわざやさしいパンダがかわいいネコを会社で訪ねた
D	SOV	修飾語判断	無口なゴリラが冷たいライオンに公式を学校で説明した
D	SOV	修飾語判断	映画に若いイヌがきれいなネコを公園で誘った
D	SOV	修飾語判断	喫茶店で一生懸命冷たいライオンが若いペンギンを手伝った
D	SOV	修飾語判断	冷たいネコが長い時間無口なペンギンを駅で待った
D	SOV	修飾語判断	会社で若いネコがやさしいゴリラに電話をした
D	OSV	動作主判断	きれいなイヌを無口なパンダが大声で駅で呼んだ
D	OSV	動作主判断	教室で無口なゴリラにかばんをかわいいペンギンが預けた

ブロック	文タイプ（語順）	質問タイプ	課題文
D	OSV	動作主判断	おもしろいライオンを会社であちこちきれいなネコが探した
D	OSV	動作主判断	喫茶店でやさしいライオンにきれいなイヌがお茶を出した
D	OSV	動作主判断	おもしろいライオンを駅で映画にかわいいネコが誘った
D	OSV	動作主判断	一生懸命学校でかわいいパンダをやさしいイヌが手伝った
D	OSV	動作主判断	冷たいペンギンを長い時間かわいいゴリラが喫茶店で待った
D	OSV	動作主判断	おもしろいゴリラにかわいいネコが喫茶店で本をあげた
D	OSV	修飾語判断	思い切りおもしろいライオンをきれいなイヌが喫茶店で殴った
D	OSV	修飾語判断	おもしろいパンダをきれいなネコが公園で丁寧にほめた
D	OSV	修飾語判断	わざわざ駅できれいなパンダをおもしろいライオンが訪ねた
D	OSV	修飾語判断	きれいなゴリラに荷物を駅で冷たいネコが渡した
D	OSV	修飾語判断	手紙を若いペンギンにおもしろいライオンが教室で書いた
D	OSV	修飾語判断	公園で公式をやさしいペンギンに無口なゴリラが説明した
D	OSV	修飾語判断	喫茶店でかわいいゴリラに電話をやさしいイヌがした
D	OSV	修飾語判断	きれいなペンギンにかわいいゴリラが会社でビデオを貸した
D（フィラー）	SOV	動作主判断	無口なライオンがきれいなイヌに駅で公式を説明させた
D（フィラー）	SOV	動作主判断	教室できれいなライオンが長い時間冷たいパンダを待たせた
D（フィラー）	SOV	目的語判断	かわいいネコが喫茶店でおもしろいゴリラに手紙を書かせた
D（フィラー）	SOV	場所判断	教室でかわいいパンダが若いイヌにあちこち探させた
D（フィラー）	OSV	動作主判断	冷たいゴリラに無口なライオンが一生懸命喫茶店で手伝わせた
D（フィラー）	OSV	動作主判断	お茶を若いペンギンに駅でやさしいライオンが出させた
D（フィラー）	OSV	目的語判断	駅で本を無口なパンダにきれいなペンギンが預けさせた
D（フィラー）	OSV	場所判断	やさしいイヌに公園で若いペンギンが電話をさせた

第14章 文章理解

分かりやすさには知識がモノをいうか

重要用語

▶文章　▶トップダウン処理とボトムアップ処理
▶テキストベースと状況モデル　▶文脈

---

1 はじめに

　ここまで本書を読み進めてきた読者の皆様には，各章での研究・実験解説をよく理解なさったであろうか。あるいは本章から読みはじめた読者の皆様には，冒頭の一文を理解していただいているだろうか（そうであることを，筆者として強く願うとともに，ご理解いただいている皆様に篤く御礼申し上げます）。

　確かに「あなたは，今この文章を，読んでいる」。では，こうした文や文の連なりである文章あるいは談話を読むとき，あるいは聞くときに，私たちはどのようにして文章・談話を理解しているのだろうか。まずは次の例に目を通して欲しい。

　　例1：くぁwでsrftgyふじこlp
　　例2：あなたは。文章を，この今，いる読んで
　　例3：無色の透明な概念が猛烈に眠っている。
　　例4：太郎が次郎を蹴ろうとした三郎を叱った四郎をなだめた。

　例1はキーボード上で指をすべらせただけの無意味な文字列でしかなく，言語としてすら理解することはできないであろう。例2は日本語の単語から構成されていることは理解できるであろうが，文としては句読点の位置を含めて破格であり，やはりきわめて理解は困難である。例3の「文例」は言語学者のチョムスキー（Chomsky, 1957）が呈示した著名な例であり，文法的にはまったく正しいが，意味をなさないものである。例4はガー

デンパス文（あるいは袋小路文）と呼ばれるもので，統語的な複雑さによって意味の理解が困難な，または誤解を招きやすい文である。太郎が誰に何をしたのかが，ただちに理解できるだろうか。

　こうした特殊ともいえる例でなくても，私たちは日頃から文章（あるいは談話や物語）に接し，そのたびに「スラスラ読めて分かりやすい」「一文一文は分かるけれども，全体として何を言っているのか分からない」といった「分かった感」を得ている。こうした主観的な感覚は，読解・聴解の過程や文章から得られた知識・記憶に基づくものであり，私たちはこうした知識・記憶によって文章についての質問に答えたり，直接的には文章に表現されていないことを推測したりしているのである。

　文章理解とは，言語（文章や談話）から統一的な意味のまとまり（意味的表象）を形成し記憶する過程といえるが，それには多くの心的情報処理が関与する。まず視覚的パタンや音声を文字や言語音として認識する必要があり，認識された情報に基づいて構文解析つまり個々の単語や単語間の関係といった文法的な構造の把握も必要となる。さらには，認識された単語や文節や文（もしくはこれらによって示される知識同士）の関連や関係性を把握する，といった過程が必要になる。こうしたボトムアップ的処理もしくはデータ駆動型処理，つまり感覚器官に入力される情報の適切な処理が文章理解には欠かせない。

　ボトムアップ的な処理だけではなく，トップダウン的処理もしくは概念駆動型処理，つまり既存の知識（先行知識：prior knowledge）や記憶を援用した情報処理もまた，文章理解には欠かすことができない。コンピューターの日本語入力システムの開発や評価ではおなじみの「きしゃのきしゃがきしゃできしゃした」という文を適切に理解するときに「貴社」「帰社」という言い回しに関する知識や記憶がなければ，文字や音声を単語として認識することも困難になるであろう。また「ゆったりと風呂に入った。その後，風呂から出て体を洗った」という2つの文から構成される文章を適切に理解するためには，日本風の浴槽の使い方や入浴習慣に関する知識が不可欠であろう。文章理解にはボトムアップ的な情報処理とトップダウン的な情

文章：

「赤ん坊に中隔欠損があると，血液中の二酸化炭素が，十分には肺を通じて取り除けない。そのため，血液が黒ずんでみえる。」

テキストベース：

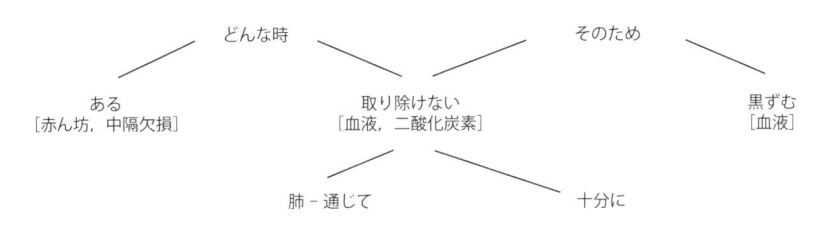

```
        どんな時                           そのため
      /         \                         /
   ある      取り除けない              黒ずむ
[赤ん坊,中隔欠損] [血液,二酸化炭素]      [血液]
            /        \
       肺 - 通じて    十分に
```

状況モデル：

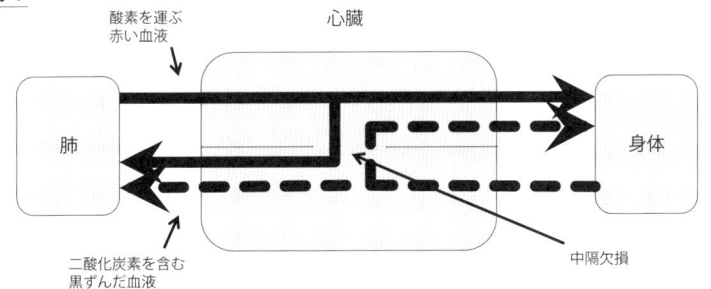

図14.1 ● 構成 - 統合モデルでの文章理解。文章表現と心臓や血液循環の知識が統合された状況モデルが構成される。Kintsch（1994），Figure 1 を改変。

報処理，いずれもが必要なのである。

　キンチュほか（Kintsch, 1988；van Dijk & Kintsch, 1983）が提唱した文章理解過程に関する構成 - 統合モデル（construction-integration model）では，呈示された文章は3つのレベルでの理解（あるいは表象の形成）があると仮定されている（**図14.1**を参照）。まず文章に関する表層的な記憶で，これは文章の逐語的な表現に関する記憶である。つぎがテキストベース（textbase）と呼ばれる，文章表現から理解された命題的関係についての表象である。これらから状況モデル（situation model）が構成される。既存の知識と統合

された状況モデルのような表象を得ることで，文章では直接的に表現されていない事柄を推測・判断することができるのである。

本章での実験演習は，文章理解において先行知識がどのように影響するかを検討した古典的な研究であるブランスフォードとジョンソン（Bransford & Johnson, 1972）の実験を追試してみよう。ブランスフォードたちの実験では曖昧な文章を呈示し記憶再生を行わせる際に，文章内容を示した挿絵や（実験1）や，文章についての主題（トピック；実験2～4）を，とりわけ文章の前に呈示された条件では，文章に対する主観的な理解度や再生記憶課題の成績が優れるという結果を示した。このことにより，文章理解には単に文章が記憶されるだけではなく，適切に意味的文脈が活性化される必要があることを示したのである。彼らの実験結果と同様に，適切なトピックの呈示による意味的文脈の生成が，文章の理解を促すかどうかを確認する。独立変数はトピック呈示のタイミングであり，文章の呈示前（事前），文章呈示後（事後），トピック呈示なしの3水準を用意する。文章理解の程度を測定する従属変数は主観的な理解度評定と再生記憶課題での再生得点とし，この2つの観点から文章理解における先行知識の効果を検討する。

2 方法

2.1 実験参加者

60名程度の参加者を3つのグループに分ければ，グループごとの集団実験が可能である。2.4節のように回答冊子を作成すると，一度の刺激呈示ですべての条件を実施出来る。もちろん個人実験でもよい。なお実験参加者とは別に，再生された文章の評定者を複数名用意する。

2.2 要因計画

今回の実験ではトピックがどのタイミングで呈示されるか，という点を検討する被験者間での1要因計画となる。実験条件は，①統制群：単に文章が呈示されるだけで，トピックについては何も説明がない，②事前群：文章呈示の前にトピックについて説明がある，③事後群：文章呈示の後，

理解度評定および再生記憶課題の前にトピックについて説明がある，以上3条件となる．

　要因計画としては複雑になるが，3種類の課題用文章を用意すると，各実験参加者（グループ）について，トピック呈示なし，事前，事後，の被験者内要因としてトピック呈示による文脈効果を検討できる．ただし順序効果を相殺する必要がある．また，文章の理解度やそのほかの特性を統制しておく必要がある．

2.3 材料

　付録 14.A に掲載した文章を参考に作成してみよう．付録では3種類の文章を掲載したが，最初の「洗濯」は先行研究であるブランスフォードとジョンソン（1972）の実験2で使用された刺激を日本語にしたものである．「カップラーメン」「温泉入浴」は新規に作成した．付録では文章を，単文を基本としたアイデアユニット（概念単位）に分けてある．しかし文章を視覚的に呈示する場合は，参加者にアイデアユニットを意識させず，ひとつづきの文章として呈示する．

2.4 装置

　集団実験では回答用冊子を作成しておくと効率的に実験セッションを進めることができる．冊子は5ページ構成とし，実験条件に合わせて3種類作成する．冊子の内容は次の通りである：

p.1 表紙：フェイスシート項目，つまり性別や年齢，日本語を母語とするかといったデータ分析時や，ID（学生番号）などの回答整理時に必要な実験参加者属性などの記入欄を設ける．また，実験全体の教示を，本章 **2.6 節**を参考にして記す．

p.2 これから文章が読み上げられる旨の教示を記す．事前群用の冊子には，これに加えて「これから読み上げられる文章は○○について述べられたものです」という旨の教示を記しておく．

p.3 本文：刺激用文章を視覚呈示する（読ませる）場合は，本文を記す．

聴覚呈示（聴かせる）のみの場合は，このページは省略する。
- p.4 理解度評定：評定方法の説明を行う。評定は7段階（1；とても難しい，2；難しい，3；どちらかと言えば難しい，4；どちらとも言えない，5；どちらかと言えばやさしい，6；やさしい，7；とてもやさしい）とし，回答欄を設ける。事後群条件では，この課題の教示の一貫として「ただいま読み上げられた文章は○○について～」という旨の文章を付け加える。
- p.5 再生文記入用：上部に教示を記し，再生文記入欄を設ける。記入欄は，原稿用紙のようにマス目を設けておくと，回答内容を整理するのに役立つだろう。

回答用冊子のほかには，時間計測用のストップウォッチなどや筆記具などを用意する。あらかじめ読み上げた文章を聴覚呈示する場合は録音装置と再生設備を準備しておく。肉声を録音するほか，音声読み上げソフトウェアを使用して音声データファイルを作成することも考えられる。また，コンピューター教室で実験を行うような場合は，回答用冊子を作成するかわりに，テキストエディタやワードプロセッサを用いて再生文を入力させる方法も検討できるだろう。回答の処理・分析が効率的に行えるようになる。

2.5 一般的手続き

実験セッションは，全体の教示を行った後に刺激呈示，保持期間をおいて理解度評定を行い，その直後に再生記憶課題という順序になる。先行研究にならって保持期間は2分間，再生記憶課題の回答時間は5分間とする。

複数のグループに分けて刺激を聴覚呈示する場合は，文章の読み上げ速度や口調が同じになるように配慮する。2.4節で記したように，あらかじめ録音した音声を流す方式が望ましいだろう。**付録 14.A** の文例を用いる場合は，90秒程度（1分間あたり300文字換算）の時間で読み上げるようにする。

2.6 教示

あらかじめ，文章呈示の後に再生記憶課題があることを告げておき，呈示される文章をよく理解し後で思い出せるように強調する。事前群用の冊子には，読み上げられる文章のトピック（「洗濯」など）について明記する。事後群用冊子には，理解度評定の教示でトピックについて触れる。どの実験条件でも，回答用冊子の各ページは，指示があるまでは勝手にめくらないようにする，回答に際して他者の協力を仰がないといった点も，必要であれば教示しておくようにする。

再生記憶課題については，出来る限り正確に呈示された文章を，そのまま書いてゆくよう強調する。また，一言も正確に思い出せない場合は，どのような文章であったのか，思いつく限り書いてゆく旨を教示する。また，回答文記入について，書字方向を指定するといった配慮も必要になるだろう。理解度評定については，呈示された文章がどのくらい理解しやすいものであるかを，直感的に回答するように指示する。

2.7 そのほかの留意点

文章の性質が理解度や記憶成績に影響することは，ほぼ自明である。そこで刺激用文章を作成する場合は，あらかじめ予備的な調査を行い文章特性について明らかにし，必要ならば文章を見直すことが求められる。**付録14.A** に掲載した文章については，**付録14.B** に，文章の基本特性と調査結果をまとめた。**表14.1** の左側は，ブランスフォードとジョンソン（1972）の刺激を含めた 3 種類の文章についての基本的な特性である。いずれの文章も全体の文字数やアイデアユニット数，各ユニットの平均文字数などの特性は，ほぼ同一になるよう構成した。

これら 3 種類の文章について理解度や，文章を呈示されたときに推測する主題について予備的な調査を行った結果をまとめたのが，**表14.1** の右側および**表14.2** である。調査は，首都圏で心理学系科目の授業を受講する学生 177 名を対象に，筆者が行った。調査用紙に，3 種類いずれかの文章を印刷し，3 分間以内に文章を黙読のうえ，**2.4** 節の理解度評定に加えて，

文章のテーマ（トピック）を自由回答させた．その後，トピックを呈示したうえで再び理解度評定を行い，さらに，呈示された文章が既知のものであるかを尋ねた．回答協力者のうちの4名については，回答不備や留学生，「洗濯」について既知であったため，分析対象から除外した．

結果を概観すると，トピック呈示前の理解度については3つの文章に差は見られないが，呈示後の再評定については「温泉入浴」がほかの2つに比べて理解度スコアが低く，トピック呈示が理解度の上昇に貢献しなかった．また，「洗濯」と「カップラーメン」については，トピック呈示の前後ともに理解度はほぼ等しいが，後者の方が料理といった特定のトピックを推測・連想しやすいことが示唆される．この結果は**表14.2**および，**表14.1**のHスコアからも窺える．**表14.2**にまとめた回答は，調査協力者の自由記述回答を，文章の種類にかかわらず同義表現などを考慮して筆者が整理したもので，多様性の指標Hの値はこれらの回答の多様性（情報量）を表し，値が大きいほど多様であることを示すものである（**第1章**「線画命名」を参照）．付録14.Aをそのまま用いる場合や付録の文章を改変して使用する場合は，以上の予備調査結果を参考にして欲しい．

3 結果の整理と考察のポイント
3.1 結果の整理

実験結果は，理解度スコアや再生記憶成績をトピック呈示条件ごとに平均して分析することになるが，再生記憶課題の成績を評価するには，あらかじめ基準が必要となる．アイデアユニットごとに正しく再生されているかを，実験参加者とは別の評定者が基準をもとに評価し得点化する．1ユニットにつき正しく再生されていれば1点というように処理し，合計を再生得点とするのが単純な方法であるが，ユニットごとの文字数や文法的な複雑さ，使用語彙などを考慮して各ユニット得点に重みをつけるといった方法も考えられる．

正しく再生できているかを評価する基準は，文字レベルから構文レベルにいたるまで，多く考えられる．例えば，明白な誤字や書き間違いは，正

確に再生されたとみなすのか。「完了」と「終了」は同じ語という扱いにするのか。ほかにも語句や語順の入れ替え，能動態と受動態の入れ替えといった構文上の問題もある。こうした点について実験参加者から質問が出ることも考えられるので，実験開始前に基準を決めておく。同義表現の典拠とすべき類義語辞典などの指定，といった項目を含む評定者用の作業マニュアルとしてまとめておくとよい。

　今回の実験では，アイデアユニット単位で得点化するため各文の再生順序は問題としないが，この点を考慮して再生基準を定義してもよい。例えばアイデアユニットに番号を振り，その番号と再生されたユニット番号との間で順序相関を求める。この場合，再生されなかったアイデアユニットの順序は 0 で置き換える。

　こうした作業の後に，評定者間での得点の一致度を求め，一致度が低い回答は分析対象から外す。その後，各実験参加者から得られる理解度スコアや再生記憶成績を，トピック呈示条件ごとに平均し，まとめて分析を実施する。ただし，複数のグループ別に実験を行う場合は，日時や場所，誰と一緒に実験に参加したのかといった「刺激呈示の物理的あるいはエピソード的な文脈」が異なるので，グループ間の等質性といった点も検討対象とするようにしよう。

3.2 考察のポイント

　設定した実験条件にしたがって，トピック呈示による意味的文脈の有無が，主観的な文章に対する理解度や再生記憶成績にどのように影響しているかを中心に検討する。例えば，文脈の効果は文章の呈示前に限られるのか，あるいは事後的にトピックを呈示した場合でも文脈効果があるのか。また，理解度スコアと記憶成績の関係から，文脈を設定することがどのように文章理解に影響しているのかについても考察してみよう。

4 発展的課題

　2.7 節でも記したとおり，文章のあり方は直接的に理解度や記憶成績に

影響すると考えられる。異なった文章を用いる場合，どのような文章を用意すると今回の実験で用いた文章と同じような成績になるのか，あるいは逆に，文章のどのような点を操作すると理解度や記憶成績に差が出るのかを検討し，実験してみよう。

今回の実験では，アイデアユニット単位での正再生数という観点で記憶成績を検討したが，誤答のパタンを分析することで，文章理解の際の，既有の知識と呈示される刺激との関係を検討出来るかもしれない。実験参加者がどのような先行知識をもっているかを適切に調査できるようであれば，こうした点を追求する実験が可能であるかもしれない。

呈示するトピックを意図的に，必ずしも適切とは言えないものにした場合は，逐語的な再生記憶成績は変化するだろうか。**付録 14.B** に掲載した**表 14.2** の回答パタンを参考に「ありそうな」トピックまたは「誤解をまねくような」トピック，あるいは「まずあり得ない」といったトピック呈示がどのように理解度や記憶成績に影響するかを検討する実験を企画してみよう。

今回の実験では，文章の呈示時間や保持期間については，先行研究にならい，特定の期間とした。記憶成績に明らかに影響する，刺激呈示時間や保持期間を操作することがどのように影響するかを検討することも考えられる。とくにワーキングメモリ容量と文章理解の関連については，ダーネマンとカーペンター（Daneman & Carpenter, 1980）をはじめ多くの研究で指摘されているので，こうした点を考慮した研究計画も考えてみよう。

【引用文献】●●●●●

Bransford, J. D., & Johnson, M. K. (1972). Contextual prerequisites for understanding : Some investigations of comprehension and recall. *Journal of Verbal Learning and Verbal Behavior*, **11**, 717-726.
Chomsky, N. (1957). *Syntactic structures*. 's-Gravenhage : Mouton.
　（チョムスキー，N. 勇 康雄（訳）(1963). 文法の構造　研究社出版）
Daneman, M. & Carpenter, P. A. (1980). Individual differences in working memory and reading. *Journal of Verbal Learning and Verbal Behavior*, **19**, 450-466.
Dijk, T. A. van, & Kintsch, W. (1983). *Strategies of discourse comprehension*. San Diego, CA : Academic Press.
Kintsch, W. (1998). The use of knowledge in discourse processing : A construction-integration model. *Psychological Review*, **95**, 163-182.

Kintsch, W.(1994). Text comprehension, memory and learning. *American Psychologist*, **49**, 294-303.

読書案内

- ■川﨑惠里子(編著)(2005). **ことばの実験室：心理言語学へのアプローチ** ブレーン出版
  単語・言語音声認知からコミュニケーションに至るまでのさまざまな心理言語学的過程について，研究動向や実験技法を知ることができる。
- ■岸 学(2004). **説明文理解の心理学** 北大路書房
  説明文，マニュアル文を理解するという点に焦点を当てながら，文章理解あるいは「テキストから学ぶ」ことについての著者の研究を中心に解説されている。
- ■甲田直美(2009). **文章を理解するとは：認知の仕組みから読解教育まで** スリーエーネットワーク
  文章理解の研究や，研究上の主題が概観できる。また，文章を理解するということに関連する心的情報過程についての解説も豊富である。
- ■大村彰道(監修)(2001). **文章理解の心理学：認知，発達，教育の広がりの中で** 北大路書房
  認知心理学の枠にとらわれず幅広い観点から，文章理解が関連する現象について研究や考え方を知ることができる。

付 録

付録 14.A　刺激用文章例

トピック「洗濯」

ユニット番号	アイデアユニット	文字数
1	手順は実際のところ極めてシンプルである。	20
2	まず，モノをいくつかのグループにまとめる。	21
3	もちろん，どのくらいの量をこなさないといけないかによるが，	29
4	ひとグループで十分だろう。	13
5	もしも次の手順を行うための設備がなくて	19
6	どこか別の場所に行かねばならないのならば，	21
7	それが次の手順となる。	11
8	そうでなければ準備完了だ。	13
9	やりすぎてはいけない，これが重要である。	20
10	多すぎるよりは一度に少しずつにしたほうが良い。	23
11	このことの重要性はすぐには分からないかもしれないが，	26
12	じきに複雑な場合が出てくる。	14
13	間違えると高くついてしまうことになるだろう。	22
14	最初のうちは，全手順が複雑に感じるかもしれない。	24
15	しかし，じきに暮らしの中の一コマになる。	20
16	近い将来に，この仕事をせずに済むようになるかは予想しづらいが，	31
17	先のことは誰にも分からないものだ。	17
18	さて，手順が終了したらモノを再び別のグループにまとめて，	28
19	それぞれ適切な場所に収めることになるだろう。	22
20	結局のところ，それらは一度以上使われてから，	22
21	また全工程が繰り返されることになる。	18
22	しかし，それも生活の一部なのだ。	16

(Bransford & Johnson, 1972)

トピック「カップラーメンの作り方」

ユニット番号	アイデアユニット	文字数
1	日常的で気軽に行うことができるし，	17
2	実際によくある暮らしの一コマといえる。	19
3	しかし手順は時として複雑であり，	16
4	間違いには大きな危険も伴う。	14
5	人はしばしば脅威に直面しても，その恐ろしさに気がつかないものだ。	32
6	さて，必要な材料が手に入り準備が整えば作業開始である。	27
7	まずは今や必要としなくなったものを取り去ろう。	23
8	次に適切なものを選び出して，	14
9	それらは分けて取り扱うことにする。	17
10	場合によってはこの手順は省略可能だが，	19

ユニット番号	アイデアユニット	文字数
11	行う場合は，それらは適切な使用が必要となる。	22
12	そして最も重大な瞬間がやってくる。	17
13	事は慎重に運ばねばならない。	14
14	適切な加減も求められることになる。	17
15	ある程度の自由は認められるが，多すぎても少なすぎてもいけない。	31
16	その後，いったん作業は中断となる。	17
17	待つこともまた，重要な工程である。	17
18	むしろ最適な待ち時間が品質の高さに直結するのだ。	24
19	作業が再開すれば，それは既に最終局面である。	22
20	残りの仕事は再び，もはや不必要になったものを取り去るだけである。	32
21	ただし分けておいたものがあれば，それらを投入する。	25
22	こうして全行程が完了となる。	14

トピック「温泉に入る」

ユニット番号	アイデアユニット	文字数
1	最初の選択，これが最も大切なポイントだ。	20
2	ここを間違えると，今後の人生に大きな影響を及ぼしかねない。	28
3	どれほどあせっていようとも，慎重に正しい方を選ぼう。	26
4	ここを通過したら本格的に取りかかることになる。	23
5	不必要なものは全て排除してしまっておくことになるが，	26
6	その場所は比較的自由である。	14
7	後で適切に思い出せればそれでよい。	17
8	そのうえで用意すべきものがあるかは場合による。	22
9	さて，やるべき事は2つだ。	13
10	どちらが先かは自由なように思われる。	18
11	しかし，ほとんど常に特定の順序で行うことが求められている。	29
12	逆の順序でやりたい時も出てくるが，	17
13	周りから非難を受けることも覚悟しなければならない。	25
14	最初の作業は気の向くままやればよい。	18
15	ただし盛大にやり過ぎないことも重要だ。	19
16	最初の作業の痕跡を完全に消し去った後で，次の作業となる。	28
17	適切に設定されていれば，	12
18	何のためらいもなく静かに取り組めるだろう。	21
19	いつまでも続けていたいかもしれないが，	19
20	長時間の作業は不調の原因になるかもしれない。	22
21	作業が完了したら最後の仕上げを行い，	18
22	最初の状態に戻って終了となる。	15

付録 14.B 刺激用文章例の特性

表 14.1 刺激文章の基本特性

	トピック					洗濯	カップラーメン	温泉入浴
	洗濯	カップラーメン	温泉入浴					
全文文字数	450	450	450	理解度	回答数	60	56	57
概念単位数	22	22	22		事前評定平均	2.5	2.7	2.8
平均文字数	20.5	20.5	20.5		事後評定平均	4.0	4.1	3.2
標準偏差	5.3	5.9	5.0					
最小値	11	14	12					
第1四分位	17.3	17.0	17.3	反応多様性	ユニーク回答数	62	59	57
中央値	20.5	18.0	19.5		H	4.4	3.1	3.6
第3四分位	22.8	23.8	24.5		正解反応数	5	3	0
最大値	31	32	29		既読反応数	2	0	0

Note:ユニーク回答数;参加者によっては,2つ以上のトピックを回答した場合があったので,単独のトピック(単語)をユニーク回答,と定義した。H;情報量に基づく回答の多様性。「洗濯」における既読反応数は分析対象に含めていない。

表 14.2 各文章について回答されたトピック

洗濯			カップラーメン			温泉入浴		
整理回答	回答頻度	相対頻度	整理回答	回答頻度	相対頻度	整理回答	回答頻度	相対頻度
作業・手順	9	14.5%	料理	27	45.8%	作業・手順	13	22.8%
DTT	6	9.7%	DTT	5	8.5%	選択・決定	11	19.3%
洗濯	5	8.1%	作業・手順	5	8.5%	DTT	8	14.0%
ゴミの分別	4	6.5%	カップラーメン	3	5.1%	記憶	3	5.3%
収納	4	6.5%	作成	2	3.4%	結婚・恋愛	3	5.3%
生活	4	6.5%	人生	2	3.4%	重要性・注意点	2	3.5%
重要性・注意点	3	4.8%	掃除	2	3.4%	人生	2	3.5%
掃除	3	4.8%				掃除	2	3.5%
分類	3	4.8%						
リサイクル	2	3.2%						
人生	2	3.2%						
その他	17	27.4%	その他	13	22.0%	その他	13	22.8%

Note:DTT;Don't Tell Topic = 無反応もしくは「分からない」回答。その他;回答頻度が1であったトピックをまとめたもの。

第15章 演繹的推論
君は，ソクラテスかプラトンか

重要用語

▸演繹的推論　▸帰納的推論　▸定言三段論法　▸信念バイアス
▸雰囲気効果　▸格効果　▸確証バイアス

---

1 はじめに

　「ミスターXは約束を守る。なぜなら彼は日本の政治家であり，日本の政治家は約束を守るからだ」は，ミスターXが誰であるかに関係なく，そして前提の真偽にかかわりなく定言三段論法としては形式的な妥当性がある。「すべての哺乳動物は死すべき存在である。すべてのライオンは死すべき存在である。よってすべてのライオンは哺乳動物である」は何となくもっともらしいが，哺乳動物を爬虫類に置きかえれば，結論は偽であることがわかる。論証がその結論の裏づけとして提出される場合は，①前提は真であるか（真実性），②前提は結論に適切に関連づけられているか（妥当性），の2つが問題になり，どちらかが否定されれば，その論証は結論の裏づけとはなりえない。論理学は論証の妥当性だけを問題にして，前提や結論の真偽は問題にしないが，心理学的には個々の立言の真実性は論証の妥当性に影響して判断を狂わせる。そしてまた，論理の形式そのものにも影響されて，容易に判断できる論証とそうでない場合がある。我々は，必ずしも論理学的な推論をしているわけではない。つまり，論証の内容そのものと論理形式は心理的に完全に分離していないのである。推論におけるこうした現象には以下のようなものがある。

1.1 信念バイアス（belief bias）
　定言三段論法に代表される演繹的推論（deductive reasoning）において，

結論が常識や信念と一致するときの方が論法を妥当と判断する。

1.2 雰囲気効果（atmospheric effect）

定言三段論法は「すべて（all）」「いくつか（some）」「いくつかは〜でない（some not）」「どれも〜でない（non）」という限量詞（quantifier）を含んでいる。この「すべて」とか「どれも〜でない」が醸し出す雰囲気が結論の判断に影響する。前提と同じ限量詞をもつ結論が受け入れられやすい。また、少なくとも1つの前提が否定形であれば、否定形の結論を妥当とし、少なくとも1つの前提が特称（「いくつか」「いくつかは〜でない」）であれば、結論も特称を選ぶ傾向にある。例えば、前提：「何人かのAはBである」「何人かのBはCである。」に対して、偽の結論：「よって、何人かのAはCである」の方が、真の結論：「よって、どのAもCではない」より受け入れられやすい。しかし、Aを女性、Bを弁護士、Cを男性に置き換えると答えははっきりしている（前提：「何人かの女性（A）は弁護士（B）である」「何人かの弁護士（B）は男性（C）である」から、結論：「よって、何人かの女性（A）は男性（C）である」は明らかに偽、「よって、どの女性（A）も男性（C）ではない」が真である）。

1.3 格効果（figural effect）

三段論法で「友達（A）の何人かはX大生（B）である。X大生（B）は、みな良い人（C）である」という前提に対して、「友達（A）の何人かは、良い人（C）」と言う（素直な）結論が生じやすいが、「良い人（C）の何人かは、友達（A）である」、という結論は生じにくい。前提がA→B、B→Cの形式のときには、結論はA→Cとなりやすく、C→Aという逆向きは生じにくい。結論を導くときにはその主語となる概念に、前提の中で主語になっている概念を据えようとする強い効果があるためである。これを格効果と言う。

1.4 確証バイアス（confirmation bias）

推論は演繹的推論と帰納的推論（inductive reasoning）に分けられる。一般的な仮説を個別事象に適用して新たな知識を導き出す形式論理が前者であり，後者は個別的知識から一般法則を導き出す。例えば，帰納的推論：「これまで付き合ったX国の人はみな親切だった。よって，X国の人はみな親切だ」では，付き合いのあったX国の人だけを対象にし，その結論はまだ知らないX国の人も対象としている。つまり，結論は前提で与えられている情報以上のことを述べている。前提が真であっても結論が偽でありうるのは，結論が前提で与えられていなかった事柄をも主張しているからである。新しい証拠が偽であれば，当然結論全体も偽となる。演繹的推論は内容の拡大を犠牲にして必然性を確かなものとするが，帰納的推論は必然性を犠牲にして前提の内容を拡大する。帰納的推論では結論を肯定する証拠（確証）ばかりに頼り，否定的な証拠（反証）を探そうとしない傾向がある。これを確証バイアスと言う（Wason, 1960）。

本章の実験演習では，推論に特有なこうしたバイアスの中から定言三段論法における格効果を取り上げてみよう。最初に，冒頭の例に戻って典型的な定言三段論法の概略を述べる。

大前提：「日本の政治家は約束を守る」
小前提：「ミスターXは日本の政治家である」
結　論：「よって，ミスターXは約束を守る」

ここには日本の政治家，ミスターX，約束を守る，という3つの概念が出てくる。それぞれをM，S，Pで表すと，3つの概念の組み合わせは**表15.1**のように分類される。これを格（figure）と言う。Mは2つの前提に共通して現れる概念で中名辞（中概念，媒概念），Sは結論の主語で小名辞（小概念），Pは結論の述部で大名辞（大概念）と呼ぶ。大名辞を含む前提が大前提，小名辞を含む前提が小前提である。両前提の順序は任意であるが，**表**

15.1に示すように，習慣的に大前提を上または前に置き（第1前提），その下または後ろに小前提を置く（第2前提）。

表 15.1 ● 4つの格における名辞の組み合わせ

	第1格	第2格	第3格	第4格
大前提	M—P	P—M	M—P	P—M
小前提	S—M	S—M	M—S	M—S
結論	S—P	S—P	S—P	S—P

以下に例を示す。

第1格
「どの植物（M）も，花をつけない（P）。すべてのイチョウ（S）は，植物（M）である。よって，どのイチョウ（S）も，花をつけない（P）。」

第2格
「真剣に働く気のある社員（P）は，無駄話だけをする（M）わけではない。何人かの社員（S）は，無駄話だけをしている（M）。よって，何人かの社員（P）は，真剣に働く気のある社員（P）ではない。」

第3格
「原子力発電所（M）は，大惨事の危険性をはらんでいる（P）。原子力発電所（M）は，科学技術の最高の水準（S）を誇っている。よって，科学技術の最高水準（S）には，大惨事の危険性をはらんでいる（P）ものもある。」

第4格
「挫折（P）は，誰もが経験するもの（M）である。誰もが経験するもの（M）は，人生に不必要なもの（S）ではない。よって，人生に不必要なもの（S）は，挫折（P）ではない」

それぞれの格では，それを構成する命題が肯定形か否定形か，あらゆる対象に対して主張しているのか，部分的，限定的なのかによって4つの場合がある。これを式（mood）と言い，A，E，I，Oの記号で表す。「すべて」

「どれも」を限量詞あるいは限量記号（quantifier）と呼ぶ（量化子という言い方もある）。

　A（全称肯定：universal affirmative）：すべて　〜である
　E（全称否定：universal negative）：どれも　〜でない
　I（特称肯定：particular affirmative）：いくつかは　〜である
　O（特称否定：particular negative）：いくつかは　〜でない

　上述の第1格の例は大前提がE（「どの植物も花をつけない」），小前提がA（「すべてのイチョウは植物である」），結論がE（「よって，どのイチョウも花をつけない」）となる（EAE式と記す）。以下，第2格の例はEIO式，第3格の例はAAI式，第4格の例はAEE式である。すると，1つの格について大前提，小前提，結論のそれぞれに4通りの分類ができるので，1つの格には結局 $4 \times 4 \times 4 = 64$ の式が存し，4つの格を通算すれば256通りの格式に分類される。しかし，そのうちの大多数は論理的に成立せず，4つの格それぞれで妥当な式は**表15.2**に示す計19種類にすぎない（カッコ内の式を含めると24種類になるが，これらは直前の式から導くことができるので除外）。

表15.2●妥当な格式

格	式
第1格	AAA（AAI），EAE（EAO），AII，EIO
第2格	EAE（EAO），AEE（AEO），EIO，AOO
第3格	AAI，IAI，AII，EAO，OAO，EIO
第4格	AAI，AEE（AEO），IAI，EAO，EIO

　前述のように2つの前提の順序は任意であるが，習慣的に大前提を第1前提として先に置くので，結論の主語であるSは常に第2前提に現れる。前提の位置を入れ替えて，小前提を第1前提とし，大前提を第2前提としたら，結論S-Pについての判断に影響が出るであろうか。つまり，結論の

主語Sが先（前）に出てくる場合と，後に出てくる場合の違いである。**表15.1**に示す第1格を例にとれば，M-P，S-Mの順序をS-M，M-Sの順序に変更した結果，第1格が第4格に変わることの影響である（Mの位置の変化に注意）。

こうした格式の変化に関する心理的影響について，ジョンソン・レアードとスティードマン（Johnson-Laird & Steedman, 1978）は**付録15.A**に示す実験結果を得た。彼らはSが常に最初の前提に現れるように小前提を大前提の前に置き，それぞれを第1前提，第2前提とした。そのうえで3つの名辞（概念）をA，B，Cと一般化して，第1前提がA-BとB-Aの場合，第2前提がB-CとC-Bの場合を組み合わせた。式の数はそれぞれの前提で8つあるので，組合せ対の数は$8 \times 8 = 64$となる。彼らはこのうち27対を20名の実験参加者に呈示して結論を推論させた。その結果が**付録15.A**である。例えば，「どの音楽家（A）も発明家（B）ではない」（第1前提），「すべての発明家（B）は教授（C）である」（第2前提）から，音楽家（A）と教授（C）の妥当な関係を推論させた。この例は中名辞であるBの位置から格は第4格であり，AとCはそれぞれPとSに対応する（**表15.1**の第4格を参照）。式については，第1前提が全称否定（E），第2前提が全称肯定（A）なので妥当な格式はEAO式に限定される（**表15.2**の第4格を参照）。したがって，妥当な結論（S-P）は「何人かの教授（C）は音楽家（A）ではない」（特称否定：O）となる。**付録15.A**で注意すべきは，**表15.1**との対照で，第1前提が常に小前提，第2前提が大前提に対応している点である。したがって，上の例を習慣的な型に戻すと，「すべての発明家（B）は教授（C）である」（大前提），「どの音楽家（A）も発明家（B）ではない」（小前提）となり第1格に戻る。第1格の格式で大前提がA，小前提がEであるような妥当な格式は存在しない（**表15.2**を参照）。

付録15.Aでは，それぞれの回答の度数をカッコで示した。下線を引いた回答は妥当な結論である。ジョンソン・レアードとスティードマン（1978）はこの回答内容を分析して，特徴的な点を見出した。**付録15.A**の中で次の例を見てみよう。最初の例は第4格，2番目は第1格である。

いくつかのAはBである（Aの特称肯定）
すべてのBはCである（Bの全称肯定）
よって，
　①いくつかのAはCである（正解：15人）
　②いくつかのCはAである（正解：2人）

すべてのBはAである（Bの全称肯定）
いくつかのCはBである（Cの特称肯定）
よって，
　①いくつかのAはCである（正解：1人）
　②いくつかのCはAである（正解：16人）

　前者の前提対の妥当な結論（正解）は第4格のIAI式に対応し，後者は第1格のAII式に対応している。この例が示しているのは，妥当な結論が同じでも，前提がA‒B, B‒Cの対（第4格）からはA‒Cのタイプ，前提がB‒A, C‒Bの対（第1格）からはC‒Aのタイプの結論が多く導き出されている点である。また，全体を通して，第1格はC‒Aタイプ，第4格はA‒Cタイプの回答が多い。これを格効果と言う。第2格，第3格ではこうした偏りは大きくない。ジョンソン・レアードとスティードマン（1978）の実験1にならって，この格効果を追試してみよう。

2 方法

2.1 実験参加者
　大学生20名程度，性別は問わない。

2.2 要因計画
　ジョンソン・レアードとスティードマン（1978）の実験1にならって，付録15.Aに示すような格と式を要因とする要因配置を作成する。従属変数は，基本的には結論におけるA‒Cタイプ，C‒Aタイプ各々の正答率で

ある。後述するように (**3.1** 節参照)，格と妥当な結論の有無を要因とする 4 × 2 の 2 要因分散分析も行うが，格式による正答率の差を中心に分析を行う。

2.3 材料
　定言三段論法の形式で記述された 64 対の前提からなる問題用紙を作成する。例を示す。

　問題 10（4-EI）
　「水泳が好きな人は，だれも刑事ではない」
　「刑事の何人かは，旅行が好きである」

　上記の例で「水泳」「旅行」に当たる部分を項目 A（C），「刑事」に当たる部分を項目 B（中名辞）とし，**付録 15.B** に示す具体的な概念を挿入する（必ずしも，この付録を使う必要はなく，実験者それぞれで独自のリストを作成する）。問題番号の後ろにあるカッコ内のコードは，格が第 4 格，第 1 前提が全称否定（E），第 2 前提が特称肯定（I）であることを示す。実際の問題用紙では，カッコを取って番号だけを付す。同一の実験参加者の問題冊子で，同じ名称を重複使用してはならない。また，格式と名称の組み合わせはランダムとする。組合せは実験参加者で異なるものを使う。1 ページに 1 問を印刷し，結論記入欄を設ける。問題冊子の最初にフェイスシートを付し，冊子の最後に内観を含むアンケートページを挿入する。

2.4 一般的手続き
　実験は 5 名程度を組にして行う。フェイスシートへの記入が終わってから，印刷した教示を配布して注意深く読んでもらう。全員が読み終えことを確認してから，口頭で大切な点を伝える。さらに実験の途中でも質問して構わないことを伝えて，回答を開始させる。開始 30 分後に 5 分間の休憩を入れる。すべての問題文の回答が終了したら，アンケートに回答を求める。

2.5 教示

以下の教示を印刷して実験参加者に配布し，よく読んでもらう。

「問題文は，ある大きな部屋に集まった大勢の人々について書かれた文章です。問題は2つの文章が対になっています。あなたは，この2つの文書からどんな結論が得られるかを考えて，問題文の下の記入欄に答えを書いてください。ただし，答えはあくまでも，2つの文章から論理的に導かれるものでなくてはなりません。答えは次の5つの形式のうちのどれかを使って書いてください。

①○○が好きな人は全員が，△△が好きである
②○○が好きな人の何人かは，△△が好きである
③○○が好きな人は誰も，△△が好きではない
④○○が好きな人の何人かは，△△が好きではない
⑤適当な答えはない

答えの最初は，必ず『○○が好きな人～』で始めて下さい。○○や△△の部分には，問題文に出てくる単語を当てはめて下さい。どの単語をどこに当てはめるか，どの形式を使えばよいかは，自分で考えてください。

問題文は1ページ1問で，64ページまであります。<u>1問も抜かさずに，64問すべてに対して</u>答えを書いてください。難しいときは，あまり深く考えずに，もっとも近そうな答えを書いてください。考えるときは<u>紙や鉛筆を使わず</u>，自分の頭だけで考えてください。結論の記入欄には<u>答え以外は書き込まないでください</u>。

この問題は，あなたの知能や学力を判定するものではありません。結果は集団的なデータとして統計的に処理されます。かたくならずに，気軽に解いてください」

この教示文を配布した後，以下の教示を口頭で伝える。

「いまお配りした紙に書いてあることを若干補足します。重要なところ

はアンダーラインを引いてありますので，注意してください。『1問も抜かさず』『紙や鉛筆を使わず』『答え以外は書き込まない』ということです。

　それから，問題の文章は沢山の人々の好きなものを書いてあるわけですが，かならず『好きか』『好きでない』かのどちらかです。『どちらでもない』という中間的な状態はありません。

　答えの形式は5通りありますが，その中には『適当な答えはない』というものがあります。この『適当な答えがない』を選ぶような問題も少なからずありますので，注意して解いてください。

　時間はいくらかかっても構いませんが，あまり1つの問題に時間をかけると終わらなくってしまいますので，自分のペースを考えてやってください。時計を見ながらやっても結構です。30分経ったら休憩を入れます。5分ほど休んで，また残りをやって頂くという形にします。何か質問はありませんか」

2.6　そのほかの留意点

1）質問への対処

　「答えがいくつかある場合にはどうするか」という質問に対しては，「すべてを書いてください。ただし，先に思いついた方を上に書いてください」と説明する。しかし，例えば，「水泳が好きな人は全員が刑事である」「刑事の何人かは旅行が好きではない」という前提対（第4格のAO式）には妥当な結論は存在せず，「適当な答えはない」が正解であるが，その正解に至る過程で「水泳が好きな人は，全員旅行好きであるかもしれないし，誰も好きでないかもしれない」「何人かは旅行が好きで，ほかの何人かは好きでないかもしれない」と考えて，実験参加者がそれら4つをすべて書くこともあり得る。その場合は，「全員が好きある」と「誰も好きでない」は同時に成立しないから，そうした答えを並べて書くのは間違いであり，いろいろな場合が考えられて答えが決まらないときは，「適当な答えはない」を選んでくださいと説明する。

2）内観報告について

この実験では，内観報告が重要である。「どのようにして回答を考えましたか。できるだけ詳しく記入してください」と内観報告を求める。紙と鉛筆の使用を禁じているので，イメージが使われている可能性が高い。アンケートでは内観のほかに，論理学の知識の程度も聞いておく。

3 結果の整理と考察のポイント
3.1 結果の整理
1）格と回答のタイプの関係

実験参加者の回答がA‐CタイプかもしくはC‐Aタイプかを，各々の格について分析する。**付録15.A** から分かるように，64問の中には，①A‐Cを正解とするもの，②C‐Aを正解とするもの，③その両方を正解とするもの，④いずれも正解としないもの（妥当な結論が存在しないもの）が混在している。分析は第1格から第4格のそれぞれで，妥当な結論が1つしかない場合（①と②），妥当な結論が2つある場合（③），妥当な結論が存在しない場合（④）に分けて，平均正答率を比較する。①と②の場合，第3格は妥当な結論がA‐CタイプとC‐Aタイプの問題を各々3問含み，それ以外の格では各々2問となる。③の場合は，第3格は妥当な結論が2つ存在する問題を3問含み，それ以外の格では2問を含む。④の場合は，格式のいかんにかかわらず，何も妥当な結論がない問題において2つのタイプ（いずれも不正解）を分析対象とする。こうした点に注意しながら，横軸を格，縦軸を平均正答率とするグラフを描いて，A‐CタイプとC‐Aタイプがどのような変化を示すか検討する。

2）格と正答率の関係

それぞれの格について，妥当な結論が存在する問題と存在しない問題の平均正答率を検討する。横軸に妥当な結論の有無，縦軸に平均正答率を取ってグラフを描く。また，格と妥当な結論の有無を要因とする4×2の2要因分散分析（2要因の乱塊要因計画：2要因ともに被験者内変数となっている）を行い，各々の要因の主効果と要因間の交互作用を検討する。

3）第1格と第4格の比較

　第1格と第4格は，各々の第1前提と第2前提を入れ替えた形になっているので，前提の順番を考慮しなければ同じ問題である（A, B, Cに対応する実際の単語は異なる）。したがって，第1格と第4格の間の正答率の違いは純粋な意味で格の効果を示している。妥当な結論が存在する場合と存在しない場合に分けて，2つの格の間に正答率の差が見られるか検討する。

3.2 考察のポイント

　結果の整理に示した1）～3）のポイントにしたがって分析を進めた結果，ジョンソン・レアードとスティードマン（1978）の実験1に見られるように，第1格ではC-Aタイプ，第4格ではA-Cタイプの結論が多かったか。特に，妥当な結論が2つ存在する場合について，ジョンソン・レアードとスティードマン（1978）と同じく，はっきりした格結果が得られたか。第2格と第3格に関しては格効果が認められなかったか。また，前提の格式は本当に格効果と無関係であろうか。つまり，前提の格が第1格と第4格に属していても，格式によって効果が異なることはないか。同じことを，格効果が見られないとされる第2格と第3格についても分析してみる。さらに，限量詞がもたらす雰囲気は格効果に影響しなかったか。人の推論に見られる多くの特徴を説明するモデルとして，ジョンソン・レアードとスティードマン（1978）はメンタルモデルを提案している。人は前提を満足させるイメージ世界を作り，その空間の中で特定の数の対象を組合せながら推論しているというアナロジー理論（analogical theory）である（詳しくは，Anderson, 1980；Johnson-Laird & Steedman, 1978；Johnson-Laird, 1980を参照）。

4　発展的課題

　本章では定言三段論法の格効果を取り上げたが，論証の内容が個人の信念，信条，価値観に直接関係する場合は，中立的な場合に比べて結論の真偽判断に対する影響が大きい。感情を刺激するような社会的，政治的論争をテーマにすると，結論に賛成する場合は，その論証を妥当であると判断

し，逆に不賛成なら妥当性なしと判断する。レフォード（Lefford, 1946）を参考に，こうした感情や信念が推論におよぼす影響を調べてみよう（具体的実験手続に関しては，西本・林，2000 を参照）。

定言三段論法には限量詞が含まれる。この限量詞が醸し出す雰囲気が結論の判断に影響する。ベッグとデニィ（Begg & Denny, 1969）を参考に，この雰囲気効果を検討してみよう。

【引用文献】●●●●●

Anderson, J. R.（1980）. *Cognitive psychology and its implications*. W. H. Freeman and Company.
　（アンダーソン, J. R. 富田達彦・増井　透・川﨑惠里子（訳）（1982）. 認知心理学概論　誠信書房）
Begg, I., & Denny, J. P.（1969）. Empirical reconciliation of atmosphere and conversion interpretations of syllogistic reasoning errors. *Journal of Experimental Psychology*, **81**, 351-354.
Johnson-Laird, P. N., & Steedman, M.（1978）. The psychology of syllogisms. *Cognitive Psychology*, **10**, 64-99.
Johnson-Laird, P. N.（1980）. Mental models in cognitive science. *Cognitive Science*, **4**, 71-115.
Lefford, A.（1946）. The influence of emotional subject matter on logical reasoning. *Journal of General Psychology*, **34**, 127-151.
西本武彦・林　静夫（編著）（2000）．認知心理学ワークショップ　早稲田大学出版部
Wason, P. C.（1960）. On the failure to eliminate hypotheses in a conceptual task. *Quarterly Journal of Experimental Psychology*, **12**, 129-140.

読書案内

■エバンズ, J. St. B. T.・オーバー, D. E.（山　祐嗣訳）（2000）. **合理性と推理：人間は合理的な思考が可能か**　ナカニシヤ出版
　規範的な論理・統計学的観点からは「非合理的」とも見なされる私たちの推論の特性がどのように生じるかを，2種類の合理性を区別したうえで論じている。推論研究の概観を得るとともに，人間の認知と思考の特性について考察できる専門書である。
■近藤洋逸・好並英司（2010）. **論理学入門**　岩波全書　岩波書店
　伝統的論理学と記号論理学が統一した視点でまとめられている入門書。本章の実験を行うにあたり，第3章が参考になる。
■高橋和弘・服部雅史（1995）. 演繹的推論　市川伸一（編）**認知心理学4：思考**　東京大学出版会
　第1章「演繹的推論」には，今回の演習に登場した定言三段論法におけるエラーとバイアスが要領良くまとめられている。また，1970年代後半以降の理論的研究が解説されている。
■西本武彦・林　静夫（編著）（2000）. **認知心理学ワークショップ**　早稲田大学出版部
　第15章「演繹的推論」に，感情が判断におよぼす影響を調べる具体的実験例が解説されている。
■サモン, W. C.（山下正男訳）（1998）. **論理学**　培風館
　大学の哲学入門コースのテキストとして編集されたもので，いろいろな分野の興味深い実例が論理学的に吟味されている。

付 録

付録 15.A　格と式を要因とする実験要因配置表

この表はジョンソン・レアードとスティードマン（1978）の実験1の表1を改変したものである，表の各セルは第1前提と第2前提から得られた結論を示している。下線を引いたものは妥当性のある結論で正解である。

カッコ内の数字は回答者数である（N=20）。本来の表には記入されていないが，前提の組み合わせによる格も示した。この表を基に，付録 15.B を使って 64 対からなる問題を作成する。

第2前提	第1前提			
	Aの全称肯定（式A）： 全てのAはBである	Aの特称肯定（式I）： いくつかのAはBである	Aの全称否定（式E）： どのAもBではない	Aの特称否定（式O）： いくつかのAはBではない
Bの全称肯定（式A）： すべてのBはCである	すべてのAはCである (14) / どのAもCではない (2) — 第4格	いくつかのAはCである (15) / いくつかのAはCではない (2) — 第4格	いくつかのAはCではない (5) / どのAもCではない (2) — 第4格	<u>いくつかのCはAではない</u> (8) / <u>いくつかのAはCではない</u> (9) — 第4格
Bの特称肯定（式I）： いくつかのBはCである				第4格
Bの全称否定（式E）： どのBもCではない	<u>どのAもCではない</u> (13) / <u>どのCもAではない</u> (2) / <u>いくつかのAはCではない</u> (2) — 第4格	<u>いくつかのAはCではない</u> (10) — 第4格		第4格
Bの特称否定（式O）： いくつかのBはCではない				第2格
Cの全称肯定（式A）： すべてのCはBである		<u>いくつかのAはCである</u> (11) / <u>いくつかのCはAである</u> (6) — 第2格		<u>いくつかのAはCではない</u> (9) / <u>いくつかのCはAではない</u> (6) — 第2格
Cの特称肯定（式I）： いくつかのCはBである				第2格
Cの全称否定（式E）： どのCもBではない	<u>どのAもCではない</u> (11) / <u>いくつかのAはCではない</u> (2) / <u>どのCもAではない</u> (2) — 第2格	<u>いくつかのAはCではない</u> (12) / <u>いくつかのCはAではない</u> (2) — 第2格		第2格
Cの特称否定（式O）： いくつかのCはBではない	<u>いくつかのAはCではない</u> (12) / <u>いくつかのAはCではない</u> (2) / <u>いくつかのBはCではない</u> (2) — 第2格			第2格

	第1前提			
	Bの全称肯定 (式A): すべてのBはAである	Bの特称肯定 (式I): いくつかのBはAである	Bの全称否定 (式E): どのBもAではない	Bの特称否定 (式O): いくつかのBはAではない
Aの特称否定 (式O): いくつかのAはBではない	第3格 いくつかのAはCである (7) いくつかのCはAである (3) すべてのBはAかつCである (5)	第3格 いくつかのCはAである (10) いくつかのCはAである (4)	第3格 いくつかのCはAではない (8) どのCもAではない (4)	第3格 いくつかのBはAではない いくつかのCはAではない (4)
第4格	第3格 いくつかのCはAではない (8) いくつかのCはAではない (4)			
第4格	第3格 どのCもAではない (3) どのAもCではない (2)	第3格 いくつかのCはAではない (9) いくつかのAはCである (3) いくつかのAはCではない (2)		
第4格	第3格 いくつかのCはAではない (12) いくつかのCはAである (3)	第3格		
第2格 いくつかのCはAではない (10) いくつかのCはAである (2)	第1格 すべてのAはCではない (12) すべてのAはCではない (4)	第1格 どのCもAではない (10) どのAもCではない (5)	第1格 いくつかのCはAではない (12) いくつかのCはAである (3)	第1格 いくつかのBはAではない (11) いくつかのBはAではない (4)
第2格	第1格 いくつかのCはAではない (16) いくつかのCはAではない (1)	第1格 いくつかのCはAではない (9) どのCもAではない (2) どのCもAではない (2)		
第2格	第1格 いくつかのCはAではない (6) いくつかのCはAではない (5) どのCもAではない (3)	第1格 いくつかのAはCである (2) いくつかのAはCである (2)		
第2格	第1格	第1格	第1格	

第15章 • 演繹的推論

付録 15.B 定言三段論法に用いた名辞（概念）の一覧

項目 A（C）（趣味娯楽・スポーツ・食品・ペットの名称：128 種類）

囲碁	相撲観戦	テニス	キャンデー
演歌	チェス	牛乳	トースト
宴会	テレビ	クッキー	トマト
演劇	天体観測	グレープ	日本酒
オペラ	電話	グレープフルーツ	日本そば
温泉	登山	クロワッサン	にんじん
歌謡曲	ドライブ	紅茶	パセリ
ギター	トランペット	ココア	バナナ
競馬	日光浴	コーヒ	ハンバーグ
サウナ風呂	ハイキング	コーラ	ピーマン
散歩	俳句	サンドウィッチ	ビール
写真撮影	パズル	ショートケーキ	ぶどう
ジャズ	花見	寿司	ブランデー
将棋	パチンコ	スパゲッティ	ピザ
ビデオ鑑賞	読書	セロリ	ポタージュ
ビリヤード	なわとび	タバコ	ポップコーン
昼寝	バイオリン	チキンカツ	ホットドッグ
文通	バレーボール	チーズ	ポテトチップ
麻雀	ハンドボール	中華まんじゅう	メロン
漫才	ボウリング	チョコレート	桃
マンガ	野球	天ぷら	焼き鳥
民謡	ヨット	ゆで卵	柴犬
落語	アイスクリーム	ラーメン	シャム猫
旅行	アップルパイ	りんご	セントバーナード犬
浪曲	アボガト	レタス	ダックスフント
アーチェリー	ウィスキー	レモン	テリア犬
ゴルフ	ウーロン茶	ワイン	ビーグル犬
ジョギング	お好み焼き	インコ	ブルドック
水泳	オムレツ	カナリヤ	文鳥
スキー	オレンジ	九官鳥	ペルシャ猫
スケート	柿		
ダイビング	カクテル		
卓球	カレーライス		

項目 B（職業の名称：64 種類）

アナウンサー	映画監督
医者	駅員
ウェイター	エンジニア
宇宙飛行士	会計士
運送屋	外交官
画家	スチュワーデス
家政婦	スパイ
ガードマン	政治家
看護師	清掃員
教師	税理士
教授	セールスマン
銀行員	船員

クリーニング屋	大学生
軍人	大工
刑事	タイピスト
校長	タクシー運転手
殺し屋	ダンサー
裁判官	探偵
魚屋	デザイナー
作家	店員
飼育係	泥棒
事務員	農夫
消防士	俳優
神父	パイロット
新聞記者	バスガイド
花屋	暴力団員
秘書	保育士
美容師	翻訳家
不動産屋	モデル
フロント係	郵便局員
弁理士	洋服屋
編集者	漁師

第16章 潜在的態度の測定（IAT）
意識できない心を探る

重要用語
▸潜在的連想テスト　▸潜在的認知　▸リスク認知　▸態度

---

1 はじめに

　人は，いろいろな振りをして生きている。大嫌いな人にでも，人前では好意を振りまき，大好きな人にでも，つれない振りをしてしまうこともある。大胆な振りをすることもあれば，臆病な振りをすることもあるだろう。そして，さまざまな推測や誤解を日常的に体験する。

　どのようにすれば人の本当の気持ちを正確に測れるかといった問題は，心理学において大きな課題であった。これまで，もっともよく使用されてきた心理測定法は，評定尺度を用いた質問紙調査である。一方，尺度評定の実施に際しては，意識的，あるいは無意識的に，回答が歪曲する傾向（バイアス）が数多く報告されている。例えば，道徳に関わることに回答する場合には，知らず知らずのうちに，社会的に望ましい方向に回答が歪められてしまうことはないだろうか。このような意識化することが困難な認知的側面は，今日では潜在的認知（implicit cognition）といった領域で検討が進められている。

　1970年代以降の認知心理学での大きなトピックは，人の認知システムにおける自動的処理と統制的処理という2つの処理過程（認知処理の二過程説）からのアプローチであった。自動的処理とは，無意識的であり処理資源を必要としない不可避な処理を指す。一方，統制的処理とは，意識的で多くのリソースを使用する処理を指す（Epstein, 1994）。自動的処理が人の行動や認知プロセスに影響を与えることがこれまで多くの研究において示されてきた（第4章参照）。認知処理の二過程説を背景に，グリーンウォル

ドほか（Greenwald et al., 1998）は，潜在的連想テスト（Implicit Association Test：IAT）の開発を行った。IAT は，潜在的な概念間の連合強度を測定することを企図して生まれたカテゴリー分類課題である。グリーンウォルドほか（1998）は差別や偏見といった態度の測定に IAT を用いたが，その後，測定方法，集計方法などの改定が試みられ，多くの領域へ急速な広がりをみせていった（Greenwald et al., 2003；Nosek et al., 2005）。

　IAT の基本アイデアを**図 16.1** から説明する。トランプを図柄によって，2つの山に分類することをイメージして欲しい。'スペードとクラブ'を左の山，'ダイヤとハート'を右の山に分類する場合（**図 16.1** 左）と，'スペードとハート'を左に'クラブとダイヤ'を右の山に分類する場合（**図 16.1** 右）では，どちらの分類が容易だろうか。**図 16.1** 左の方が**図 16.1** 右に比べ，正確かつ速く分類できるだろう。それは，'クラブとスペード'は黒色，'ハートとダイヤ'は赤色と，共通の属性を有しており，異なる色の図柄よりも結びつきが強いためである。このように，概念間の結びつきの強さがカテゴリー分類の反応速度と正確さに反映される，というアイデアが IAT の前提となっている。

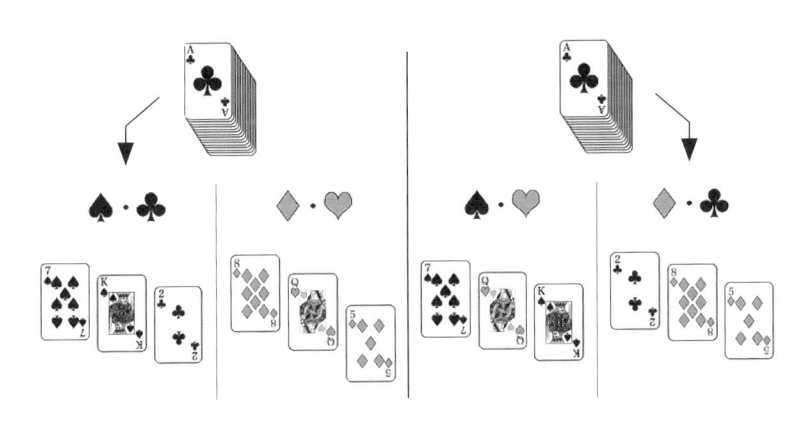

図 16.1●IAT 概念図

次に，実際の研究を用いて IAT の実験概要を紹介する。井出野・竹村（2005）では，リスク事象に対する主観的評価（リスク認知）を IAT によって測定した。IAT は，"原子力発電・水力発電"（ターゲット・カテゴリー・ペアと呼ぶ）と，"危険・安全"（属性カテゴリーペアと呼ぶ）という，4種類のカテゴリーを用い作成された。**図 16.2** は，IAT の実験画面模式図である。実験参加者に求められる課題は，画面中央に呈示される刺激（単語や写真）を，画面上部の左・右に示されるカテゴリーのいずれに当てはまるかを判断し，対応するキー（左・右）を押すことである。井出野・竹村（2005）は，"原子力発電・危険"（"水力発電・安全"）の概念間の連合が，"水力発電・危険"（"原子力発電・安全"）の概念間の連合よりも強い，という仮説の検討を行った。仮説より，①"水力発電・安全"を同一のキーで反応し，"原子力発電・危険"を同一のキーで反応する条件を概念一致条件（**図 16.2A**），②"原子力発電・安全"を同一のキーで反応し，"水力発電・危険"を同一のキーで反応する条件を概念不一致条件（**図 16.2B**）に位置づけた。"原子力発電と危険（水力発電と安全）の連合強度"が"原子力発電と安全（水力発電と危険）の連合強度"よりも強ければ左図の条件の方が右図の条件より分類が容易となり反応時間は短くなる。実験結果は，概念不一致条件の方が概念一致条件よりも平均反応時間が長く，仮説は支持された。

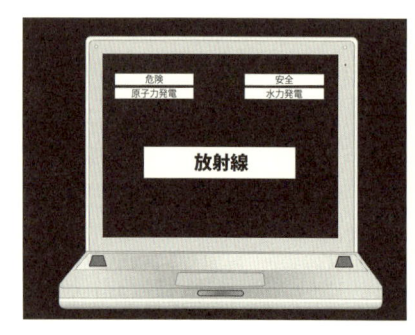

図 16.2A●概念一致条件　　　　　　　　図 16.2B●概念不一致条件

本演習は，井出野・竹村（2005）の一部手続きを改変した IAT を行い，潜在的測定方法を理解することを目的とする。

2 方法
2.1 実験参加者
井出野・竹村（2005）では，大学生並びに大学院生 42 名であったが，本演習では，大学生 30 名程度とする。

2.2 要因計画
この実験の独立変数は，概念間の連想に関する 1 要因である。原子力発電と危険を同一のキーで反応する概念一致条件と，原子力発電と安全を同一のキーで反応する概念不一致条件の 2 水準とし，被験者間要因とする。

2.3 材料
井出野・竹村（2005）では，原子力発電と水力発電のカテゴリー分類に使用する刺激として，写真をさまざまな Web サイトより収集し使用した。今回の演習では，原子力発電，水力発電，危険，安全の各々のカテゴリー分類には，単語を刺激に用いることとする。予備調査により原子力発電・水力発電・危険・安全との連想価の高い単語を 5 語ずつ抽出したので，以下を使用して欲しい。

　　危険：殺人，細菌，麻薬，鉄砲，戦争
　　安全：笑顔，家族，信頼，平和，友達
　　原子力発電：アトム，原子炉，放射線，核分裂，炉心
　　水力発電：ダム，放水路，河川，急流，貯水池

また，IAT 実験後に行うリスク事象のイメージ測定用の質問紙（Slovic, 1987）を**付録 16.A** に示した。質問紙は，15 項目で，脅威度と未知性との 2 つの要因で構成されている。

2.4 装置

IATの教示・刺激の呈示・反応計測はすべて，コンピューターを用いて行う。反応計測と刺激呈示用プログラムは，Inquisit（Millisecond Software社）やE-Prime（Psychology Software Tools社）などのソフトウェアを用いて作成する必要がある。Inquisitで作成した実験プログラムを配布する準備があるので，必要な方は**序章4節**を参照いただきたい。

2.5 一般的手続き

実験参加者は，IAT終了後に質問紙への回答を求められる。

IATでは，コンピューター・キーボードの"F"キーと"L"キーを，それぞれ左手の人差し指と右手の人差し指を用いて反応することを要求される。

本研究で用いたIATは7ブロックで構成される。詳細を**表16.1**に示す。第1〜3，5，6ブロックは練習ブロックで，第4，7ブロックがテスト・ブロックである。第5ブロックは，練習試行であるが40試行ほど行う。その理由は，2，3，4ブロックにおいて，ターゲット・カテゴリーの左右の位置を学習しているためである。また，概念一致条件と概念不一致条件の試行順序の影響がこれまで指摘されている。そのため試行順序の効果を相殺するために，概念一致条件を先に行うグループと概念不一致条件を先に行うグループに，実験参加者を割り振る必要がある。

刺激は画面中央に呈示され，画面左・右上部にカテゴリー（安全・危険あ

表16.1● IATのブロック構成

ブロック	試行数	機能	左のキーへ	右のキーへ
1	20	練習	危険	安全
2	20	練習	原子力発電	水力発電
3	20	練習	危険＋原子力発電	安全＋水力発電
4	40	テスト（概念一致ブロック）	危険＋原子力発電	安全＋水力発電
5	40	練習	水力発電	原子力発電
6	20	練習	危険＋水力発電	安全＋原子力発電
7	40	テスト（概念不一致ブロック）	危険＋水力発電	安全＋原子力発電

注）半数の被験者は，ブロック2，3，4とブロック5，6，7の分類と入れ替えて試行を実施する。

るいは原子力発電・水力発電）が呈示される。画面上部に呈示されるカテゴリーは，同一ブロック内では固定されている。刺激は，反応直後に継時的に呈示され，想定された分類と異なった場合，エラーメッセージとして"×"が画面中央に300ミリ秒呈示される。

2.6 教示

IAT開始時の教示の例を以下に示す。

「本日行っていただく実験の目的は，コンピューターを使った実験で，原子力発電と水力発電のイメージの測定を行うことです。実験の概要は，画面中央に次々と呈示される刺激を，画面上部に呈示されているカテゴリーに従って，該当するキーを押して分類を行っていただくことです。
（カテゴリーと刺激語の一覧表を示しながら）
　分類に使用するカテゴリーは，ご覧の通り，原子力発電，水力発電，危険，安全の4種類になります。また，各カテゴリーに該当する刺激語は，各々5種類になりますので，ご確認ください。また，実験は，7つのブロックで構成されています。ブロックごとに，分類に用いるカテゴリーは異なっており，ブロック開始時に改めて教示が呈示されますので，ご確認ください。各ブロックの所要時間は30秒程度ですので，トータルで5分程度になります。ご質問はございませんか。」

ブロック開始時の教示は，コンピューター画面上に呈示する。ブロックごとの教示を，**付録16.B**に示す。

2.7 そのほかの留意点

IATの実施時には，できるだけ速く正確に反応を行うことを強調しておく必要がある。

井出野・竹村（2005）では，原子力発電と水力発電の分類に写真を用いていた。今回の演習では，刺激として単語を用いているが，各カテゴリーの典型性が高い写真などを用いることも可能である。

3 結果の整理と考察のポイント
3.1 結果の整理
1）IAT

データの分析について，ここではグリーンウォルドほか（1998）の方法を紹介する。分析の前に，1）概念一致ブロックと概念不一致ブロック（ブロック4, 7）の，最初の2試行をデータから削除する。2) 300ミリ秒より速い反応を300ミリ秒に置き換え，3) 3000ミリ秒よりも遅い反応を3000ミリ秒に置き換える。4) エラー反応も分析に加える。

上記処置後のデータをもとに，概念不一致ブロックの平均反応時間から概念一致ブロックの平均反応時間を引いた値がIAT効果量と呼ばれる。

図16.3に，井出野・竹村（2005）の実験結果を示した。図16.3を参考にIATの結果を図示して欲しい。また，ブロック間の平均値の差の検討のため，t検定を行う。

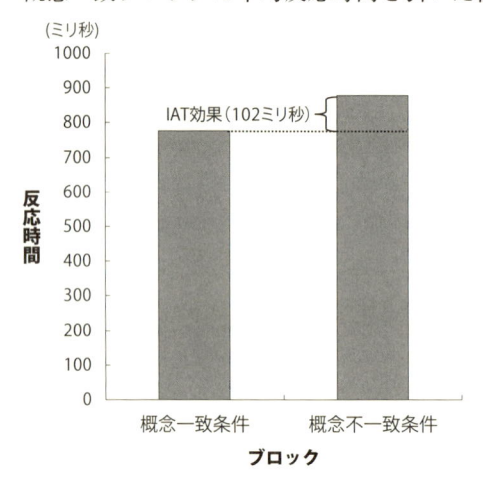

図 16.3 ●実験条件ごとの平均反応時間（井出野・竹村, 2005 より作図）

2）質問紙

質問紙の集計は，原子力発電と水力発電ごとに，脅威度（10項目）と未知性（5項目）の平均値をもとめる。実験参加者ごとの各因子の平均値をもとに，2（リスク事象：原子力発電・水力発電）×2（因子：脅威度・未知性）の分散分析を行う。

3）IATと質問紙間の関連

実験参加者ごとにIAT効果量を求め，質問紙の結果との相関を求める。質問紙から，①原子力発電・水力発電別にリスク因子（脅威度・未知性）ごとの評定値平均，②原子力発電と水力発電との評定値の差を算出し，IAT

効果量との間の相関係数を算出する。

3.2 考察のポイント
1）IAT

t 検定の結果，有意な IAT 効果が見られているかの検討を行う。また，図 16.3 と結果を対比させて考察を行う。井出野・竹村（2005）の実験時点からの時間経過やその間に起こった東日本大震災（2011 年 3 月）により，リスク認知は影響を受けている可能性が存在する。結果が異なっていた場合には，その原因についても言及して欲しい。

2）質問紙

井出野・竹村（2005）では，原子力発電（脅威度 4.71，未知性 3.47）の方が，水力発電（脅威度 3.48，未知性 3.21）よりもリスク認知が高く，特に脅威度因子において差が顕著であった。今回の実験結果と比較検討を行う。

3）IAT と質問紙

これまで，質問紙の結果と IAT 効果量の間には 0.3 程度の相関が見られているという報告がなされているが，演習の結果では，どの程度の相関が見られていたであろうか。質問紙への回答は，意識的な処理を強く反映していると仮定し，IAT との間に，どのような関連性が見られているかを考察する。

4 発展的課題

IAT は頑健な効果が見られやすく，実施が比較的容易であり，多様なカテゴリーを用いることが可能であるといった特徴をもつ。そのため，今日では，消費者行動，リスク認知，臨床，脳神経科学などといった領域へ急速にその研究の裾野は広がりを見せている。また，注目される試みとしてグリーンウォルドらのグループにより運営されている，'Project Implicit' という Web サイトが挙げられる。同サイトでは IAT のデモンストレーションが体験でき，関連資料が提供されているので参照して欲しい（日本語のサイトも 2006 年に開設された。http://implicit.harvard.edu/implicit/

japan/）。

【引用文献】•••••

Epstein, S.（1994）. Integration of the cognitive and the psychodynamic unconscious. *American Psychologist*, **49**, 709-724.
Greenwald, A. G., McGhee, D. E., & Schwartz, J. L. K.（1998）. Measuring individual differences in implicit cognition：The implicit association test. *Journal of Personality and Social Psychology*, **74**, 1464-1480.
Greenwald, A. G., Nosek, B. A., & Banaji, M. R.（2003）. Understanding and using the implicit association test：I. An improved scoring algorithm. *Journal of Personality and Social Psychology*, **85**, 197-216.
井出野尚・竹村和久（2005）．潜在的連想テストによるリスク認知へのアプローチ　感性工学研究論文集, **5**, 149-154.
Nosek, B. A., Greenwald, A. G., & Banaji, M. R.（2005）. Understanding and using the implicit association test：II. Method variables and construct validity. *Personality and Social Psychology Bulletin*, **31**, 166-180.
Slovic, P.（1987）. Perception of risk. *Science*, **236**, 280-285.

読書案内

■大島尚・北村英哉編著（2004）．**認知の社会心理学**　ニューセンチュリー社会心理学3　北樹出版
　社会心理学と認知心理学の融合領域である社会的認知研究に詳しい。第4章潜在的認知では，潮村公彦・小林知博がIATに関する知見を紹介している。

■唐沢穣・池上知子・唐沢かおり・大平秀樹（2001）．**社会的認知の心理学**　ナカニシヤ出版
　今日の社会心理学では，社会的認知といわれる領域の研究がもっともポピュラーになりつつある。本書は，伝統的社会心理学の文脈での社会的認知と，認知心理学由来の社会的認知という，両者が整理されて解説がなされている。5.3においてIATの解説があり，IATの成立背景や，そのほかの研究方法の紹介も詳しい。

■広田すみれ・増田真也・坂上貴之編著（2002）．**心理学が描くリスクの世界**　慶応義塾大学出版会
　本演習の題材に用いたリスク認知をふくめ，リスクと心理学の関連をまとめている良書。今日では日常語として定着しているリスクが，心理学の中ではどのように扱われているのか，社会心理学，意思決定，行動分析などとの結びつきが紹介されている。

■日本社会心理学会（編）（2009）．**社会心理学事典**　丸善株式会社
　近年編纂された社会心理学事典であり，社会的認知研究の分野に関して詳しい紹介がなされている。p.88, 89に態度研究におけるIATの位置づけが説明され，手続きについても比較的詳しい解説がある。

付 録

付録 16.A リスク認知質問項目

【 '脅威度' 10 項目】

制御可能	―	制御不可能
安心	―	恐ろしい
世界的に壊滅的でない	―	世界的に壊滅的な
些細な影響	―	致命的な影響
公平	―	不公平
個人的な	―	壊滅的な
次世代にとってリスクが少ない	―	次世代にとってリスクが大きい
簡単に低減できる	―	簡単に低減できない
リスクが減っている	―	リスクが増えている
自発的な	―	不本意の

【 '未知性' 5 項目】

観察可能	―	観察不可能
リスクにさらされた人が知っている	―	リスクにさらされた人が知らない
影響が即効的	―	影響が遅延的
古いリスク	―	新しいリスク
科学的に解明	―	科学的に不明

* 実際に質問紙を作成する場合には，上記の項目を 7 段階評定尺度にしたうえで，ランダマイズして使用すること。また，井出野・竹村（2005）では，評定対象として，IAT に用いた原子力発電と水力発電を含めた 10 個のリスク事象を用いていた。

付録 16.B　IAT ブロックごとの教示

【危険・安全】
実験にご協力いただきありがとうございます。
この課題は，呈示される項目のカテゴリーを判断していただく課題です。具体的には，画面中央に単語が呈示されます。その単語を「安全」と「危険」の 2 つのカテゴリーのうちどちらかを判断し，
　　　危険　の場合　「F」のキーを
　　　安全　の場合　「L」のキーを　押してください。
想定した分類と異なった場合，「×」が出ます。分類を覚えるようにしてください。
また，出来るだけ速く正確にキーを押すよう心掛けて下さい。
準備がよろしければ，「スペース・バー」を押して実験を始めてください。

【水力発電・原子力発電】
次の課題では，画面中央に呈示される単語のカテゴリーを判断していただきます。具体的には，単語が「原子力発電」に関するものと「水力発電」に関するものという，2 つのカテゴリーのどちらかを判断し，
　　　水力発電　の場合　「F」のキーを
　　　原子力発電　の場合　「L」のキーを　押してください。
想定した分類と異なった場合，「×」が出ます。分類を覚えるようにしてください。
また，出来るだけ速く正確にキーを押すよう心掛けて下さい。
準備がよろしければ，「スペース・バー」を押して実験を始めてください。

【原子力発電・水力発電】
次の課題では，画面中央に呈示される単語のカテゴリーを判断していただきます。具体的には，単語が「原子力発電」に関するものと「水力発電」に関するものという，2 つのカテゴリーのどちらかを判断し，
　　　原子力発電　の場合　「F」のキーを
　　　水力発電　の場合　「L」のキーを　押してください。
想定した分類と異なった場合，「×」が出ます。分類を覚えるようにしてください。
また，出来るだけ速く正確にキーを押すよう心掛けて下さい。
準備がよろしければ，「スペース・バー」を押して実験を始めてください。

【概念不一致ブロック】
次の課題では，画面中央に呈示される単語のカテゴリーを判断していただきます。
　　　危険　あるいは　水力発電　の場合　「F」のキーを
　　　安全　あるいは　原子力発電　の場合　「L」のキーを　押してください。
想定した分類と異なった場合，「×」が出ます。分類を覚えるようにしてください。
また，出来るだけ速く正確にキーを押すよう心掛けて下さい。
準備がよろしければ，「スペース・バー」を押して実験を始めてください。

【概念一致ブロック】
次の課題では，画面中央に呈示される単語のカテゴリーを判断していただきます。
　　　危険　あるいは　原子力発電　の場合　「F」のキーを
　　　安全　あるいは　水力発電　の場合　「L」のキーを　押してください。
想定した分類と異なった場合，「×」が出ます。分類を覚えるようにしてください。
また，出来るだけ速く正確にキーを押すよう心掛けて下さい。
準備がよろしければ，「スペース・バー」を押して実験を始めてください。

日常記憶 第IV部

記憶はただ情報を保持したり内容を機械的に再認・再生したりするような単純なものではなく，前後の出来事や情報と相互に影響を及ぼしあいながら変化していくダイナミックな過程である。第II部「記憶・イメージ」(第6章～第11章)では主に理論・モデルの視点から記憶を取り上げたが，ここでは日常場面における記憶を切り取ったいくつかの実験を通して，日常記憶の有機的な側面について見ていこう。私達の行動を秩序立てている記憶の力を具体的に知ることができるだろう。

第17章 感情と表情 ►髙木 幸子

第18章 目撃者の証言 ►高橋 優

第19章 メタ記憶 ►川嶋 健太郎

第20章 展望的記憶 ►宇根 優子

第17章 感情と表情
状況が変われば見え方も異なる

---重要用語---

▶感情　▶表情　▶文脈効果　▶コミュニケーション

1 はじめに

　私たちは毎日の生活の中で多くの人々と感情を伝え合っている。相手の感情を理解し，自分の感情を相手に伝えることは円滑な社会生活を営むうえで非常に重要であるとともに，コミュニケーションを豊かにしてくれる。

　コミュニケーションにおいて，我々が伝え合う情報は言語的情報と非言語的情報に大別される。双方ともに非常に重要な要素であるが，マレービアン（Mehrabian, 1981）は，コミュニケーションにおいて伝えるメッセージ全体の印象を100%とした場合に言語内容の占める割合は7%，音声と声質の占める割合は38%，表情としぐさの占める割合は55%という法則を導き出した。こうした研究から，特に感情の伝達においては言語的情報よりも非言語的情報が重要であることが知られている。

　非言語的情報には，音声の抑揚といった聴覚，握手や抱きしめるといった触覚を介したものも含まれるが，特に重要と考えられるのは視覚を介した情報であり，姿勢やしぐさなどその種類は多岐にわたる。特に顔からは，性別や年齢といった生物学的属性，口の動きが示す発話情報など非常に多くの情報が視覚的に得られる。その中でも表情は多くの研究者の関心を集め，他者の表情からその感情を推測することに関して膨大な数の研究が行われてきた。顔は複数の表情筋から構成され，それらを用いて意図的に表出できる表情は多岐にわたる。エクマン（Ekman, 1973）は，まず過去の感情研究をレビューしたうえで人間には喜び・悲しみ・怒り・驚き・嫌悪・恐れの基本6感情というカテゴリーが存在することを示した。そして，こ

のカテゴリーに対応する6つの基本表情が存在することを示し，これらは文化を超えて普遍的であると結論づけた。

　相手の感情を判断する手掛かりとなるものは表情以外に何があるのだろうか。多くの情報の中で，ある情報をターゲットとしたとき，それ以外の情報はすべて文脈情報としてまとめられる。例えば，表情をターゲット情報としたならば，それ以外はすべて文脈情報となる。さらに，文脈情報はターゲットとの関係によって，系列的文脈と並列的文脈に大別される。前者は，ターゲットに対して連続的に与えられる情報であり，感情判断すべき表情の前後に表出される表情などが挙げられる。後者はターゲットと時空間的に併存可能な情報であり，声の調子，服装，メイク，状況などさまざまなものが挙げられる。セイヤー（Thayer, 1980）は系列的文脈情報に焦点を当て，同一人物の喜びと悲しみの表情を使って，先行して呈示される表情が後続の表情の感情判断にどのような影響を与えるかを検討した。実験結果から，先行呈示された表情が後に呈示された表情の強度の判断に影響をおよぼすことが明らかとなった。例えば，最後に呈示される表情が悲しみである場合，先行呈示された表情が悲しみの場合と喜びの場合では，喜び表情の方がターゲット表情の悲しみ感情をより強める。

　キャロルとラッセル（Carroll & Russell, 1996）は，並列的文脈情報に焦点を当て，表情よりも並列的文脈情報が感情の判断に影響を与えるという仮説のもとに2つの実験を行った。彼らは，並列的文脈情報として，何らかの感情が喚起されるような状況を取り上げた。そのような状況を短い文章にまとめ，表情とともに呈示した。第1実験では，3つの表情とカバーストーリーの組み合わせを作成し，実験参加者に呈示した。具体的には，①表情刺激「恐怖」×カバーストーリー「怒り」，②表情刺激「怒り」×カバーストーリー「恐怖」，③表情刺激「悲しみ」×カバーストーリー「嫌悪」の3タイプである。第1実験の結果は，並列的文脈と一致した感情の回答率は全体の70％，表情と一致した感情の回答率は11％，いずれとも一致しない回答率は全体の19％となり，表情よりも並列的文脈情報が感情判断に影響を与えていることが分かった。第2実験は，第1実験と同じ手法で行わ

れたが，内容がより曖昧なカバーストーリーを用いた．具体的には，① 表情刺激「驚き」×カバーストーリー「希望」，② 表情刺激「怒り」×カバーストーリー「決断」，③ 表情刺激「怒り」×カバーストーリー「困惑」，④ 表情刺激「恐怖」×カバーストーリー「痛み」の4タイプである．第2実験の結果は，並列的文脈と一致した感情の回答率は全体の73%，表情と一致した感情の回答率は20%，いずれとも一致しない回答率は全体の7%となった．つまり，第1実験と同様，表情よりも並列的文脈情報が重要であることが示唆された．

　この演習は，キャロルとラッセル（1996）の第1実験の追試である．第1実験で使用したのは不快な感情を表した表情だけであったが，喜びと驚きの表情を追加したうえで，並列的文脈情報が表情判断にどのような影響を与えるのかを検証してみよう．

2 方法

2.1 実験参加者

　キャロルとラッセル（1996）の実験では175人であったが，本演習では人数を減らして，40名程度（偶数）とする．男女は同数であることが望ましい．視力（矯正可）を事前に確認しておく．このうち10名を比較群，30名を実験群とする．

2.2 要因計画

　回答の手がかり（カバーストーリー/表情/そのほか）を独立変数とする1要因計画を用いる．従属変数は選択度数とする．

2.3 材料

　喜び，驚き，恐怖，怒りを表現した，男女2名の表情写真を用意する．自分たちで撮影する場合には，モデル全員が白いTシャツを着用するなど服装と背景を統一し，顎や頭頂部の位置を揃え，十分な照明を確保するよう注意する．また，表情はモデルの生来の骨格によって異なり，1名のみ

だと判断が偏ることが予想されるため，男女各2名以上に協力を仰ぐのが理想である。表情を作らせる際には，エクマンとフリーセン（Ekman & Friesen, 1978）に従い，以下のようにモデルの表情筋の動きに注意する。喜び表情では，目尻に皺を寄せて，口角を上げる。驚き表情では，両眉を上げて，口を大きく開く。怒り表情では，両眉を中央に寄せて，目を見開き，瞼に力を入れる。恐怖表情では，両眉をあげて寄せ，目を見開き，口角を引きつつ口を開ける。これらの筋肉の動きに着目し，何度か練習を繰り返したうえで撮影を進める。それぞれの感情につき複数枚の写真を撮影し，事前に予備実験を行う。予備実験では，写真の表情がどの感情に当てはまるかを基本6感情から1つ選択してもらい，モデルごとに意図した感情の回答率が最も高い表情を実験で使用する。

次に，喜び，驚き，恐怖，怒りの感情を喚起するようなカバーストーリーを作成する。それぞれの感情が明確に区別できるようなストーリーを作成することが重要である。特に，恐怖と驚きの感情が生起する状況には類似点が多い。驚きのカバーストーリーは，例えば，「親しかった旧友と道でばったりあった」といったような，絶対に恐怖とは混同されないものが望ましい。**付録17.A**に，キャロルとラッセル（1996）が第1実験で用いたカバーストーリーを掲載するので参考にされたい。カバーストーリーについても事前に予備実験を行う。それぞれのカバーストーリーがどの感情を喚起するかを基本6感情から1つ選択してもらい，回答率を確認しておく。使用するカバーストーリーが決定したら，これを読み上げて録音する。

表情とカバーストーリーが揃ったら，これらを組み合わせる。1つの表情につき，3つのカバーストーリーを組み合わせる。具体的には，喜び表情と驚き，怒り，恐怖のカバーストーリーを組み合わせ，1つの表情につき3つの組み合わせを作成する。4つの感情につき3つのカバーストーリーを組み合わせるため，最終的には男女2名の表情について，それぞれ12の組み合わせが出来る。それぞれの組み合わせが，実験における1試行となる。

2.4 装置

カバーストーリーの呈示にはスピーカーを使用し，表情刺激はコンピューター画面上（個人実験の場合）あるいは液晶プロジェクターを使ってスクリーン（集団実験の場合）に呈示する。回答には，問題番号と選択肢を記載した A4 サイズの回答用紙を用いる。

2.5 一般的手続き

比較群には，カバーストーリーと表情を単独で呈示する。カバーストーリーについては「喚起される感情」を，表情については「写真の人物の感情」を回答してもらう。実験では，カバーストーリーと表情を，Microsoft PowerPoint（Microsoft 社）を使って呈示する。まず，4つのカバーストーリーを聞いてもらい，それぞれがどの感情を喚起するかを判断し，6 肢（基本6感情）強制選択で回答するように求める。次に8枚の表情を呈示し，画面に呈示される表情がどの感情に当てはまるかを判断し，6 肢（基本6感情）強制選択で回答するように求める。

実験群には，カバーストーリーと表情の組み合わせを呈示する。実験参加者の半数には，最初にカバーストーリーを聞いてもらい，次に表情を呈示する。残りの半数には，最初に表情を呈示し，次にカバーストーリーを聞いてもらう。そして，画面に呈示された表情がどの感情に当てはまるかを判断し，6 肢（基本6感情）強制選択で回答するように求める。比較群・実験群ともに，実験開始時には実験参加者に対して適切な教示を与える（本章 2.6 節参照）。

実験群においても，各刺激は PowerPoint を使ってスライド形式で呈示する。すべての試行において，カバーストーリーの音声ファイルと表情刺激を PowerPoint に埋め込んだスライドを作成する。表情については，2000 ミリ秒の呈示とする。実験全体は 24 試行から構成され，要する時間は 15 分程度である。教示は，一般的に次のような内容とする。

2.6 教示
実験開始時に，以下のような教示を与える。
1）比較群への教示
「これから，ある人物が置かれた状況が音声で流れます。これを聞いて，その人物にどのような感情が喚起されると思うかを，手元の回答用紙の選択肢の中から1つ選んで○をつけてください。選択の際は，深く考えこまず，直感的に判断してください」

「次に，画面にある人物の表情が呈示されます。これを見て，その人物がどのような感情を示していると思うかを，手元の回答用紙の選択肢の中から1つ選んで○をつけてください。選択の際は，深く考えこまず，直感的に判断してください」

2）実験群への教示
「これから，ある人物が置かれた状況が音声で流れ，続いてその人物の表情が画面に呈示されます。これを踏まえ，その人物がどのような感情を示していると思うかを，手元の回答用紙の選択肢の中から1つ選んで○をつけてください。選択の際は，深く考えこまず，直感的に判断してください」

「これから，ある人物の表情が画面に呈示され，続いてその人物が置かれた状況が音声で流れます。これを踏まえ，その人物がどのような感情を示していると思うかを，手元の回答用紙の選択肢の中から1つ選んで○をつけてください。選択の際は，深く考えこまず，直感的に判断してください」

2.7 そのほかの留意点
1）カバーストーリーの読み上げ
カバーストーリーを読み上げて録音する際には，抑揚をつけず，感情を込めないことが重要である。発話の際の抑揚なども非言語的情報の一種であり，実験参加者による感情判断に影響を与える恐れがある。

2）刺激の呈示順序
刺激の呈示順序が，実験参加者の判断に影響を与えることが予想される。組み合わせの呈示順序が異なるスライドを複数パターン用意しておき，そ

れぞれのパターンに均等に実験参加者を割り振っていくことが重要である。このような手続きを踏むことで，刺激呈示順序が結果に与える影響を相殺することが出来る。

3）集団実験

集団実験の場合でも1回の実験の参加人数は10名程度とすべきである。表情の感情判断には，表情を観察する位置も影響をおよぼす可能性がある。ゆえに，あまり大人数で実験を行うと，実験参加者のスクリーンまでの距離や角度に大きな差が生じてしまう。また，2）で指摘した留意点とも関連するが，刺激の呈示順序が与える影響を考慮して，複数回の実験を行い，そのたびに刺激呈示順序を変える必要がある。

3 結果の整理と考察のポイント
3.1 結果の整理

比較群にカバーストーリーを単独で呈示した場合の感情判断の結果を，カバーストーリーと一致，それ以外（表情と一致およびそのほか）に分類し，回答率と選択度数を算出する。同様に，表情を単独で呈示した場合の感情判断の結果を，表情と一致，それ以外（カバーストーリーと一致およびそのほか）に分類し，回答率と選択度数を算出する。回答率をそれぞれグラフ化するとともに，選択度数についてχ^2検定を実施する。

実験群の感情判断の結果を，カバーストーリーと一致，表情と一致，そのほかに分類し，回答率と選択度数を算出する。回答率をそれぞれグラフ化するとともに，選択度数についてχ^2検定を実施する。

3.2 考察のポイント
1）表情の判断

比較群の分析結果から，カバーストーリーと表情を単独で呈示した場合には，それぞれの示す感情の選択度数が有意に多いことを確認しておく。次に，実験群の分析結果から，実験参加者の感情判断がカバーストーリーと表情のどちらに基づいてなされているのかを検討する。表情と一致およ

びそのほかの選択度数よりもカバーストーリーと一致する選択度数が多ければ，並列的文脈情報が感情判断において重要であると解釈できる。

2）表情の種類

表情の種類によって，カバーストーリーの影響が異なるかどうかを，結果から検討する。実験群の結果について，表情ごとに同様の分析を実施すればよい。影響が異なることが示された場合には，なぜそのような結果が得られたのかを分析し，考察する。

4 発展的課題

エクマンほか（1982）は，並列的文脈は他者の感情判断に重要であるが，それは表情が文脈情報に比べて曖昧な場合や，またその表情の強度があまり強くない場合のみであることを示唆した。しかしキャロルとラッセル（1996）は，第2実験において曖昧な感情を示したカバーストーリーを用い，カバーストーリーが曖昧であってもその影響は非常に強いことを示した。曖昧なカバーストーリーについても作成し，同様の結果が得られるかを確認したい。

また，表情による感情判断には，評価者の個人特性も影響を与えることが知られている。髙木（髙木, 2009；髙木・西本, 2010）は，採用面接場面における表情の役割を検討し，志願者の対人不安傾向の高低によって面接者の表情の捉え方に差があることを示した。対人不安傾向以外にも，性格特性や神経症傾向などが過去の研究で取り上げられている。事前に実験参加者のこうした個人特性を測定することで，個人特性の違いによって並列的文脈情報の影響に差が見られるかを検討することが出来る。

【引用文献】●●●●●

Carroll, J. M., & Russell, J. A.（1996）. Do facial expressions signal specific emotions?：Judging emotion from the face in context. *Journal of Personality and Social Psychology*, **70**, 205-218.

Ekman, P.（1973）. Cross-cultural studies of facial expression. In P. Ekman（Ed.）, *Darwin and facial expression*. NY：Academic Press, 169-222.

Ekman, P., & Friesen, W. V.（1978）. *Facial action coding system（FACS）：A technique for the measurement of facial action*. Palo Alto, Ca.：Consulting Psychologists Press.

Ekman, P., & Friesen, W. V., & Ellsworth, P.（1982）. What are the relative contributions of facial behavior and contextual information to the judgement of emotion? In P. Ekman（Ed.）, *Emotion in the human face*. 2nd ed. Cambridge：Cambridge University Press. 111-127.
Mehrabian, A.（1981）. *Silent messages：Implicit communication of emotions and attitudes*. Wadsworth Publishing. Co., California.
（マレービアン，A. 西田　司・津田幸男・岡村輝人・山口常夫共訳（1986）．非言語コミュニケーション　聖文社）．
髙木幸子（2009）．採用面接場面における顔表情と対人不安の関係性．日本顔学会誌，**9**，43-52.
髙木幸子・西本武彦（2010）．採用面接場面における評価者間の一致度―面接者の肯定的表情の呈示比率と志願者の対人不安からの検討―．日本顔学会誌，**10**，73-86.
Thayer, S.（1980）. The effect of facial expression sequence upon judgements of emotion. *The Journal of Social Psychology*, **111**, 305-306.

読書案内

■エクマン，P.・フリーセン，W. V.（工藤力訳編）（1987）．**表情分析入門**　誠信書房．
　感情と表情の関係性について，先行研究のレビューを交え，網羅的に理解することが出来る。基本6感情を表した表情の特徴について詳細に述べられており，本演習ではモデルの表情刺激撮影の際の参考になる。
■エクマン，P.（菅靖彦訳）（2006）．**顔は口ほどに嘘をつく**　河出書房新社．
　我々の日常的なコミュニケーションにおける表情の役割について，豊富な具体例とともに，楽しみながら学ぶことが出来る。
■竹原卓真，野村理朗（2004）．**「顔」研究の最前線**　北大路書房．
　近年の顔研究について，進化，発達，生理，知覚，精神疾患，化粧，加齢などのさまざまなアプローチを取り上げ，詳細に説明されている。特に，表情については第4章において詳しく述べられている。

付 録

付録 17.A

キャロルとラッセル（1996）が実験で用いたカバーストーリーを以下に掲載する。

怒り①：ある男性が最近新車を購入した。今日，彼が郵便局での用事を済ませて，駐車場を横切って車に戻ろうとしたときのことだ。少し離れたところから，子供たちが彼の車の周りにいるのが目に入った。すると，子供たちの一人が彼の車のホイールキャップをつかんでいるのが見えた。彼は子供たちを怒鳴りつけたが，彼らは手にしたホイールキャップを振りながら森に消えていってしまった。彼が車の側に近づいてみると，確かにホイールキャップの１つがなくなっていた。

怒り②：ある女性が妹をもてなそうと，その町でもっとも高級なレストランを予約した。しかも，張り切って１ヶ月も前に予約を入れた。当日，妹がやってきたので，45分ほどで到着するのでテーブルを用意しておいてください，とレストランに電話で連絡した。しかし，レストランに到着して１時間が経過しても，テーブルが用意されることはなかった。そこで女性は支配人を呼んで再度用意を促し，支配人はすぐに手配することを約束した。しばらくたってほかの２人連れがやってきたが，彼らはすぐにテーブルに案内され，レストランの全席が埋まってしまった。女性はまた支配人のところへ行き，文句を言った。

恐怖①：これは，家族とともに休暇を過ごしている男性の話である。彼は海岸へ散歩に行くことにした。彼は気持ち良く，山沿いの道を歩いていた。すると，小さな石ころや岩，岩の割れ目があることに気づいた。彼は何も思うところなく，小川が流れ込む小さな洞窟に入って行った。５ヤードほど進んだところで，彼は中に小熊がいることに気づいた。そして振り返ると，洞窟の入口に親熊がいるのが見えた。かれはじりじりと後ずさりしたが，親熊は唸りながら彼に近づいてきた。親熊は彼を洞窟の隅まで追い詰めた。

恐怖②：これは，これまで一度もエキサイティングな体験をしたことがなかった女性の話である。ある日彼女は，エキサイティングな体験をすべく，パラシュートのクラスに登録をした。そして，彼女の初ジャンプの日がやって来た。彼女と，一緒のクラスの人々は飛行機のシートに座り，ジャンプをするのに最適な高度へ近づいていった。インストラクターが彼女の名前を呼んだ。彼女がジャンプする番である。しかし，彼女は席を離れるのを拒絶した。さて，彼女はどのような気分だろうか？

嫌悪①：これは，生物学の研究室で教授の補助をしている女性の話である。彼女の仕事は，倉庫の箱の中の色々な棚の中身を数えることである。数えるべき内容は，蛙や虫，そして人間の脳まで多岐にわたっている。仕事は，彼女が人間の脳が入った棚にさしかかるまで順調に進んだ。その棚は一杯だったので，彼女は正しく数えるために脳のいくつかを新しい棚に移すことにした。彼女はゴムの手袋をして，その手を最初の脳がはいっている液体の中に突っ込んだ。

嫌悪②：これは，長期の出張に出かけた女性の話である。帰ってきて，玄関のドアの前に立ったとき，彼女は異臭に気づいた。彼女が台所に入ってみると，その異臭がより強くなった。彼女は台所のごみを忘れていたことに気づいた。彼女がごみ箱に近づくと，鼻を突く匂いが立ち上ってきた。ごみ箱はいっぱいで，彼女がそれを動かしたときに角が破けてしまい，彼女はごみ箱の底から出た液体が足に掛かるのを感じた。

付録 17.B

　さまざまな種類の表情刺激セットが，研究所や大学での実験で用いられている。しかし，表情には年齢や性別といった個人情報が多く含まれているため，使用許諾が厳しく，有償であることが一般的である。以下に，そうした刺激のうち，比較的入手しやすいものを紹介する。これらの刺激は，収録において統制がとれており，さらには大規模人数での評価実験を経ているため信頼性と妥当性を兼ね備えている。

- **JACFEE & JACNeuF 顔データベース**

　JACFEE & JACNeuF は，エクマンとマツモトによって 1997 年に開発された顔刺激である。JACFEE は 56 枚の静止画からなる。56 枚のうち，8 枚ずつが怒り，軽蔑，嫌悪，恐怖，幸福，悲しみ，驚きのそれぞれ 7 つの情動を表出した人物の表情の静止画によって構成されている。また，各々の情動を表出した 8 枚の静止画のうち，4 枚が日本人（男性 2 名，女性 2 名）であり，残りの 4 枚が白人（男性 2 名，女性 2 名）となっている。これらの表情は，すべてエクマンとフリーセン（1978）の Facial Action Coding System（FACS）によって定性的に評価されている。また，JACFEE のモデルを務めた人物 56 人の中立の表情静止画集が JACNeuF である。以下の URL から購入可能である。
http://www.humintell.com/for-use-in-research/

- **JAFEE 顔データベース**

　JAFFE 顔データベースは，九州大学心理学部で作製された，日本人女性の表情データベースである。日本人女性 10 人による 7 つの表情（基本 6 感情を示した表情＋1 つの自然な表情）で作成された 213 個の画像がある。各画像は 60 人の実験参加者によって，6 つの感情に分類されている。データベースは非商用目的なら無償で利用可能である。以下の URL を参照されたい。
http://www.kasrl.org/jaffe.html

第18章 目撃者の証言
そう言われると，そんな気がしてきた

重要用語
▶記憶の変容　▶誤導情報　▶凶器注目効果

---

1 はじめに

　「百聞は一見にしかず」という言葉があるが，目撃情報はしばしば重要な証拠とされる。例えば，「カオリは怒ると怖いよ，だって，前に体育館の裏で男子と喧嘩してるの見たもん」などと言われると，単なる噂話よりも，本当らしさが増すように感じられる。さまざまな事件・事故においても同様である。めぼしい物証がない場合，目撃者の証言は事件を立証するうえで大きな役割を果たすが，冤罪を生み出す原因ともなる。

　こうした目撃証言の信憑性について心理学の観点から取り組んだのが，アメリカのエリザベス・ロフタスである。目撃者は，事件の遭遇後にその状況に関する質問を受けることとなるが，この質問に埋め込まれた誤導情報（事後情報，誤情報とも）により，目撃した内容に関する記憶が誤導情報に沿う方向へと変化することをロフタスはいくつかの実験により示した（Loftus & Palmer, 1974；Loftus, 1977）。

　ロフタスとパーマー（1974）の実験をみてみよう。実験参加者に自動車事故の映像を見せた後，その事故時の車両の速度を尋ねた。その際に，「その車が激突した (smashed) とき，速度はどのくらいでしたか」と尋ねると，参加者の回答する速度は 65.7 km/h だったのに対し，「その車が接触した (contacted) とき，……」と尋ねると回答された速度は 51.2 km/h に留まり，「激突した」と尋ねた場合のほうが 14.5 km/h ほど速かった。また，「激突したとき」と尋ねられた回答者は，「ぶつかった (hit)」と尋ねられた者と比べて，1週間後に「窓ガラスが割れているのを見ましたか？」という

質問（映像では割れていない）を受けたときに割れていたと回答することが多かった。

　本演習では，ロフタス（1977）の実験1をもとに，事後情報の効果について検証する。この実験では，スライドにより事故の様子を目撃した実験参加者は，映っていた項目（クリティカル項目）の色を報告することが求められた。一連のスライドでは赤い自動車が歩行者と接触するのだが，そこに通りかかった緑色の自動車は停まることなく事故現場を去ってしまう。この通過した車が，誤導情報を与えるクリティカル項目である。

図18.1●ロフタス（1977）で被験者に呈示されたスライドの30枚の中の1枚（実際にはカラーで呈示された）。中央部に見える自動車が，現場を通過した緑色の自動車（クリティカル項目）。

　映像を見た後で，参加者は映像に関する12項目の質問に答えた。その中の1項目で，半数の参加者は「事故現場を通過した青い車は，屋根にスキーラックがありましたか」と尋ねられ，残りの半数は「青い」という語を除いた点以外は全く同一の質問に答えた。その後，20分間のフィラー課題（無関連の話題に関する文章を読み，その文章に関する質問に答える）を挟んで，色の再認課題が行われた。

　実験参加者には色相の各色を環状に塗った円環が示された。この円環は紫から赤までの色を30段階に等間隔に分割したもので，各色には1から

30 までの番号が振られていた。参加者は，事故に関する10の項目について，想起した色にもっとも当てはまるものを選び，円環に書かれている番号を報告することが求められた。色と番号の対応は1〜5が紫, 6〜10が青, 11〜15が緑, 16〜20が黄, 21〜25がオレンジ, 26〜30が赤で，波長で表すと425 nm〜675 nm である。問題となる，通過した緑の車の色は13番（波長では520 nm）にもっとも近い。

統制群の参加者は，7日後に再び集められた。その半数（統制-統制群）には直後のときとまったく同じ12項目の質問紙への回答が求められたのに対し，残りの半数（統制-誤導群）にはクリティカル項目に関する質問を「事故現場を通過した青い車は，屋根にスキーラックがありましたか」と入れ替えた質問紙が与えられた。つまり，統制-誤導群にはこの時点で誤導情報が与えられたことになる。そのうえで，フィラー課題に続いて色の再認課題が行われた。これは，誤導情報による色の変化を実験参加者内で検討するためのものである。

直後再認を見ると，統制群では1/3近い参加者が正しく13番の色を選択したのに対し，「青い」車について質問された誤導情報群で同じ13番を選択した者は1割に満たず，回答は青の方（13番よりも小さい番号）に変化した。赤など，まったく無関係の色を選んだ参加者を除いたときの統制群の平均12.55に対し，青教示の誤導情報群の平均は10.19と有意な差が見られた。

統制群を二分して行われた7日後の再認でも，誤導情報の効果が見られた。統制-統制群と比べ，統制-誤導群では直後再認のときよりも青側に回答が変化した。回答の平均は統制-統制群では12.86だったのに対し，統制-誤導群では11.04で，誤導情報群ほどではないものの青側に変化した。参加者ごとにみても，統制-誤導群では多くの者の回答が青側へと変化した。

本演習でも，このロフタス（1977）の実験1と同様の手続きで色の再認を行う。第1に，刺激呈示直後に与えられる誤導情報により色記憶の変容が起こるか，誤導情報を与えられない統制群との比較により検討する。第2

に，この統制群を用いて個人内での記憶変容を検討する。スライド呈示から7日後に再び統制群の参加者を集め，半数には誤導情報を含む質問を与え（統制 – 誤導群とする），残りの半数には誤導情報を含まない質問を与える（統制 – 統制群とする）。引き続いて行われる色再認の結果が7日前のスライド呈示時と比べ，誤導情報側に変化するかを検討する。

2 方法

2.1 実験参加者

ロフタス（1977）では色覚の正常な100名が実験に参加した。本演習でも60～80名程度の実験参加者を集めることとする。集団実験なので，実験室の規模に応じて適当な人数ごとに実験を行えばよい。事前に，実験参加者の色覚および視力（もしくは矯正視力）が正常かを確認する。

2.2 要因計画

実験は，誤導情報の呈示の有無を独立変数とした，被験者間要因1要因，2水準の要因計画である。映像の呈示直後に行われる質問の中で，色に関する誤った事後情報（誤導情報）を与えられる誤導情報群と，こうした誤導情報のない質問をされる統制群との間で，質問に引き続き行われる色再認の結果を比較する。

この直後テストの統制群をさらに2群に分け，個人内での色記憶の変容についても検討する。統制群を半数ずつ統制 – 誤導群と統制 – 統制群に分け，7日後の段階で，前者に対しては誤導情報を含んだ質問を，後者には含まない質問を行ったうえで色再認を課す。ここでの独立変数は7日後時点での誤導情報の有無であり，従属変数は直後の再認と7日後時点のそれとの間の変化量である。

被験者は全体としては3群（誤導情報群/統制 – 誤導群/統制 – 統制群）に分割されることとなるが，今回は直後再認の結果の検討を主たる目的とする。このため，実験参加者の数については直後再認時における誤導情報群と統制群で半々に分けることとする。そのうえで，統制群を折半し，統制 – 誤

導群と統制 – 統制群に振り分ける。

2.3 材料
1）スライド

　記銘材料となるスライドを用意する。ロフタス（1977）にならい，30枚程度用意する。記銘材料は必ずしもロフタスと同じような交通事故でなくてもよく，例えばキャンパス内での喧嘩や事故の様子を演じ，これをカメラで撮影すればよいだろう。あるいは，自動車教習所で用いられる映像や，映画のワンシーンを刺激として利用する方法もある。その場合は実験参加者にその映画を見たことがあるかを確認する必要がある。

　スライドの作成にあたっては，誤導情報により色を操作する対象（クリティカル項目）の選択に留意する。事前に予備実験として映像呈示後に自由再生を課し，その結果に基づいてクリティカル項目を含めた質問項目を選ぶと良いだろう。

　画像を Microsoft PowerPoint（Microsoft 社）などのプレゼンテーションソフトウェアに1枚ずつ貼り付けたうえで，プレゼンテーションの設定で3秒ごとに次のスライドに映るように設定する。

　スライドに替えて，刺激に動画を用いても良い。ただし，発展課題にあるような，画像の再認や刺激の加工を伴う実験を行う場合は，スライドのほうが作りやすいだろう。

2）質問紙

　スライドの内容に関する12〜20項目程度の質問紙を2種類用意する。誤導質問紙ではそのうちの1問をクリティカル項目に関するものとし，実際とは異なる色を含めた質問（例えば緑のシャツの人物を呈示したうえで「喧嘩が始まったときに脇で見ていた青いシャツの人物は，手にかばんをもっていましたか」など）とする。その際，誤導情報によって与える色は，呈示された色と隣接するものを選ぶ。もう1つの統制質問紙は，この質問の「青い」という部分を削除することを除けば，誤導質問紙と同じものとする。

　クリティカル項目以外の質問項目は，登場人物の外見的特徴（服装や髪

型，所持品）や行動・人数，現場にあった事物（どのようなものがあったか，位置，数量など），出来事など，特定のスライドに偏ることなく尋ねるものとする。その際，原則として色に触れないよう注意し，色に言及する質問をする場合はその後の色再認の対象からは除外する。予備実験を行った場合は，複数の者が再生した中から質問項目を選ぶとよいだろう。

　質問紙とあわせ，回答を記入するための回答用紙も用意する。

3）色の再認課題用の円環

　色の再認課題に用いる色円環を1回あたりの実験参加者の数だけ用意する。紫から赤まで，色の波長がおおよそ等間隔になるよう30段階に分割し，円盤を12°ずつ塗り分けたうえで，それぞれに1から30までの番号を振っておく。30色のうちの1色は，クリティカル項目の色とする。色相により円環を構成してもよいだろう。この場合，グラフィック・ソフトウェアの色抽出ツールを用いて，クリティカル項目の色を抽出する。残りの色は，これと同じ明度・彩度で色相のみ異なる色を選べばよい。

　なお，画面で見る色と印刷して得られる色が大きく異なっては困るので，実験を行う前に，印刷された円環の色と実際にスクリーンに投影したスライドにおけるクリティカル項目の色と比較しておこう。大きく色が異なる場合は，両者ができるだけ近づくようプロジェクターの発色を調整する。

4）そのほか

　これらのほか，フィラー課題を用意しておく。ロフタスによるオリジナルの実験と同様，呈示映像とは無関連の話題に関する文章を読み，その文章に関する質問に答えるものでもよいが，**第6章**で紹介されているリーディングスパン・テストを行っても良いだろう。

2.4　一般的手続き

　最初に呈示スライドに関する教示を与えたうえで，プロジェクターを用いてスライドを呈示する。スライドは自動で3秒ごとに次のスライドへと移るよう設定しておく。スライドの呈示が終了したら，参加者の半数（誤導情報群）には誤導質問紙を，残りの半数（統制群）には統制質問紙を与え，

回答を指示する。

　質問紙の回答が終了したら，20分程度のフィラー課題を挟んで，色の再認課題を実施する。各実験参加者に再認用の色円環を渡し，クリティカル項目を含む10項目について，もっとも近い色を円環上より選ばせ，その番号を報告させる。

　7日後に統制群の実験参加者のみを再度集めて，2度めの質問紙への回答を求める。この，再び集まった統制群の参加者を半数ずつの小群に分け，一方（統制－統制群）には呈示直後と同じ統制質問紙を，もう一方（統制－誤導群）には誤導質問紙を与える。質問への回答終了後，統制－統制群，統制－誤導群それぞれに対し，フィラー課題を挟んだうえで2度めの色再認課題を実施する。

　誤導情報群，統制群（統制－統制群，統制－誤導群）ともに，実験がすべて終了した後（誤導情報群は映像呈示当日，統制群では7日後のテスト終了後），内観報告を求める。特に，クリティカル項目への操作に誤導情報群や統制－誤導群の実験参加者が気づいていたか確認しておこう。

2.5　教示

1）映像呈示時

　「これから，何枚かのスライドにより，ある映像を見ていただきます。見ている間，まわりの人と話し合ったり，質問以外で声を発したりしてはいけません」既存の映像を呈示する場合は以下を付け加える。「この映像を以前見たことがある方は，実験終了後に申し出てください」

2）質問紙によるテスト

　質問紙を各参加者に配布したうえで「これから，ご覧になった映像に関して，いくつかお尋ねします。すべての質問について，あなたが正しいと思う答えを回答用紙に記入してください。回答の際，まわりの人と話し合ったりしてはいけません」

3）色再認課題

　色再認課題用の円環を各参加者に配布したうえで「これから，映像でご

覧になったいくつかの物について，それがどんな色であったかを伺います。お渡しした円盤には，円環状にさまざまな色が塗られていますが，その中からもっとも近い色を選び，その色の番号を回答用紙に記入してください」

3 結果の整理と考察のポイント
3.1 結果の整理
1) 直後の色再認

映像呈示後の色再認課題について，誤導情報群と統制群の結果を比較する。クリティカル項目について実験参加者がどの色を選んだか，色番号ごとの選択頻度の分布をヒストグラム（度数多角形）により表す。映像呈示直後に与えられた誤導質問紙により色の記憶が変容するならば，誤導情報群の選択頻度のピークは誤導情報によって与えられた色のほうに移動するはずである。まったく異なる色を報告した実験参加者の結果を除いたうえで，誤導情報群と統制群（統制 - 誤導群と統制 - 統制群をあわせたもの）それぞれで選択された色番号の平均を求め，両者の差を，マン・ホイットニーの U 検定により検討する。

2) 7日後の色再認

次に，統制 - 誤導群および統制 - 統制群の結果をもとに，個人内での記憶変容を検討する。映像呈示後の再認における色番号と7日後の色番号との差（変化量）を参加者ごとに求める。これを統制 - 統制群，統制 - 誤導群それぞれで平均したうえで U 検定により比較する。群ごとに変化量のヒストグラムを作成し，分布も比較しよう。

3.2 考察のポイント
1) 直後の色再認において記憶の変容は起こったか

直後の色再認において，クリティカル項目の色に関する被験者の回答は変化しただろうか。誤導情報群の再認した色番号の平均が，統制群のそれと比べて，誤導情報により誘導される側に変化したか。統計的検定だけでなく，番号ごとの選択頻度によるヒストグラムをもとに，分布からも両者

を比較・検討する。

2）個人内での記憶の変容

　参加者ごとに見たときに，7日後の誤導情報による記憶の変容が起こったかを，映像呈示直後の色再認との変化量により検討する。統制−誤導群において正もしくは負の番号への変化があったか，変化があった場合，その方向が誤導情報側へ誘導されたときに起こるものかを，まず最初に検討する。そのうえで，統制−統制群の変化量と比較すれば，統制−誤導群の変化をより明確に示すことが出来るだろう。直後再認と同様，統計的検定だけでなく，分布も考慮して考察しよう。

4　発展的課題

1）反応の変化は記憶の変容か，反応バイアスか

　こうした事後情報の影響について，ロフタスは事後情報により，オリジナルの記憶が置き換えられたとする，置き換え仮説を唱えた。これに対し，マクロスキーとザラゴザ（McCloskey & Zaragoza, 1985）は，テスト方法によるバイアスの問題を指摘した。誤導情報群では，元の刺激を思い出せないが事後情報は覚えている場合，回答は誤導情報の影響を受けることになる。その結果，統制群よりも成績が悪化する，という主張である。

　これを検証するため，色再認の方法を改めてみよう。色再認の際，クリティカル項目を含むスライドに関する新旧判断を行う。誤導情報で与えた色以外の色でクリティカル項目を着色したスライドを，オリジナルのスライドとともに呈示し，どちらが呈示時に見たものかを判断させる。誤導情報により置き換えが起こっている場合，記憶の中のクリティカル項目の色は誤導情報により上書きされているため，呈示されたスライドはどちらも前に見た（と思っている）ものと異なることになる。そのため，統制群と比べて正しいスライドを選ぶことが困難になると予測される。一方，単にバイアスによるものであれば誤導情報は記憶に影響をおよぼさず，誤導情報群の被験者も統制群と同様に正しいスライドを選択できると予想される。

　こうした修正テストにも問題点が指摘されており（Tversky & Tuchin,

1989)，修正テストを踏まえた手続きでも誤導情報の効果を示す結果も報告されている (Belli, 1989)。また，記憶している情報の起源を同定に関わるソース・モニタリングとの関連も論じられており (Lindsay & Johnson, 1989)，そうした視点からの検討もできるだろう。こうした誤導情報効果をめぐる研究については，厳島 (1996) が詳細なレビューをまとめている。

2）ストレスと記憶

　現実に犯罪や事故に遭遇した場合，加害者の使用する凶器や被害者の負傷などを目にすることになるため，目撃者は強い情動的ストレスに晒されることとなる。クリフォードとスコット (Clifford & Scott, 1978) は，こうしたストレスが記憶に抑制的な影響をおよぼすと論じている。こうした記憶の抑制が起こる理由として，ロフタス (1979) はヤーキーズ＝ドッドソンの法則を挙げている。ある程度までのストレスは記憶を向上させるが，一定以上のストレスが掛かると効果は逆転し，記憶を抑制することになる。一方，ストレスにより特定の部分に注意が集中するため，その中心部分の記憶は促進されるとする報告もある (Christianson & Loftus, 1987, 1991；Heuer & Reisberg, 1990)。凶器をもつ犯人を目撃したとき，凶器に注意が集中してしまい，犯人の顔など周辺部の記憶が不正確になる凶器注目効果 (Loftus, 1979) もその1つといえるだろう。

　こうしたストレスの効果に関する対立について，越智は刺激呈示からテストまでの遅延時間を挙げている（越智，1996；越智・相良，2002）。越智は，呈示直後はストレスが記憶を抑制するが，遅延時間後には促進的に機能すると論じている（越智・相良，2002；2004）。越智らはストレスを喚起する写真（出血場面）を用意し，出血を画像処理により取り除いた写真を用いた場合と比較した。同様の手続きにより，ストレスを喚起した場合の中心部・周辺部の記憶を統制群のそれと比較してみよう。実験を行う際は，情動を喚起するスライドが実験参加者に過度な負担とならぬよう，十分配慮して刺激を作成すること。

3）実験者の要求特性の影響

　目撃証言では，さまざまな要因が結果に影響をおよぼしうるが，その1つに要求特性がある（箱田・大沼，2005）。実験者がどういった結果を得ようとしているかを推し量り，それに沿うべく反応が変容することがある。被疑者への取り調べや法廷における尋問でも，質問者の表情や目撃者の回答に対する反応，反応に応じた追加質問などは，質問者の要求特性を反映している。こうした要求特性により，実験参加者の報告がどのように変化するかを検討してみよう。

【引用文献】・・・・・

Belli, R. F. (1989). Influences of misleading postevent information：Misinformation interference and acceptance. *Journal of Experimental Psychology：General*, **118**, 72-85.
Clifford, B., & Scott, J. (1978). Individual and situational factors in eyewitness testimony. *Journal of Applied Psychology*, **63**, 352-359.
Christianson, S. Å., & Loftus, E. F. (1987). Memory for traumatic events. *Applied Cognitive Psychology*, **1**, 225-239.
Christianson, S. Å., & Loftus, E. F. (1991). Remembering emotional events：The fate of detailed information. *Cognition and Emotion*, **5**, 81-108.
箱田裕司・大沼夏子（2005）．目撃証言研究への実験的アプローチ：ストレス下の認知と証言　仲真紀子（編）認知心理学の新しいかたち　第2章　誠信書房
Heuer, F., & Reisberg, D. (1990). Vivid memories of emotional events：The accuracy of remembered minutiae. *Memory & Cognition*, **18**, 495-506.
厳島行雄（1996）．誤情報効果研究の展望：Loftus paradigm 以降の発展　認知科学，**3**, 5-18.
Lindsay, D. S., & Johnson, M. K. (1989). The eyewitness suggestibility effect and memory for sources. *Memory & Cognition*, **17**, 349-358.
Loftus. E. F. (1975). Leading questions and the eyewitness report. *Cognitive Psychology*, **7**, 560-572.
Loftus, E. F. (1977). Shifting human color memory. *Memory & Cognition*, **5**, 696-699.
Loftus, E. F. (1979). *Eyewitness testimony*. Harvard University Press.
　　（ロフタス，E. F. 西本武彦（訳）（1987）．目撃者の証言　誠信書房）
Loftus, E. F., & Palmer, J. C. (1974). Reconstruction of automobile destruction：An example of the interaction between language and memory. *Journal of Verbal Learning and Verbal Behavior*, **13**, 585-589.
McCloskey, M., & Zaragoza, M. (1985). Misleading postevent information and memory for events：Arguments and evidence against memory impairment hypothesis. *Journal of Experimental Psychology：General*, **114**, 1-16.
越智啓太（1996）．ストレス下における目撃者の記憶　現代のエスプリ，**350**, 91-97.
越智啓太・相良陽一郎（2002）．目撃者の記憶における情動的ストレス：遅延交互作用の検討　犯罪心理学研究，**40**, 13-20.
越智啓太・相良陽一郎（2004）．情動喚起下の目撃者の記憶における詳細情報の忘却抑制．犯罪心理学研究，**42**, 31-37.
Tversky, B., & Tuchin, M. (1989). A reconciliation of the evidence on eyewitness testimony：Comments on McCloskey & Zaragoza. *Journal of Experimental Psychology：General*, **118**, 86-91.

> **読書案内**
>
> ■厳島行雄・仲真紀子・原聰（2003）．**目撃証言の心理学**　北大路書房
> 　　目撃証言に関して，関連する心理学的要因について網羅的にまとめているだけでなく，現実の捜査や裁判がどのような状況か，欧米の動向とともに知ることができる．現実の場面に心理学者がどのように関わっていくかを考える参考となる．
> ■エリザベス F. ロフタス（西本武彦訳）（1987）．**目撃者の証言**　誠信書房
> 　　目撃証言に関する研究領域を切り拓いた，ロフタスによる目撃証言の研究書である．
> ■菅原郁夫・佐藤達哉（編）（1996）．**目撃者の証言：法律学と心理学の架け橋**　現代のエスプリ，350，至文堂
> 　　目撃証言に関して，心理学的なアプローチだけでなく，法律学からはどのように捉えられているのかを知ることができる．
> ■仲真紀子（編）（2005）．**認知心理学の新しいかたち**　心理学の新しいかたち　第5巻　誠信書房
> 　　第2章で目撃証言に関わる要因についての実験心理学的な研究が紹介されている．第1章の法廷における子どもへの尋問も，法廷でどのようなやりとりがなされ，それが証言にどのような影響を与えているかを知るのに役立つだろう．

第19章 メタ記憶

知っているよ。いまは思い出せないけれど…

重要用語

▶メタ記憶　▶メタ認知　▶既知感

---

1 はじめに

　家族と一緒にテレビのクイズ番組を見ている。結構難しい問題が出て，自分は答えが分からない。しかし，正解が発表された後になって父親は「うんうん，ほらな！」と言ってくる。ちょっとむかついたので，次の問題のときに「正解が出る前に答えを言ってみてよ」と言うと，父親は「うーん，今度の答えは…ほら，あれだよあれ！　分かっているんだけれどな」と言い訳をする。正解が発表されるとまた「ほら，やっぱりこれだったよ」などと言う。

　この例での父親はクイズが出されたときには正解を答えられないが，「自分が答えを知っていること」は知っていて，答えが発表されると正しいことを再確認できている。思い出そうと努力する際に，私たちはそれを覚えていて，きっと思い出せると認識しているからこそ，時間と労力をかけて思い出そうとしている。もしも「自分は何を記憶しているか」まったく分からなかったとしよう。すると覚えてもいないことを思い出そうとして無駄な努力をすることになってしまう。

　自分自身の記憶能力や記憶方略（リハーサル，体制化など）についての認知をメタ記憶（metamemory）という。フラヴェル（Flavell, 1971）は子どもの記憶発達に関連して，メタ記憶の概念を提起した。ハート（Hart, 1965）は，問題に答えられない場合でも，自分が答えを知っているか知らないかについての感じをもつことを既知感（Feeling-Of-Knowing：FOK）とよんだ。彼はRecall-Judgement-Recognition（RJR）法を考案して，実験参加者の既

知感を測定した。この方法では①実験参加者に一般常識問題の回答を求める（再生テスト），②答えられなかった質問について，まったく知らないのか，思い出せないけれども知っていると感じるかを聞く（既知感評定），③すべての質問について多肢選択の回答を求める（再認テスト）。この結果，既知感はその後の再認テストのパフォーマンスを比較的正確に予測することを示した。またブラウンとマクネイル（Brown & McNeil, 1966）は「喉まで出かかっているのに出てこない（Tip Of the Tongue：TOT）現象」を引き起こす実験手続きを提案している（Brown, 1991；理論的枠組については Nelson & Narens, 1990 を参照）。

　自分の長期記憶中に求める情報が存在するか否かを正確に判断できれば，メタ記憶は「正確さ」をもつといえるだろう。また実際に記憶されている情報の検索には多くの時間と努力を割くことになるので，記憶されていない場合，時間をかけないようにコントロールできれば，メタ記憶は「有効」だといえる。ラックマンほか（Lachman et al., 1979）は年齢とメタ記憶の正確さおよび有効性との関係を検討した。その結果，年齢による差異はなく，すべての実験参加者のメタ記憶は比較的正確・有効であった。

　この演習ではラックマンほか（1979）の部分的追試を行う。メタ記憶が正確であるかを，既知感が強い問題ほど多肢選択テストでの正答率が高いことから検証する。またメタ記憶が有効であるかを，知っているかいないかについての反応に時間が掛かる問題ほど既知感が強いことから検証する。

2　方法

2.1　実験参加者

　予備実験には大学生30名程度，本実験には大学生40名程度とする。メタ記憶の実験方法についての知識がないことを確認しておく。

2.2　要因計画

　本実験では実験参加者が評定する既知感を独立変数（被験者内要因）とする1要因4水準（実験参加者による既知感評定値）の要因計画であるが，実

際のところは既知感と，従属変数である①再生反応時間，②再認テストの正答率との相関を調べている。

2.3 材料
1）既知感測定用問題

予備調査および予備実験を行って作成した常識問題100問程度を使用する。まず各問題の文字数を25±5文字として，実際に使う量の数倍分用意する。比較的少人数の予備的な実験参加者を対象に正答率を調べる。曖昧な問題を取り除き，正答率25〜75％の問題を選択する。

次に，Microsoft PowerPoint（Microsoft社）などを用いて1スライドにつき1問で，選択された問題をスライドにする。スライドの呈示方法は本章2.5節に述べる手続きに準じる。それぞれの問題ごとに正答率を計算し，正答率25〜75％のものを選択する。この中から100問程度を本実験に使用する。**付録19.A**には以上のような方法で作成した問題の例を示している。

予備実験の教示

「ただいまから実験を行います。これは記憶に関する実験です。これから前のスクリーンに問題が次々と呈示されます。その問題を読んで，答えを手元の解答用紙に記入してください。問題の呈示時間は7秒で，次の問題が呈示されるまでの間隔も7秒です。その間の14秒の間に答えの記入を行ってください。時間が限られているうえに，問題が次々呈示されますので，答えの記入は出来るだけ速く行ってください。答えは，漢字で書かなくても結構です。答えを書き間違えた場合は，2本線を引くなどして空いているところにすばやく書きなおしてください。答えの記入は問題が呈示されてから，次の問題が呈示されるまでの間に書いてください。もし答えを記入している途中で，スライドが次の問題に進んでしまったら，そのままその問題は終わりにして，次に進んでください。それから，解答用紙には番号がついていますが，スクリーンに呈示される問題には番号がついていません。問題を呈示する前にこちらで番号を読み上げますのでその番号と照合して，答えを記入する欄を間違えないようにしてください。この

実験は記憶に関するものですが，何問分かるかを問題にするものではありません。ですからあまり難しく考えず，クイズを解くような感覚で気楽に実験に臨んでください。何か質問はありますか？　実験中は問題の内容や読み方などに関する質問も一切受け付けませんので注意してください」

2）回答・既知感評定用紙

この回答・評定用紙には，各問題ごとに記述式の回答欄と既知感の評定欄を設ける。既知感評定は4件法で，①絶対知らない，②多分知らない，③言われれば分かる，④ヒントと時間があれば分かる，とする。

3）多肢選択・確信度評定用紙

この評定用紙には問題と正答を含む4つの選択肢，および確信度を評定する欄を設ける。4つの選択肢から答えを選択させ，同時に確信度評定をする。確信度評定は4件法で，①当て推量，②経験から割り出した推量，③たぶん正しい，④明らかに正しい，とする。本章付録を参照すること。

2.4 装置

予備実験や後述する第2段階での問題呈示にはコンピューター，ディスプレイまたはプロジェクターを用意することで，Microsoft PowerPoint などを用いて問題をスライドショーで呈示することが可能である。また後述する第1段階における実験参加者の Yes/No 反応の反応時間の測定には，実験用プログラムを公開しているので，これを利用する（序章の**4節**を参照）。

2.5 一般的手続き

1）第1段階（常識問題に対する反応時間の測定）

実験用プログラムを用いた場合には，実験参加者の前の机にディスプレイとキーボード（「Yes」「No」のキーが分かるようにしておく）を置き，教示を行った後に実験プログラムをスタートさせる。問題が順に7秒間呈示されるので，実験参加者はその間に答えが分かったなら「Yes」，分からないなら「No」キーを押す。ディスプレイ上の問題はキーを押すと同時に消える。もしも7秒の呈示時間内に実験参加者が答えることができなかった場

合には，ディスプレイ上の問題が消え，「No」と記録される。問題が消えてから4秒後に次の問題が呈示される。

2）第2段階（常識問題への回答と既知感評定）

3分程度の休息時間を設ける。教示の後に，「回答・既知感評定用紙」を配布する。第1段階と同じ順序で問題をスライドで再び呈示する。問題の呈示時間は7秒，呈示間隔は7秒とする。実験参加者は第1段階で「Yes」と答えた問題には回答を書き，「No」と答えた問題については既知感評定を行う。

3）第3段階（多肢選択テストと確信度評定）

また3分程度の休息を設け，教示をし，「多肢選択・確信度評定用紙」を配布する。すべての問題について制限時間を設けずに，実験参加者は4肢選択による再認課題と4段階の確信度評定を行う。

2.6 教示

1）第1段階の教示

「ただいまから実験を始めます。この実験は記憶に関する実験です。これから前のスクリーンに一般常識に関する問題文が呈示されます。その問題を読んで，答えがわかったら，手元の『Yes』キーを押してください。答えがわからなかったら『No』キーを押してください。答えがわかった，もしくはわからないと思った時点ですぐにそれぞれのキーを押すようにしてください。『Yes』と答えた問題は後ほど答えを書いていただきますので，正直に『Yes』『No』を答えるようにしてください。問題の呈示時間は最長7秒間です。『Yes』または『No』のキーを押すと同時にスライドによる呈示は終わりますので注意してください。問題が消える前にキーを押してください。もしキーを押す前に問題が消えてしまったときは『No』と見なし，次の問題に移りますので，あまり気にせず，次の問題に集中してください。また，くれぐれもキーの押し間違えには注意してください。問題数は全部で○○問あります。実験中は問題の内容や読み方に関する質問には一切お答えできませんので，声を出したりしないようにしてください。この実験

は記憶に関するものですが，何問分かるかを問題にするものではありません。ですから正直にキーを押すようにしてください。何か質問はありますか？」

2）第2段階の教示

「先程呈示した問題をスライドで再び呈示します。今度は先程『Yes』と答えた問題にはその答えを，いま配布した用紙の左側の解答を書く欄に記入してください。先程『No』と答えた問題に対しては，その答えがどの程度のレベルでわからないのか，解答用紙の右側に示した4つの段階で評価をあたえてください。その4段階とは，①絶対知らない，②多分知らない，③言われれば分かる，④ヒントと時間があれば分かる，です。それぞれの場所に○印をつけてください。したがって，それぞれの問題に対して，答えか評価のどちらか一方をあたえればよいわけです。問題の呈示時間は7秒で，次の問題が呈示されるまでの間隔は7秒です。その14秒間に答えの記入，もしくは評価の記入を行ってください。答えの記入は出来るだけ速く行ってください。答えは漢字で書かなくても結構です。答えを書き間違えたときは，2本線を引くなどして空いているところにすばやく書き直してください。もし答えを記入している途中で，次の問題に進んでしまったら，そのままその問題は終わりにして，次に進んでください。また，先程『Yes』『No』どちらを答えたか分からなくなってしまった場合があるかと思います。そのときは，いまの判断でかまいませんので，答えが分かったら答えを，分からなければ評価をあたえてください。第1段階で『No』と答えたのに第2段階で答えを思い出した場合も，答えを書いてください。何か質問はありますか？」

3）第3段階の教示

「いまお配りした用紙には，先程スライドで呈示したものと同じ問題が印刷されています。それぞれ答えが4つ用意されていますので，その中から正しいものを1つ選んでその番号を○で囲んでください。今度はすべての問題に解答していただきますので，答えがわからない場合でも，正しいと思うものを1つ選んでください。さらにその横に，選んだ答えにおける，

あなたの確信の高さを記入する欄があります。選んだ答えを①当て推量，②経験から割り出した推量，③多分正しい，④明らかに正しい，の4段階で評価して例のように記入してください。例は，①番の『冷戦』を答えに選び，この答えが明らかに正しいと評価した場合を表しています。ここで②「経験から割り出した推量」とは，答えを知っていないけれど，関連知識を使ったり考えたりして正答が推量出来る場合がこれに当てはまります。今度は時間制限がありませんので，自分のペースで進めてください。何か質問はありますか？」

3 結果の整理と考察のポイント
3.1 結果の整理
1）反応時間
　第1段階で「No」と反応した問題に関して，既知感評定の4つの水準ごとに平均反応時間と標準偏差を求める。さらに既知感評定を要因とした1要因分散分析を行い，さらに多重比較を行う。
2）正答数
　既知感評定の4つの水準ごとに第3段階での多肢選択テストでの正答数を求める。問題数を考慮に入れた χ^2 検定を行う。
3）確信度評定
　第2段階での既知感評定と，その問題の第3段階での確信度評定との相関を求める。

3.2 考察のポイント
1）メタ記憶の正確性
　第2段階の既知感評定が高い問題ほど第3段階での正答率は高くなるか確認することで，実験参加者のメタ記憶の正確性を検討する。
2）メタ記憶の有効性
　第2段階の既知感評定が高い問題は第1段階での「No」キーへの反応時間は長くなるか確認して，メタ記憶が有効であったのかを検討する。

3）確信度評定の正確性

第3段階での確信度評定が高いほど多肢選択テストでの回答の正答率が高いのかを確認する。

4 発展的課題

メタ記憶の正確さについてどのような指標を用いるべきか議論が行われきた（Schraw, 1995；Nelson, 1996；Wright, 1996）。ネルソン（Nelson, 1984）は正確さの指標としてγ係数の使用を勧めている。本演習のように既知感を4段階の順序尺度で測定し，再認の成功/失敗を記録した場合にはγ係数はグッドマン・クラスカルの順序連関係数である。既知感をある/ないの2値で測定した場合には，γ係数はユールの連関係数と等しい。

また確信度評定の正確さの指標としてキャリブレーションと言う指標が提案されている（Murphy, 1973）。キャリブレーションを指標として用いる際には，確信度評定の質問項目には「たぶん正しい」のような言葉ではなく，数値による確率（20%，40%など）を使用する。実験後に，各確信度評定値クラスの実際の再生率を計算する。キャリブレーションは，この再生率と確信度との差の2乗の平均である。例えば，ある実験参加者が確信度評定20%と評定した質問項目が10問あり，そのうちの3問を正しく再生できたとしよう（再生率30%）。すると，確信度評定20%クラスでの再生率と確信度の差の2乗は$(0.2-0.3)^2$である。同様な計算をすべての確信度評定値クラスに対して行い，平均値を計算する。つまりキャリブレーションは，想定した再生確率である確信度と実際の再生確率のずれを表している。

本演習での質問項目は予備調査・実験において正答率25～75%のものを使用した。しかし被験者にさまざまな強度の既知感を経験させるためには，正答率だけではなく既知感も考慮に入れるべきである（川口・清水，1992；Nelson & Narens, 1980）。予備実験において既知感も測定し，正答率と既知感をバランスさせた問題セットを作成するのもよいだろう。

【引用文献】

Brown, A. S.(1991). A review of the tip-of-the-tongue experience. *Psychological Bulletin*, **109**, 204-223.
Brown, R. & McNeil, D.(1966). The "tip of the tongue" phenomenon. *Journal of Verbal Learning and Verbal Behavior*, **5**, 325-337.
Flavell, J. H.(1971). First discussant's comments：What is memory development the development of? *Human Development*, **14**, 272-278.
Hart, J. T.(1965). Memory and the feeling-of-knowing experience. *Journal of Educational Psychology*, **56**, 208-216.
川口潤・清水寛之（1992）．一般的知識に関する質問群を用いた既知感の測定　心理学研究, **63**, 209-213.
Lachman, J. L., Lachman, R., & Thronesbery, C.(1979). Metamemory through the adult life span. *Developmental Psychology*, **15**, 543-551.
Murphy, A. H.(1973). A new vector partition of the probability score. *Journal of Applied Meteorology*, **12**, 595-600.
Nelson, T. O.(1984). A comparison of current measures of the accuracy of feeling-of-knowing predictions. *Psychological Bulletin*, **95**, 109-133.
Nelson, T. O.(1996). Gamma is a measure of the accuracy of predicting performance on one item relative to another item, not of the absolute performance on an individual item comments on schraw. *Applied Cognitive Psychology*, **10**, 257-260.
Nelson, T. O., & Narens, L.(1980). Norms of 300 general-information questions：Accuracy of recall, latency of recall, and feeling-of-knowing ratings. *Journal of Verbal Learnig and Verbal Behavior*, **19**, 338-368.
Nelson, T. O., & Narens, L.(1990). Metamemory：a theoretical framework and new findings. In G. Bower（Ed.）, *The psychology of learning and motivation, advances in research and theory*, **26**, 125-173.
Schraw, G.(1995). Measures of feeling-of-knowing accuracy：A new look at an old problem. *Applied Cognitive Psychology*, **9**, 321-332.
Wright, D. B.(1996). Measuring Feeling of Knowing：Comment on Schraw（1995）. *Applied Cognitive Psychology*, **10**, 261-268.

読書案内

■三宮真智子編著（2008）．**メタ認知：学習力を支える高次認知機能**　北大路書房
　認知活動それ自体についての認知であるメタ認知は，今回取り上げたメタ記憶を内包するものである。メタ認知の理論から応用までの研究成果を紹介している。
■清水寛之編著（2009）．**メタ記憶：記憶のモニタリングとコントロール**　北大路書房
　メタ記憶研究の歴史・測定方法・モデルから応用的な側面まで多面的に紹介している。

付　録

付録 19.A （注）この付録は第 3 段階（本文 **2.5** 節参照）で用いられる「多肢選択・確信度評定用紙」である。例に示した確信の強さを記す欄は，実際の回答用紙では各問題文の横に配置される。

　この回答用紙には，先程スライドで呈示したものと同じ問題が印刷されています。それぞれに答えが 4 つ用意されていますので，その中から正しいものを 1 つ選んでください。さらにその横に選んだ答えについて，あなたの確信の強さを記す欄があります。選んだ答えを①当て推量，②経験からわりだした推量，③多分正しい，④明らかに正しい，の 4 段階で評価して，例のように記入してください。今度は時間制限がありませんので，自分のペースで進めてください。

　（例）　第 2 次世界大戦後のアメリカとソヴィエトの対立をなんと呼ぶか
　　①．冷戦
　　２．代理戦争
　　３．ベトナム戦争
　　４．静戦

当て推量　経験からわり　多分正しい　明らかに
　　　　　出した推量　　　　　　　　正しい
　　①　　　　②　　　　③　　　　④

1．肥満が主な特徴の生活習慣病を何というか？
　　１．糖尿病
　　２．高血圧
　　３．メタボリックシンドローム
　　４．COPD
2．大恐慌への対策としてルーズベルト大統領がとった政策は何か
　　１．フーヴァー・モラトリアム
　　２．ニューディール政策
　　３．保護貿易
　　４．ブロック経済
3．世界で一番高い山で，中国名ではチョモランマと呼ばれる山は何か
　　１．マッキンレー
　　２．K2
　　３．ヒマラヤ
　　４．エベレスト山
4．食べ過ぎ，拒食など食事を適切にとれなくなることを何というか
　　１．摂食障害
　　２．肥満
　　３．依存症
　　４．大食い
5．核兵器を「持たず」「作らず」「持ち込ませず」という政策は何か
　　１．非核三原則
　　２．核廃絶
　　３．IAEA
　　４．核拡散防止条約
6．世界三大美女の 1 人とされる，エジプトの女王は誰か
　　１．楊貴妃
　　２．ネフェルティティ
　　３．イシス
　　４．クレオパトラ
7．日本国憲法の三大原則とは，国民主権，平和主義とあと一つは何か
　　１．主権在民
　　２．基本的人権の尊重
　　３．天皇制
　　４．三権分立
8．大学生が在学中に企業に就業体験をすることを何というか？
　　１．インターンシップ
　　２．インターネット
　　３．アルバイト
　　４．社会勉強
9．日本国で最も基本的でほかの法律のよりどころになる最高法規は何か
　　１．最高裁判所
　　２．国会
　　３．憲法
　　４．マニフェスト
10．「ひまわり」「星月夜」を描いたオランダの画家は誰か
　　１．ヴィンセント・ファン・ゴッホ
　　２．ヴァン・ダイク
　　３．ブリューゲル
　　４．ルノワール

11. コナン・ドイルの探偵小説シリーズの主人公の名前は
    1．名探偵コナン
    2．ポワロ
    3．デュパン
    4．シャーロック・ホームズ
12. 商工業を育成するために行った織田信長の政策を何というか
    1．天下布武
    2．享保の改革
    3．重商主義
    4．楽市楽座
13. 火山活動によって出来た窪地に水がたまって出来た湖を何というか
    1．ラグーン
    2．カルデラ湖
    3．バイユー
    4．三日月湖
14. 世界最長級の河川で，エジプト文明を育んだ大河の名前は何か
    1．インダス川
    2．ガンジス川
    3．ナイル川
    4．アマゾン川
15. 電話などで相手をだまし，金銭を振り込ませる詐欺は何か
    1．振り込め詐欺
    2．フィッシング詐欺
    3．マルチ商法
    4．ソーシャルエンジニアリング
16. 江戸幕府最後の将軍で大政奉還を行った人物は誰か
    1．徳川家康
    2．徳川慶喜
    3．坂本龍馬
    4．徳川家継
17. 1945年に日本に対して無条件降伏を促した共同宣言は何か
    1．対日共同宣言
    2．日ソ共同宣言
    3．ポツダム宣言
    4．連合国共同宣言
18. 二酸化炭素濃度の上昇により気温が高くなる現象を何というか
    1．フェーン現象
    2．地球温暖化
    3．オゾンホール
    4．エルニーニョ
19. 光通信に用いられるプラスチックなどでできたケーブルは何か
    1．ツイストペアケーブル
    2．WiFi
    3．同軸ケーブル
    4．光ファイバー
20. 「たけくらべ」「にごりえ」を書いた明治時代の女流作家は誰か
    1．与謝野晶子
    2．田辺聖子
    3．金子みすゞ
    4．樋口一葉
21. 新潟県および長野県を流れる，日本で最も長い川は何か
    1．利根川
    2．信濃川
    3．木曽川
    4．阿武隈川
22. 携帯電話で，コンピューターのような機能を持つ携帯端末を何というか
    1．iPhone
    2．PHS
    3．スマートフォン
    4．ガラパゴス携帯
23. 源頼朝が開いた武家政権（幕府）は何というか
    1．室町幕府
    2．鎌倉幕府
    3．江戸幕府
    4．源氏幕府
24. 世界最古の木造建築で，奈良に建立された寺院を何というか
    1．法隆寺
    2．正倉院
    3．唐招提寺
    4．東大寺
25. 都道府県に準じる行政権を認められた市を何というか
    1．特別区
    2．特別市
    3．無防備都市
    4．政令指定都市
26. 過剰融資などにより銀行が回収不能となった債権を何というか
    1．残務債権
    2．不能債権
    3．不良債権
    4．破産債権
27. 国家権力を立法，司法，行政の3つに分けることを何というか
    1．国民主権
    2．三分割法

3． 三権分立
　　4． 権力鼎立
28. 照明やTVのバックライトに使わる，明るく光る電子素子を何というか
　　1． LSI
　　2． 発光ダイオード
　　3． 真空管
　　4． IC
29. 「蜘蛛の糸」「羅生門」などを書いた大正から昭和初期の作家は誰か
　　1． 芥川龍之介
　　2． 夏目漱石
　　3． 有島武郎
　　4． 二葉亭四迷
30. 鎌倉時代に吉田兼好が書いたとされる随筆集を何というか
　　1． 方丈記
　　2． 宇治拾遺物語
　　3． 枕草子
　　4． 徒然草
31. 「ヰタ・セクスアリス」などを書いた明治大正時代の作家は誰か
　　1． 夏目漱石
　　2． 森鴎外
　　3． 武者小路実篤
　　4． 尾崎紅葉
32. 織田信長の死後，天下統一をし，後に朝鮮に出兵した武将は誰か
　　1． 豊臣秀吉
　　2． 豊臣秀頼
　　3． 徳川家康
　　4． 徳川秀忠
33. 交響曲「運命」「英雄」「田園」の作曲者は誰か
　　1． ワーグナー
　　2． ブラームス
　　3． ベートーヴェン
　　4． バッハ
34. 患者が感染症に病院の中でかかってしまうことを何というか
　　1． MRSA
　　2． 院内感染
　　3． 病院汚染
　　4． 感染爆発
35. 1998年に北朝鮮が日本近海に発射したミサイルの名前は何か
　　1． ICBM
　　2． リトルボーイ
　　3． テポドン
　　4． ファットマン
36. 「走れメロス」「人間失格」を書き，愛人と入水自殺をした作家は誰か
　　1． 三島由紀夫
　　2． 芥川龍之介
　　3． 川端康成
　　4． 太宰治
37. 一度入社すると定年まで雇用され続けることを何というか？
　　1． 終身雇用
　　2． 定年制
　　3． 安定雇用
　　4． 雇用助成
38. 太平洋側を流れる暖流，日本海流は一般になんと呼ばれるか
　　1． 親潮
　　2． 黒潮
　　3． 対馬海流
　　4． リマン海流
39. ハラッパー，モヘンジョダロなどで有名な古代文明は何か
　　1． メソポタミア文明
　　2． インカ文明
　　3． インダス文明
　　4． ガンジス文明
40. 非暴力主義をかかげ，インドの独立運動を指導した人は誰か
　　1． ガンジー
　　2． キング牧師
　　3． ナセル
　　4． ネルー
41. 平安時代の女流作家・歌人で枕草子の作者は誰か
　　1． 小野小町
　　2． 紫式部
　　3． 清少納言
　　4． 和泉式部
42. 世界三大宗教は仏教とキリスト教徒もう一つは何か
　　1． 儒教
　　2． ヒンドゥー教
　　3． ブードゥー教
　　4． イスラム教
43. 前221年に中国を統一した，中国史上初めての皇帝は誰か
　　1． 光武帝
　　2． 黄帝
　　3． 帝堯
　　4． 始皇帝
44. 1492年にアメリカを発見したジェノバ生まれの航海者は誰か

1． コロンブス
2． アメリゴ・ヴェスプッチ
3． バスコ・ダ・ガマ
4． マゼラン

45. 竹の中から見つけられた娘が月に帰る昔話を何というか
    1． 今昔物語
    2． 竹取物語
    3． 伊勢物語
    4． とりかへばや物語

46. 骨髄移植のために白血球の型を登録する組織のことを何というか
    1． 骨髄登録
    2． ドナーネットワーク
    3． 骨髄バンク
    4． 脊髄バンク

47. 天台宗総本山で最澄が比叡山に開いた寺院を何というか
    1． 東大寺
    2． 金剛峯寺
    3． 延暦寺
    4． 興福寺

48. 鎌倉幕府の滅亡後に，足利尊氏が開いた武家政権を何というか
    1． 室町幕府
    2． 江戸幕府
    3． 花街幕府
    4． 京都幕府

49. 明智光秀が織田信長に対して行った謀反を何というか
    1． 本能寺の変
    2． 本能大戦
    3． 桜田門外の変
    4． 承久の乱

50. 紫式部が書いた，貴公子の女性遍歴についての物語は何か
    1． 平家物語
    2． 土佐物語
    3． 伊勢物語
    4． 源氏物語

51. 個人情報の適切な取り扱いを義務づけた法律を何というか
    1． インターネット法
    2． 個人情報保護法
    3． プライバシー保護法
    4． 個人情報取扱義務法

52. モンゴル諸部族をまとめ上げ，モンゴル帝国を築いた人は誰か
    1． フビライ・ハン
    2． ティムール
    3． チンギス・ハン
    4． ダヤン・ハン

53. 徳川家康が戦った，天下分け目の戦を何というか
    1． 三方ヶ原の戦い
    2． 関ヶ原の戦い
    3． 桶狭間の戦い
    4． 小牧・長久手の戦い

54. 1789年，バスチーユ牢獄の襲撃から始まる革命を何というか
    1． フランス革命
    2． 名誉革命
    3． 無血革命
    4． ベルサイユ革命

55. 政党が選挙の際に提唱する統一した公約のことを何というか
    1． マグナ・カルタ
    2． コミットメント
    3． マニフェスト
    4． 政策集

56. フランス革命後，ヨーロッパを席巻したフランスの軍人は誰か
    1． タレーラン
    2． ドゴール
    3． ジル・ド・レイ
    4． ナポレオン

57. 日本における国の唯一の立法機関とは何か
    1． 国会
    2． 内閣
    3． 最高裁判所
    4． 法務省

58. 胃潰瘍の原因の一つである胃の中に生息する細菌を何というか
    1． サルモネラ菌
    2． ビフィズス菌
    3． ピロリ菌
    4． カンピロバクター

59. 1941年，日本のハワイでの奇襲攻撃を何というか
    1． ヨットハーバー攻撃
    2． 真珠湾攻撃
    3． トラ・トラ・トラ作戦
    4． ミッドウェー海戦

60. 親などから資産を相続する際に掛かる税金を何というか
    1． 贈与税
    2． 資産税
    3． 遺産税
    4． 相続税

第20章 展望的記憶
明日は忘れずに手紙を出そう

重要用語

▶展望的記憶　▶反省的記憶　▶生態学的妥当性
▶内容想起　▶存在想起

---

1 はじめに

　図書館の本を返さなくちゃ。レポートはいつ提出だっけ？　明日は絶対手紙を出そう。このように，将来行うべき予定の記憶を展望的記憶（prospective memory）と呼ぶ。単語や絵のリストを記憶する，人の顔や名前を思い出すといった過去に経験したことや知識の記憶は，反省的記憶（retrospective memory）と呼び，テストや話をきっかけに思い出すなど，外部から促されて思い出すことが多い。一方，展望的記憶の場合，予定を立てた後，1度は意識上から消え，予定を遂行するタイミングに合わせて思い出す必要がある。その際，「宿題はもうやったの？」などの問いかけがない限り，自分自身で思い出して実行しなければならない。このように自力で思い出すこと，すなわち自己開始的（self-initiated）であることが，展望的記憶の重要な性質である。反省的記憶に失敗した場合「記憶力の悪い人」とみなされるが，展望的記憶に失敗すると「約束が守れない信頼のおけない人」となってしまう。

　日常生活においては欠かせない展望的記憶だが，研究の歴史は反省的記憶に比べて非常に短い。ナイサー（Neisser, 1978；Neisser, 1982 より引用）は，それまで日常生活で実際に使われる記憶が研究されてこなかったことを指摘し，記憶研究は生態学的妥当性（ecological validity）をもつ必要があると主張した。ここから日常記憶研究が進み，実験室において再現が難しかった展望的記憶にも目が向けられるようになった。

展望的記憶をはじめて実験的に取り上げた研究の1つに，ミーチャムとライマンのハガキ投函実験がある（Meacham & Leiman, 1975, Neisser, 1982より引用）。彼らは，決められた日にハガキを返送させるといった，日常的な課題を使用して展望的記憶を研究した。鍵につけるタグを展望的記憶の課題を思い出させる手がかりとして与えた群と，与えなかった群とでハガキの返送率を調べたところ，タグを与えた群の方が高かった。
　しかしこのような実験では展望的記憶の教示と実際の遂行までのインターバルが長く，その間は実験者の目が届かないため，統制が難しい。そのため実際には展望的記憶にどのような要因が影響をおよぼしているのかよく分からなかった。1990年にようやく，実験室における並列型課題の実験パラダイムがアインシュタインとマクダニエル（Einstein & McDaniel, 1990）によって考案され，展望的記憶の研究が急速に増加した。
　彼らのパラダイムは，日常的な展望的記憶を実施するプロセスを実験室実験に置き換えたものである。例えば，夜に友人に電話する予定を立てたとしよう。展望的記憶課題を行うとき以外は勉強や食事など，さまざまな作業を行っているだろう。しかし夜が来れば，作業を行っている最中に予定を想起し，友人に電話しなくてはならない。このように，展望的記憶はさまざまな作業の中で行われることが多い。そこでアインシュタインとマクダニエルは実験室実験においても，記憶課題の中に展望的記憶課題を埋め込んだ。記憶課題や語彙決定課題などの認知課題に展望的記憶課題を埋め込んだ課題を背景課題と呼ぶ。彼らのパラダイムにおける典型的な展望的記憶課題は，背景課題の最中，特定の単語が出現したときや一定の時間が経過したときに，あらかじめ決められた行為を実施するものである。
　並列型課題パラダイムで使用される展望的記憶課題は非常にシンプルである。展望的記憶は「やらなければならない行為」を思い出す内容想起と，「やらなければいけないことが何かある」と展望的記憶の存在を思い出す存在想起の2つの要素から構成されている。内容想起は反省的記憶要素と見なされ，存在想起は展望的記憶要素と見なされているため，内容想起を出来るだけ小さくして存在想起の部分を取りだそうと試みる。したがって

展望的記憶課題そのものは単純であることが多い。

　ところで，展望的記憶課題は，展望的記憶の遂行するタイミングを示す手がかり（cue）の違いから大きく2種類に分けることが出来る（Einstein & McDaniel, 1990）。1つは，ある出来事，すなわちターゲット事象を手がかりとして，その手がかりが出現したときに展望的記憶課題を行う事象ベース課題（event-based task）である。例えば，ポストに遭遇し（ターゲット），ポストに手紙を投函するといったものである。もう1つはあらかじめ決められた時間に予定を実行する場合，つまり時間を手がかりとする場合を時間ベース課題（time-based task）と呼ぶ。例えば，毎夜8時に薬を飲むといったものである。ちなみに前述のミーチャムとライマンのハガキ投函実験は決められた期日に返送するという課題なので，時間ベース課題に分類される。

　事象ベース課題では，課題のタイミングを示す手がかりとなるターゲットの性質が展望的記憶の想起に大きな影響を与える。ではどのような手がかりが，展望的記憶を促進させるのだろうか？　これまでの研究では，手がかりが同定されやすいほど，展望的記憶の成績も上がることが明らかになっている。例えば，背景から浮き上がるような目立つ手がかりを用いた場合や，馴染みのない言葉を手がかりにした場合は展望的記憶を促進させやすい。さらに，手がかりがカテゴリーで指示される場合より（例：動物），具体的に手がかりが指示された場合（例：ヒョウ，ライオン，トラ）の方が成績がよい（Einstein, McDaniel, Richardson, Guynn, & Cunfer, 1995）。

　この演習では，アインシュタインほか（1995）の実験2の追試を行う。具体的な手がかりの方がカテゴリーで示された一般的な手がかりよりも同定しやすく，展望的記憶が促進されるという手がかりの効果についての仮説を検討しよう。アインシュタインらの実験では，手がかりの種類だけではなく，大学生と高齢者の成績に対する手がかりの違いの影響も検討したが，年齢の効果および手がかりと年齢の相互作用がみられなかった。したがって，今回は実験参加者を大学生に限定し，手がかりの性質のみに着目する。

2 方法

2.1 実験参加者

個人実験として行う。アインシュタインほか (1995) の実験では参加した大学生が 23 名，高齢者が 24 名であったが，本演習では大学生 40〜50 名程度の人数（偶数）を対象とする。必ず，事前に展望的記憶の実験や調査に参加していないことを確認する。

2.2 要因計画

独立変数が 1 要因，2 水準の要因計画である。独立変数は「手がかりの性質」であり，「具体的手がかり」と「カテゴリー手がかり」の 2 水準（被験者間要因）とする。実験参加者はランダムに同数ずつ 2 群に分ける。

2.3 材料

展望的記憶課題を含む背景課題用に，**付録 20.A** に示した単語刺激 347 個を用いる。これらの単語の本試行用刺激 324 個は西本ほかのスノッドグラス線画刺激日本語拡張版（Nishimoto, Ueda, Miyawaki, Une, & Takahashi, 印刷中）から，練習試行用刺激 23 個は西本ほか（Nishimoto et al., 2005）の絵画刺激セットから絵画名をとったものである。そこからランダムに単語を並べた単語リストを作る。なお，単語が重複しないように注意する。本試行用の単語リストは 24 語，36 語，48 語で，それぞれの長さで展望的記憶課題のターゲットを含むリスト 1 個，ターゲットを含まないリスト 2 個を作成する。練習試行用の単語リストは 11 語と 12 語とする。

展望的記憶課題のターゲットとして，具体的手がかり条件では「ギター」「ハーモニカ」「ピアノ」を，カテゴリー手がかり条件ではカテゴリー「楽器」を使う。ターゲットは 1 個の展望的記憶課題用のリストにランダムに 1 個入れるが，ターゲットが試行開始直後に呈示されるのを防ぐため，可能ならば 24 語，36 語，48 語のリストでそれぞれ 20 番目，30 番目，40 番目に呈示されるようにする。なお，ほかの刺激を使用する場合は予備調査を行い，誰もが知っている親近性の高いものをターゲットとして選択する

こと。

さらに記憶課題用の回答用紙を練習試行用2枚，本試行用9枚用意する。回答用紙には7個の単語が書けるように欄を作っておく。

挿入課題用に3桁同士のかけ算100問を用意する。筆記で解答させる場合は計算問題の用紙を印刷しておく。コンピューター上で行うのであれば，計算問題のプログラムを作っておくこと。

2.4 装置

展望的課題を含む背景課題では，単語の呈示およびキー押し反応の取得を行うため，コンピューターによる制御が必要である。したがって，E-Prime（Psychology Software Tools社）やSuperLab（Cedrus社）といった心理学実験ソフトウェアで実験プログラムを作成する。

2.5 一般的手続き

今回の実験は，背景課題の教示と背景課題の練習試行，展望的記憶の教示，挿入課題，展望的記憶課題を含む背景課題という流れで行われる。

まず実験参加者を2群に分け，背景課題の教示（後述）と背景課題の練習試行を行う。背景課題は生物判断課題と記憶課題の二重課題である。生物判断課題では，4秒ずつ呈示される単語に対して「生物か？」があてはまるなら「Y」，あてはまらないならば「N」のキーを押して判断する。記憶課題では，各単語リストが終了するごとに，リストの最後に呈示された7個の単語を再生する。

背景課題の練習試行の終了後，展望的記憶の教示（後述）を与える。展望的記憶課題は，ターゲットの単語，あるいはカテゴリーが出現した場合にF8のキーを押すことである。教示を与えた後，ターゲットをしっかり覚えたかを確認し，質問がないかを確認する。その後，挿入課題の3桁のかけ算を10分間行う。

最後に展望的記憶課題を含む背景課題の本試行を行う。記憶課題用回答用紙を実験参加者に与え，背景課題の生物判断課題と記憶課題の教示を繰

り返す。しかし，展望的記憶課題の教示は繰り返さないことに注意する。背景課題は3ブロックから構成され，それぞれのブロックで，ターゲットを含むリスト1個，それとは長さの異なる単語数のターゲットを含まないリスト各1個を含むようにする。リストはランダムな順序で呈示する。リスト開始時は「これから課題が始まります」という指示を5秒間画面に呈示する。各リストの呈示終了後に「最後に呈示された7つの物の名前を思い出してください」と画面に2分表示し，記憶課題回答用紙に単語を記入させる。

実験終了後，展望的記憶課題の存在を覚えていたか，またその手がかりと押すべきキーは何であったか，展望的記憶課題を覚えておくための記憶方略を使用したかについて質問し，内観報告を得る。

2.6 教示

1）背景課題についての教示

練習試行，本試行ともに以下の教示を使用する。「これから画面に1つずつ，物の名前が次々に呈示されます。それぞれの物の名前は4秒間ずつ呈示されますので，それが生物であったら「Y」のキーを，そうでなかったら「N」のキーを押してください。お菓子の「飴」と天候の「雨」のように，同音異義語があった場合は最初に思い浮かんだ物の名前に対して判断してください。また画面に現れた物の名前のうち，最後の7個を覚えてください。時々画面に「最後に呈示された7つの物の名前を思い出してください」と現れますので，画面にその指示が出たら手元の回答用紙に最後に呈示されて覚えた物の名前7個を回答してください」

2）展望的記憶課題の教示

具体的手がかり条件の場合は以下のように教示する。「この実験では，今後の予定について覚えておく記憶を調べることも目的の1つです。課題の中で「ギター」「ハーモニカ」「ピアノ」の単語が画面上に出てくることがあります。もし，これらの単語が出てきた場合は，生物かどうかの判断は行わず，代わりにF8キーを押してください」カテゴリー手がかり条件の

場合は,「ギター」「ハーモニカ」「ピアノ」の代わりに「楽器の名前」と指定する。このとき呈示される具体的なターゲットについては口にしないこと。最後に,「それでは,何が画面上に出てきたときに,何をするべきだったか,答えてください」と内容を再確認させる。

3) 計算の教示

「これから 10 分間計算課題を行ってもらいます。3 桁同士のかけ算 100 問です。全部の問題を解かなくても結構ですが,できるだけ速く,正確に行ってください」

4) 実験後の教示

「これで実験は終了です。それではいくつか質問します。実験の最初で,生物非生物判断と記憶課題のほかに行うように教示された課題は何でしたか? また,その課題を行うときはどのようなターゲットが現れたときでしたか?」と尋ねる。さらに展望的記憶課題について覚えている実験参加者に対して,「ターゲットが出たら F8 キーを押すことを覚えておくために,記憶術などの何らか手段を用いましたか? 用いたのであればどんなものかを説明してください」と教示する。

2.7 そのほかの留意点

1) 展望的記憶実験の経験の有無

並列型課題パラダイムでは,主な目的が展望的記憶実験であることが実験参加者に分かってしまうと,展望的記憶課題ではなくターゲットを監視するビジランス課題になっている可能性がある。そのため,実験室実験における展望的記憶実験に参加したことがないことを実験参加の条件とする。

2) 展望的記憶課題の教示

展望的記憶課題の教示は背景課題の練習試行後のみにとどめ,計算課題の教示以後は展望的記憶課題の質問を受けないようにする。そのためには教示時に,実験参加者が展望的記憶課題の内容とターゲットを十分に理解し,記憶する必要があるのでしっかりと説明すること。

3）内観報告の活用

　この展望的記憶課題ではターゲットに対してキーを押すことが出来た場合のみを展望的記憶に成功したとみなすが，エラーについての詳細はキー押し反応だけでは明らかにならない。完全に忘れてしまった（内容想起と存在想起の失敗），何かやるべきことはあったがそれが何かを忘れてしまった（内容想起の失敗），あるいは内容そのものは想起できても，実験後に実験者から促されるまで気づかなかった（存在想起の失敗），単に手がかりを見落としてしまった（手がかり同定の失敗）など，展望的記憶のエラーはいくつか考えられる。内観を集めることでエラーの種類について情報が得られるかもしれない。

3 結果の整理と考察のポイント

3.1 結果の整理

　各条件の展望的記憶課題の平均成功数をグラフ化し，t 検定で有意差が見られるかを検討する。可能であれば展望記憶課題に1度でも成功した実験参加者と完全に失敗した実験参加者の数を条件ごとに数え，$2×2$ の χ^2 検定を行う。1度でも成功した場合は展望的記憶課題の内容を覚えていたことを意味するが，1度も成功しなかった場合は完全に忘れていた可能性が考えられる。条件間に差が見られるか，内観と照らし合わせて検討する。

　また展望的記憶課題を覚えるための方略を使用した実験参加者と使用していない実験参加者の間で，展望的記憶課題の成功に違いが見られるかを検討しよう。

3.2 考察のポイント

1）まずは具体的手がかり条件とカテゴリー手がかり条件の展望的記憶課題の分析を行う。予測では，具体的手がかり条件の方がカテゴリー手がかり条件よりも展望的記憶課題に成功するというものであったが，その通りになっただろうか？　さらに展望的記憶課題を覚えておくための記憶方略は展望的記憶課題の成功に結びついているだろうか？

2）内観などを用いてエラーの傾向を分析する。本研究における展望的記憶のエラーはどのようなエラーによるものだろうか？　手がかりの違いによるエラーの違いが見られるだろうか？

4　発展的課題

　今回は具体的な手がかりが3つとカテゴリー1つという条件で行ったが，具体的な手がかりの数が増えた場合もカテゴリー手がかりに対して優位だろうか？　コーエンほか（Cohen et al., 2008）は，手がかり数1個〜6個の間で比較した場合，展望的記憶の成績に差は見られなかったものの，ターゲットの個数が多いほど背景課題の反応時間が長くなることを示した。手がかり数が多くなると手がかりの検索にコストが掛かるため，背景課題に使う注意が減少し，背景課題の反応時間が遅くなったと考えられる。それでは，カテゴリー手がかりとして6個の手がかりを1個の手がかりにまとめたときはどうだろうか？　反応時間と成績でトレードオフが生じるだろうか？

　さらに，展望的記憶課題にはワーキングメモリが深く関与していると考えられている（Marsh & Hicks, 1998 ほか）。今回，挿入課題は計算問題だけであったが，**第6章**のワーキングメモリ演習で使用したリーディングスパン・テストを計算問題の代わりに用いて，ワーキングメモリ容量を測定し，容量と展望的記憶の成績の関係を検討してみよう。

【引用文献】●●●●●

Cohen, A.-L., Jaudas, A., & Gollwitzer, P. M.（2008）. Number of cues influences the cost of remembering to remember. *Memory & Cognition.* **36**, 149-156.
Einstein, G. O., & McDaniel, M（1990）. Normal aging and prospective memory. *Journal of Experimental Psychology：Learning, Memory and Cognition.* **16**, 717-726.
Einstein, G. O., McDaniel, M., Richardson, S. L., Guynn, M. J., & Cunfer, A. R.（1995）. Aging and prospective memory：Examining the influences of self-initiated retrieval processes. *Journal of Experimental Psychology：Learning, Memory and Cognition.* **21**, 996-1007.
Marsh, R. L., & Hicks. J. L.（1998）. Event-based prospective memory and executive control of working memory. *Journal of Experimental Psychology：Learning, Memory and Cognition.* **24**, 336-349.
Meacham, J. A., & Leiman, B.（1982）. Remembering to perform future actions. In U. Neisser（Ed.）. *Memory observed：Remembering in natural contexts.* San Francisco：W. H. Freeman, pp. 327-336.

(ミーチャム, J. A.・ライマン, B. 将来の行為を行なうための想起 ナイサー, U.（編）富田達彦（訳）(1989). 観察された記憶―自然文脈での想起（下）誠信書房)

Neisser, U. (1982). Memory：What are the important questions? In U. Neisser (Ed.), (1982). *Memory observed*：*Remembering in natural contexts*. San Francisco：W. H. Freeman, pp. 3-18.
(ナイサー, U. 記憶：何が重要な問題か？ ナイサー, U. (編) 富田達彦 (訳) (1989). 観察された記憶：自然文脈での想起（上）誠信書房)

Nishimoto, T., Miyawaki, T., Ueda, T., Une, Y., & Takahashi, M. (2005). Japanese normative set of 359 pictures. *Behavior Research Methods*. **37**, 398-416.

Nishimoto, T., Ueda, T., Miyawaki, K., Une, Y., & Takahashi, M. (印刷中). The role of imagery-related properties in picture naming：A newly standardized set of 360 pictures for Japanese. *Behavior Research Methods*.

読書案内

■シャクター, D.（春日井晶子訳）(2002). **なぜ,「あれ」が思い出せなくなるのか？：記憶と脳の7つの謎** 日本経済新聞社
　日常において私たちが犯してしまう記憶の失敗を物忘れ, 不注意などの7つに分類して, 関連する研究を分かりやすく紹介している。

■ナイサー, U.（編）（富田達彦訳）(1983). **観察された記憶：自然文脈での想起（上）（下）** 誠信書房
　初期の日常記憶研究を幅広くまとめている。今回紹介したミーチャムとライマンの研究以外にも展望的記憶を扱った研究が紹介されている。

■梅田　聡（2007).**「あっ忘れてた」はなぜ起こる：心理学と脳科学からせまる** 岩波科学ライブラリー 133 岩波書店
　最近の研究をまとめた展望的記憶の非常に読みやすい入門書であり, 年齢の効果についての研究や実験パラダイム, 神経心理学研究まで網羅している。

付 録

付録 20.A　展望的記憶課題・背景課題用単語リスト

種類	単語	親近性	種類	単語	親近性
ターゲット	ギター	4.93	本試行用	カタツムリ	4.88
ターゲット	ハーモニカ	4.28	本試行用	カタナ	3.72
ターゲット	ピアノ	5.81	本試行用	カップ	5.60
本試行用	アイロン	4.66	本試行用	カニ	5.22
本試行用	アイロンダイ	4.40	本試行用	カヌー	2.80
本試行用	アシ	6.41	本試行用	カバ	3.94
本試行用	アスパラガス	4.81	本試行用	カバン	6.47
本試行用	アヒル	4.53	本試行用	カブトムシ	4.33
本試行用	アリ	5.25	本試行用	カボチャ	5.78
本試行用	イエ	5.97	本試行用	カミ	6.00
本試行用	イカリ	2.47	本試行用	カメ	4.17
本試行用	イス	6.40	本試行用	カモメ	3.97
本試行用	イチゴ	5.90	本試行用	カワウソ	2.61
本試行用	イト	5.41	本試行用	カンガルー	3.63
本試行用	イド	3.88	本試行用	カンキリ	4.60
本試行用	イトグルマ	2.13	本試行用	キ	6.38
本試行用	イヌ	6.06	本試行用	キカンジュウ	2.84
本試行用	イルカ	3.94	本試行用	キツツキ	3.31
本試行用	ウサギ	4.90	本試行用	キツネ	4.06
本試行用	ウシ	5.06	本試行用	キノコ	5.63
本試行用	ウデ	5.81	本試行用	キャベツ	6.41
本試行用	ウナギ	5.25	本試行用	キョウカイ	3.94
本試行用	ウバグルマ	3.69	本試行用	キリン	4.30
本試行用	ウマ	4.62	本試行用	キンギョ	4.66
本試行用	エビ	5.97	本試行用	クギ	4.52
本試行用	エントツ	3.97	本試行用	クサリ	3.90
本試行用	エンピツ	5.87	本試行用	クシ	5.75
本試行用	オウカン	3.13	本試行用	クジャク	2.91
本試行用	オオカミ	4.00	本試行用	クジラ	4.07
本試行用	オットセイ	3.47	本試行用	クチビル	6.22
本試行用	オノ	3.06	本試行用	クツ	6.60
本試行用	オヤユビ	6.17	本試行用	クツシタ	6.20
本試行用	オワン	4.97	本試行用	クマ	4.23
本試行用	オンナノコ	6.03	本試行用	グラス	5.60
本試行用	カ	4.97	本試行用	クリ	5.10
本試行用	カーテン	5.77	本試行用	クルマ	6.00
本試行用	カイダン	6.28	本試行用	ケイリョウカップ	5.44
本試行用	カエル	4.38	本試行用	ケーキ	5.69
本試行用	カガミ	6.37	本試行用	ケムシ	4.07
本試行用	カギ	6.53	本試行用	ケン	3.87
本試行用	カゴ	5.53	本試行用	コウモリ	3.91
本試行用	カサ	6.03	本試行用	コート	6.07

種類	単語	親近性	種類	単語	親近性
本試行用	コショウ	6.09	本試行用	センスイカン	3.40
本試行用	コップ	5.34	本試行用	センスイフク	2.55
本試行用	コマ	3.58	本試行用	センタクバサミ	5.53
本試行用	ゴリラ	4.60	本試行用	ゾウ	4.70
本試行用	コンセント	6.41	本試行用	ソファー	5.94
本試行用	コンポ	4.91	本試行用	ソリ	3.41
本試行用	サイ	2.88	本試行用	ダイコン	5.78
本試行用	サイロ	2.79	本試行用	タイホウ	2.56
本試行用	サカナ	6.38	本試行用	タイヨウ	6.03
本試行用	サク	3.97	本試行用	タカ	3.38
本試行用	サクラ	5.63	本試行用	タキ	4.47
本試行用	サクランボ	5.31	本試行用	タケ	4.53
本試行用	サメ	3.16	本試行用	タケウマ	3.27
本試行用	サラ	6.23	本試行用	タコ	3.94
本試行用	ザリガニ	4.26	本試行用	ダチョウ	3.50
本試行用	サル	4.59	本試行用	タツノオトシゴ	3.60
本試行用	サンカクジョウギ	4.33	本試行用	タヌキ	4.09
本試行用	サンドイッチ	6.22	本試行用	タバコ	4.34
本試行用	サンリンシャ	4.19	本試行用	タマネギ	5.93
本試行用	シカ	4.00	本試行用	タル	3.53
本試行用	シタ	5.84	本試行用	タンス	5.43
本試行用	シチメンチョウ	3.00	本試行用	ダンロ	3.56
本試行用	ジテンシャ	6.13	本試行用	チューリップ	4.50
本試行用	シマウマ	3.84	本試行用	チョウ	4.90
本試行用	ジャガイモ	5.50	本試行用	ツキ	5.97
本試行用	ジャグチ	5.93	本試行用	ツクエ	6.31
本試行用	ジャケット	5.84	本試行用	ツバメ	4.72
本試行用	シャツ	6.03	本試行用	ツボ	3.69
本試行用	シャリン	4.70	本試行用	ツボミ	3.90
本試行用	ジャンパー	5.63	本試行用	ツメキリ	6.28
本試行用	ジョウギ	5.17	本試行用	ツル	3.84
本試行用	ジョウロ	3.94	本試行用	テ	6.63
本試行用	シロ	4.03	本試行用	ティーシャツ	6.38
本試行用	シンゴウ	6.47	本試行用	テープレコーダー	4.38
本試行用	ジンジャ	4.84	本試行用	テガミ	5.94
本試行用	スイカ	5.23	本試行用	テブクロ	6.00
本試行用	スイッチ	6.38	本試行用	テレビ	6.09
本試行用	スカート	5.41	本試行用	デンキスタンド	4.90
本試行用	スカンク	2.57	本試行用	デンキュウ	5.78
本試行用	スキー	4.53	本試行用	デンシャ	5.75
本試行用	スケートグツ	3.37	本試行用	デンシレンジ	6.13
本試行用	スコップ	3.75	本試行用	テント	4.16
本試行用	スズメ	5.66	本試行用	テントウムシ	4.47
本試行用	スプーン	5.38	本試行用	デンワ	6.53
本試行用	ズボン	6.20	本試行用	ドア	6.31
本試行用	スリッパ	5.66	本試行用	ドアノブ	5.69
本試行用	セーター	5.34	本試行用	トウモロコシ	5.19
本試行用	センシャ	3.19	本試行用	トースター	4.97

種類	単語	親近性	種類	単語	親近性
本試行用	トケイ	6.66	本試行用	バラ	5.23
本試行用	トマト	5.53	本試行用	ハリ	5.09
本試行用	トラ	4.70	本試行用	バレーボール	4.41
本試行用	ドライバー	5.19	本試行用	パン	6.33
本試行用	トラクター	3.30	本試行用	ハンガー	6.47
本試行用	トラック	4.73	本試行用	ハンカチ	5.22
本試行用	トランプ	4.97	本試行用	ハンモック	2.47
本試行用	ドレス	4.47	本試行用	ピーナッツ	5.22
本試行用	トロッコ	2.81	本試行用	ピーマン	5.63
本試行用	トンカチ	4.53	本試行用	ピエロ	3.47
本試行用	トンボ	4.69	本試行用	ヒコウキ	4.44
本試行用	ナイフ	4.87	本試行用	ピストル	3.87
本試行用	ナシ	6.00	本試行用	ヒツジ	4.06
本試行用	ナベ	5.63	本試行用	ヒマワリ	4.80
本試行用	ニワトリ	5.31	本試行用	ヒョウ	3.59
本試行用	ニンジン	5.70	本試行用	ピラミッド	3.84
本試行用	ネクタイ	5.09	本試行用	ビン	5.50
本試行用	ネコ	5.38	本試行用	フウシャ	3.09
本試行用	ネジ	5.25	本試行用	フウセン	4.59
本試行用	ネズミ	4.19	本試行用	ブーツ	5.63
本試行用	ネックレス	4.47	本試行用	プール	4.84
本試行用	ノコギリ	3.87	本試行用	フォーク	6.25
本試行用	ノミ	3.72	本試行用	フクロウ	3.66
本試行用	ハート	5.44	本試行用	ブタ	5.13
本試行用	バイク	4.67	本試行用	フデ	4.75
本試行用	ハイザラ	4.67	本試行用	ブドウ	4.91
本試行用	パイナップル	5.09	本試行用	フネ	4.56
本試行用	ハイヒール	4.65	本試行用	フライパン	5.77
本試行用	パイプ	3.40	本試行用	ブラウス	4.84
本試行用	ハ	5.93	本試行用	ブラシ	5.59
本試行用	ハエ	5.03	本試行用	ブランコ	5.00
本試行用	ハクサイ	5.63	本試行用	ブロック	3.90
本試行用	ハクチョウ	3.72	本試行用	ベスト	4.94
本試行用	バケツ	5.28	本試行用	ベッド	5.41
本試行用	ハコ	5.50	本試行用	ヘビ	3.90
本試行用	ハサミ	6.44	本試行用	ペリカン	3.47
本試行用	ハシゴ	4.50	本試行用	ヘリコプター	3.56
本試行用	バス	5.60	本試行用	ベルト	6.19
本試行用	ハタ	4.19	本試行用	ヘルメット	4.23
本試行用	ハチ	4.53	本試行用	ペン	6.37
本試行用	バッタ	4.66	本試行用	ペンギン	4.34
本試行用	バット	3.91	本試行用	ベンチ	4.78
本試行用	ハッパ	5.78	本試行用	ベンチ	3.90
本試行用	ハト	5.03	本試行用	ホウキ	5.28
本試行用	バナナ	5.67	本試行用	ボウシ	5.90
本試行用	ハネ	4.63	本試行用	ホウチョウ	6.25
本試行用	ハブラシ	6.50	本試行用	ホシ	6.06
本試行用	ハマキ	3.63	本試行用	ポスト	5.25

種類	単語	親近性	種類	単語	親近性
本試行用	ボタン	5.00	本試行用	ワニ	3.59
本試行用	ホネ	5.33	練習	オートバイ	4.28
本試行用	ホン	6.60	練習	カナヅチ	4.27
本試行用	ホンダナ	6.13	練習	コブラ	2.27
本試行用	マツ	4.22	練習	スパイク	3.63
本試行用	マド	6.07	練習	スパナ	3.50
本試行用	マユゲ	6.13	練習	タンカー	1.98
本試行用	マンネンヒツ	3.78	練習	ビーバー	2.17
本試行用	ミカン	6.56	練習	フウトウ	5.93
本試行用	ミシン	3.81	練習	ボールペン	6.54
本試行用	ミミ	6.22	練習	ヨウナシ	4.98
本試行用	メ	5.97	練習	ミズサシ	3.92
本試行用	メガネ	5.37	練習	ワイシャツ	5.85
本試行用	メロン	5.31	練習	ステレオ	5.53
本試行用	メンボウ	4.69	練習	スクーター	3.92
本試行用	モノレール	4.34	練習	セロリ	4.78
本試行用	モモ	5.19	練習	ナット	3.00
本試行用	ヤカン	5.90	練習	ロッキングチェアー	3.23
本試行用	ヤギ	4.13	練習	シャベル	3.82
本試行用	ヤジルシ	5.59	練習	ポリバケツ	4.40
本試行用	ヤスリ	3.60	練習	ミカヅキ	5.29
本試行用	ヤマ	5.91	練習	ウデドケイ	6.35
本試行用	ユキダルマ	4.73	練習	ショルダーバッグ	5.93
本試行用	ユビ	6.06	練習	モノサシ	5.45
本試行用	ユビヌキ	3.84			
本試行用	ユビワ	5.16			
本試行用	ユリ	4.67			
本試行用	ヨーヨー	3.75			
本試行用	ヨット	3.63			
本試行用	ライオン	4.09			
本試行用	ラクダ	3.67			
本試行用	ラグビーボール	3.34			
本試行用	ラケット	3.84			
本試行用	ラジオ	4.80			
本試行用	リス	4.34			
本試行用	リボン	4.43			
本試行用	リンゴ	6.53			
本試行用	レイゾウコ	6.13			
本試行用	レコード	3.97			
本試行用	レモン	5.40			
本試行用	レンチ	4.48			
本試行用	ロウソク	5.13			
本試行用	ロープウェイ	3.44			
本試行用	ローラースケート	3.80			
本試行用	ロケット	3.56			
本試行用	ロバ	3.53			
本試行用	ワシ	3.87			

親近性：絵に描かれたものが表す概念がどのくらいなじみのあるものか？　を7段階評定したもの

あとがき

　本書の主眼は基本的な実験を通して認知の諸相を理解してもらうことにある。そのため，できるだけ平易な記述を心がけた。一部の実験では、演習レポートや卒論の刺激材料等を使っている。成果を利用させていただいた下記の学生諸君（当時）に感謝申し上げたい（敬称略）。

第1章：日野結子（2007年度卒論[1]）・福嶋一樹（2009年度卒論[1]）

第2章：浅川香[2]

第4章：斎藤弘晃（2004年度卒論[1]）

第6章：黒田哲（1998年度卒論[1]）・松永充代（2000年度卒論[1]）・飯島朋美（2003年度卒論[1]）

第10章：米倉庄美（2000年度卒論[1]）・金原彰子（2002年度卒論[1]）・田中翔子（2003年度卒論[1]）・渡邊明寛（2003年度卒論[1]）・荒井みえ（2004年度卒論[1]）・須田美琴（2006年度卒論[1]）・鈴木はるか（2007年度卒論[1]）・松橋慶佑（2008年度卒論[1]）

第12章：清水亜也奈（2010年度卒論[3]）

第13章：髙橋麻衣子[4]

第15章：有賀康博（1988年度卒論[1]）

　　1　早稲田大学第一文学部総合人文学科心理学専修
　　2　東京女子大学大学院文学研究科
　　3　早稲田大学文学部文学科心理学コース
　　4　東京大学先端科学技術研究センター

　執筆に当たっては出来るだけ各章間で記述の統一を図ったが，まだ多くの不備な点が残されているはずである。読者の忌憚のない批判をいただければ幸いである。

　本書は，その前身とでもいうべき『認知心理学ワークショップ』（西本武

彦・林 静夫＝編著　2000 年）から約 10 年を経過して刊行された。編者である西本が本年 3 月，早稲田大学を定年退職するに当たっての記念出版の意味も込められているが，それにもまして本書のスタイルが今後とも認知心理学の教育に有効であるとの確信を執筆者全員が共有していることが出版の原動力となっている。前書の共編者で，今は故人となった林 静夫氏の意思と情熱が本書に生き続けていることに，執筆者それぞれが歳月を超えた絆の強さを感じていることを申し添えて結びとしたい。

　　　　　　　　　　　　　　　　　　　　　　　　　　　　2012 年 2 月
　　　　　　　　　　　　　　　　　　　　　　　　　　　　西本　武彦

基本用語解説（補足）

重要用語に関しては該当する章で詳しく解説した。そうした用語以外で，本書中にしばしば登場する基本用語について，以下，補足的に解説する。

カウンターバランス（counterbalancing）
順序効果などの影響を相殺するために，例えばA→Bの順序に対してB→Aの順序も設けること。

カバーストーリー（cover story）
実験条件に合致する形で参加者に呈示する認知的あるいは感情的な文脈のこと。本書の第17章では，喜び，驚き，恐怖，怒りの感情を喚起するような短い文章のことを指す。

緩衝試行，緩衝刺激（buffer trials/items）
一般に，測定開始直後や休憩を挟んだ場合の再開時には，課題に対する不慣れなどの影響により，本試行の途中とは異なった反応になりがちである。こうした影響が測定値に混在することを防ぐため，本試行と無関連な，あるいは本試行の分析には含めないような刺激項目を用いて試行を実施すること。

矯正視力（corrected vision）
眼鏡やコンタクトレンズを装着し，視力を矯正した状態で測定された視力のこと。

恒常誤差（constant error）
一般に，測定結果に一定の影響力をもち無視できない感覚的効果を指す。実験では測定のばらつき（変化誤差）と別に，空間的位置や時間的順序によって一定方向の誤差（空間誤差や時間誤差）が生じる。

再生（recall）
記銘段階で呈示された刺激材料について，口頭報告，書字，描画などの形で記憶の中から再生成すること。

再認（recognition）
記銘段階で呈示された刺激材料（旧項目）と新しい刺激材料（新項目）が混ぜて呈示されたとき，新項目か旧項目かの判断をすること。

順序効果（order effect）
刺激や条件を呈示する順序によって測定値（従属変数）の値に影響が見られること。

尚早反応（premature response）
反応時間測定において，刺激呈示開始以前に反応してしまう事態を指す。

スキーマ（schema）
記憶や経験によって構成され既有の認知的枠組みのこと。図式とも言う。高次のレベルからの予測や仮説に基づき情報処理するトップダウン的処理において中心的役割を果たす。

タッピング（tapping）
手指で机を叩いたり，足で床を叩いたりする動作。

注視点（fixation point）
コンピューターやスライドプロジェクターを用いて刺激を呈示する場合に，実験参加者の注意を常に画面（の特定領域）に引きつけておくために一定時間呈示される印を指す。

追試（replication study / experiment）
先行研究と同等の計画・手続きで実験を繰り返すこと。現象の再現性などを確認するために行われる。

デフォルト（設定）（default（settings））
特に指定しない場合に指定されている設定を指す。

天井効果（ceiling effect）
反応の正確さを指標とした場合に，どの条件でも正答率などが100％付近に集中することによって条件間の差が検出されにくくなる場合がある。これを天井効果という。逆に下限付近に集中することで差が見られなくなることを**床効果（floor effect）**という。

統制群（control group）
　独立変数（実験条件）との比較対照条件を指す。また統制条件を適用される参加者グループを統制群と呼ぶ。統制条件との比較により実験条件に適用される独立変数の効果を検討することが可能になる。

内観報告（posthoc interview）
　心理学史上では意識過程の言語報告（introspection）を指す。実験後の内観報告というと通常は，実験に関して気がついたことや感想を参加者に語ってもらう事後的インタビューである。

外れ値（outlier）
　同一条件での測定値で，明らかにほかの（平均的な）値とは異なると考えられる値を指す。多くは測定したい心的過程とは異なる要因によって発生すると考えられるため，外れ値がある場合はデータ分析対象から除外することが多い。

速さ-正確さのトレードオフ（speed-accuracy trade-off）
　一般に，2つの要素を両立させることが難しい場合は，いずれか一方のみが重視されることになる。これをトレードオフ（相反関係）という。素早く反応することと，間違えずに正確に反応しようとすることの間にはトレードオフの関係が発生する。

パラダイム（(experimental) paradigm）
　ある事柄に関して，多くの研究で用いられる実験方法。優れた実験の枠組みが開発され，普及すると「〜パラダイム」などと呼ばれるようになる。

反応時間（response time, reaction time）
　刺激が呈示されてから反応が得られるまでの経過時間，もしくは反応が開始されるまでの経過時間。

Hit, FA
　信号検出理論を再認課題に適用する際，記銘段階で呈示された刺激材料（旧項目）に対して，正しく「旧項目」と判断すればhit（ヒット）となり，誤って新しい刺激材料（新項目）だと判断すればmiss（ミス）となる。一方，新項目に対して，正しく「新項目」と判断すればcorrect rejection（コレクト・リジェクション）となり，誤って「旧項目」と判断すればFA（フォールス・アラーム：false alarm）となる。Hit率とFA率からd'（ディー・プライム）と呼ばれる弁別感度（新・旧項目間の心理的距離）を求めることが出来る。

表象（representation）
　外界の事象や対象，それらに働きかける活動が内在化された心的表現形式の総称。イメージ表象と言語的表象に区分することがある。

フィードバック（feedback）
　出力の一部を自身に返すことをさす。行動の自己修正の手段として用いられる。本書では，参加者に対して反応の結果（正誤など）を返すことを指していることが多い。

フィラー（filler（items/trials））
　実験の目的に照らし合わせて本来必要な課題（試行）以外の課題（試行）のこと。実験目的を分かりにくくする，あるいは課題（試行）間の時間間隔を調整するなどの目的で用いられる。

フェイスシート項目（facesheet item）
　性別や年齢，といったデータ分析時や，ID（学生番号）などの回答整理時に必要な実験参加者属性をフェイス（シート）項目という。

符号化（encoding）
　符号化とは一般に，情報を異なるデータ形式に変換することを指す。記憶においては，貯蔵・検索に先立つ認知的処理過程として捉えられている。

ボイスキー（voice key）
　音声をトリガーにして反応を取得するマイク。口頭で反応する際の反応時間を測定するのに用いる。

（記憶）方略（strategy）
　反応に必要な情報収集や反応方法を制御・工夫する心的過程を指す。

ランダム化（randomization）
　固定した順序による測定値の偏りを防ぐため，通常は無作為に刺激呈示順序や独立変数適用の順序を入れ替えたりすることで偏りを防ぐ。これをランダム化という。

レビュー (review)

レビューとは「批評」「評論」の意。ある領域について行われた研究を俯瞰して，主要なものを評価しながら研究の流れに位置づけ整理すること。

索引

【ア行】

アイデアユニット……………**161**,163,165
アインシュタイン（Einstein, G. O.）……237,
　　……………………………………238,239
アナロジー理論（analogical theory）……182
アルバ（Alba, J. W.）………………………107
暗記術………………………………**107**,109
アンダーソン（Anderson, J. R.）…………182
イーレイ（Eley, M. G.）………………88,94
イエイツ（Yates, F. A.）……………………97
生駒忍………………………………………77
厳島行雄……………………………………220
意味記憶（semantic memory）……10,12,**133**,
　　……………………………………139,140
意味的処理…………………………**107**,109
意味的表象…………………………………158
意味プライミング効果……………………139
イメージ……67,87,97,98,99,100,101,
　　……………102,103,104,105,181,191
イメージ喚起性……………………**100**,106
イメージ論争…………………………87,105
色……………………12,17,43,44,57,189,212
色識別………………………………………17
色識別性（color diagnosticity）…**12**,13,14,17
色多様性………………………………14,**17**
ウェイソン（Wason, P. C.）………………173
上田紋佳……………………………………83
上田卓司……………………………………239
ウォーカー（Warker, J. A.）………………77
宇根優子……………………………………239
梅本堯夫……………………………………123
エクマン（Ekman, P.）…………200,203,207
エピソード記憶（episodic memory）…**133**,140
演繹的推論（deductive reasoning）………171
太田信夫……………………………………76
置き換え仮説………………………………219

苧阪直行……………………………………68,69
苧阪満里子……………………………68,69,72,74
越智啓太…………………………………………220
音韻貯蔵（phonological store）…………………67
音韻ループ（phonological loop）……66,67,68,
　　………………………………………………73,74
音声………28,29,30,31,32,34,36,37,38,39,
　　………………40,41,144,145,162,200,205
音声フィードバック……………………**143**,144
音読（oral reading）……44,48,**143**,144,145,
　　………………………………………………150,151

【カ行】

カースウェル（Carswell, C. M.）………………54
ガーデンパス文…………………………………**157**
カーペンター（Carpenter, P. A.）……………166
カーマイケル（Carmichael, L.）………………114
概念（concept）……………**132**,133,134,189
概念駆動型処理…………………………………158
概念形成（concept formation）………………133
カウンターバランス………………………91,123,147
格（figure）……………………173,176,178,181
格結果……………………………………………182
格効果（figural effect）……172,173,177,182
格式………………………………175,176,178,181,182
学習リスト………………………………………125
確証バイアス（confirmation bias）…………173
確信度……………………………226,227,229,230
獲得年齢（age of acquisition）………………11,12
活性化拡散理論…………………………139,140
カテゴリー………………17,46,48,**132**,133,134,135,
　　………………………………138,189,201,238
カテゴリー学習（category learning）………133
カテゴリー規準表………………………………139
カテゴリー真偽判断課題
　（category verification task）…134,136,139

255

カテゴリー多様性……………137, 138, 141
カテゴリー優越性（category dominance）
　　　　………………134, 137, 138, 141
ガプトン（Gupton, T.）………………98
感情…………34, 35, 36, 37, 40, 183, **200**, 201,
　　　………202, 203, 204, 205, 206, 207
緩衝課題…………………………124, 125
緩衝試行………………………**15**, 135, 136
感情認知（emotion perception）…**34**, 35
間接再認手続き
（indirect recognition procedure）……83
カンファー（Cunfer, A. R.）…………238
γ係数………………………………230
慣用色名……………………………16
記憶術…………………………97, 104
記憶色………………………………18
記憶の構成的性質……………121, **122**
北神慎司…………………………114
既知感（Feeling-Of-Knowing：FOK）…223,
　　　　……224, 225, 226, 227, 229, 230
帰納的推論（inductive reasoning）……173
基本6感情……………………40, **200**
逆ストループ効果……………………43
キャリブレーション…………………230
ギャロ（Gallo, D. A.）……………124, 129
凶器注目効果………………………220
虚再生………………………………**123**
キンチュ（Kintsch, W.）……………159
グイン（Guynn, M. J.）………………238
偶発学習（incidental learning）………113
クラツキー（Klatzky, R. L.）…………114
クリティカル語…………**122**, 123, 125, 126,
　　　　　　　　　………127, 128, 130
形状＋表面モデル（shape + surface model）
　　　　　　　　　………**12**, 13, 18
係留点モデル（anchor model）…………59
系列的文脈…………………………201
言語的情報…………………………200
言語的符号化……………………**114**, 115
顕在記憶（explicit memory）…………**76**
限量記号（quantifier）………………175

限量詞（quantifier）…………172, 175, 182
コーエン（Cohen, A. L.）……………244
コーバリス（Corballis, M.）……………88
語彙決定課題………………………139, 237
構音運動…**143**, 144, 145, 146, 148, 149, 150, 151
構音制御（articulatory control）………67
構音抑制……………………………74
恒常誤差……………………………113
構成－統合モデル
（construction-integration model）…**159**
構文解析……………………………**158**
語順方略（word-order strategy）……**149**
誤情報………………………………211
個人差………………13, 36, 41, 58, 68
誤導情報………………………211, 214
コルサコフ症候群……………………77

【サ行】

ザイアンス（Zajonc, R. B.）……………77
再生（recall）……76, 100, 101, 102, 103, **108**,
　　　………109, 110, 112, 114, 123, 126, 160, 163,
　　　………………………**164**, 224, 240
再生率………………………103, 113, 230
斎藤　智……………………………74
再認（recognition）…76, 77, 78, **108**, 109, 110,
　　　　…………111, 112, 123, 124, 125, 126, 127,
　　　　…………………128, 150, 212, 224
作業記憶……………………………**66**
作動記憶……………………………**66**
ザラゴザ（Zaragoza, M.）……………219
産出頻度……………………………134
シーグリスト（Siegrist, M.）……………59
シェパード（Shepard, R. N.）…………87
ジオン………………………………12
視覚………28, 29, 39, 67, 68, 77, 78, 81, 109,
　　　　………114, 124, 144, 161, 200
視覚探索課題（visual search task）……68, 72
視覚的複雑性………………………12
視覚物体認識（visual object recognition）…10
時間ベース課題（time-based task）……**238**
式（mood）……………………174, 176

視空間スケッチパッド
（visuo-spatial sketchpad）……66, 67, 68, 73, 74
試行間間隔………………………………15, 47
自己開始的（self-initiated）………………**236**
事後情報………………………………211, 212
事象ベース課題（event-based task）……**238**
視聴覚統合（audiovisual integration）…**29**, 39
実験計画…………………………*i*, 14, 29, 58
自動性……………………………………………44
シムキン（Simkin, D.）……………………59
ジャスト（Just, M. A.）……………………68
従属変数……**12**, 29, 55, 69, 79, 90, 103, 137, 146,
……………………………160, 178, 202, 214, 225
集団実験…………………………………………**123**
主観………………58, 112, 127, 158, 165, 190
熟知度（familiarity）………………11, 12, 139
順序効果…………………………………………56
上位概念…………………………………………137
小概念……………………………………………173
状況モデル（situation model）………**159**, 160
小前提………………………………………173, 176
尚早反応…………………………………………**15**
情動的ストレス………………………………220
情報処理………………10, 11, 12, 59, 67, 143, 158
情報タイプ理論…………………………………89
情報量……………………………**18**, 137, 138, 164
小名辞……………………………………………173
剰余変数…………………………………………57
ジョリクール（Jolicoeur, P.）…………94, 95
ジョンソン・レアード（Johnson-Laird, P. N.）
………………………………………176, 177, 182
ジョンソン（Johnson, M. K.）……77, 160, 161
事例……………………**132**, 133, 134, 135, 137, 138
事例優越性（instance dominance）…134, 138
事例理論………………………………………140
新奇語………………………123, **125**, 126, 127, 128
新奇リスト……………………………………125
親近性（familiarity）………………77, 79, 239
新近性効果……………………………………**124**
心像性（imageability）………………………**100**
心的イメージ（mental imagery）……**97**, 98,

………………………………………………100, 104
心的回転（mental rotation）…87, 88, 93, 94, 95
心的表象…………………………………………133
信念バイアス（belief bias）………………171
親密度（familiarity）…………………………11
スキーマ（schema）…………………………**107**
図式………………………………………………**107**
スティーヴンス（Stevens, R.）………99, 103
ストループ効果（Stroop effect）…………43
スノッドグラス（Snodgrass, J. G.）……11, 13,
…………………………………………………46, 49
スノッドグラス線画刺激日本語拡張版……11,
……………………13, 46, 95, 100, 135, 139, 141, 239
スペンス（Spence, I.）………………………59
成員性（membership）………………………133
生態学的妥当性（ecological validity）…**236**
性的虐待………………………………………122
正答率………13, 17, 35, 36, 39, 55, 58, 77, 138,
…………………………………148, 178, 181, 224
生物判断課題…………………………………240
線画（line drawing）……………11, 45, 46, 47, 48
線画刺激………………………………………14, 16
線画ストループ課題……………………………45
線画命名…………………………………………12
線画命名課題（picture naming task）……11,
……………………………………………………12, 49
先行知識（prior knowledge）……**158**, 160, 166
潜在記憶（implicit memory）………………**76**
潜在的認知（implicit cognition）…………188
潜在的連想テスト
（Implicit Association Test：IAT）
……………………………189, 191, 192, 193, 194, 196
全称肯定（universal affirmative）……175, 176
全称否定（universal negative）…175, 176, 178
前頭前野…………………………………………49
前部帯状回………………………………………49
鮮明性……………………………………………12
ソース・モニタリング………………………220
想起意識…………………………………………**76**
総合評価法……………………………………112
相互関連教示………**99**, 100, 101, 102, 103, 104

257

存在想起 ……………………… 237

【タ行】

ダーネマン（Daneman, N.） …………… 166
ダイアグラム（diagram） ……………… 59
大概念 ………………………………… 173
体制化（organization） ……… 97, **98**, 99, 103,
　　　　　　　　　　　　　　　　 104, 133, 223
大前提 ………………………… 173, 176
態度 …………………………… 189, 196
大名辞 ………………………………… 173
高野陽太郎 …………………………… 89
高橋雅延 …………………………… **108**, 128
高橋 優 ………………………………… 239
多重比較 ……………………… 73, 93, 102, 126
多様性 ………………………………… 17, 164
タルヴィング（Tulving, E.） ……… 127, 133
短期記憶 …………………………… **66**, 129
単語完成課題
　（word fragment completion task）……**76**
単語出現頻度 ……………………… 12, 139
単純接触効果 ………………………… **77**
談話 ………………………………… 157, 158
知覚（perception） …… 10, 12, 18, 28, 29, 38,
　　　　　　　　　　　　　　　　 67, 109, 135
注意 …………… 35, 38, 40, 44, 54, 66, 67, 220, 244
中央実行系（central executive） …… 66, 68, 74
中概念 ………………………………… 173
中名辞 ………………………………… 173, 176
聴覚 …… 28, 34, 39, 67, 78, 124, 144, 162, 200
長期記憶 ……………………… 67, 133, 224
チョムスキー（Chomsky, N.） …………… 157
デ・ゲルダー（de Gelder, B.） ………… 34, 35
データ駆動型処理 ……………………… 158
ディーズ（Deese, J.） ………………… 122
定義的特性 …………………………… 133
定義的特性論 ………………………… 133
定言三段論法 ……………… 171, 173, 178, 182
手がかり（cue） …………………… **238**
手がかり再生（cued recall） …………… 110
テキストベース（textbase） …………… 159

テクスチャ ……………………………… 12
テュフテ（Tufte, E. R.） ………………… 54
寺澤孝文 ……………………………… 83
典型色 ……………………… 13, 14, 16, 17
典型性（typicality） ……… **134**, 138, 139, 193
典型性効果（typicality effect） ………… **134**
典型性評定 ………………………… 134, 139
天井効果 …………………………… **13**, 32
展望的記憶（prospective memory） …… **236**
統制 … 43, 45, 46, 59, 99, 114, 124, 210, 214, 237
特称肯定（particular affirmative） ……… 175,
　　　　　　　　　　　　　　　　 177, 178
特称否定（particular negative） …… 175, 176
独立変数 ……… 29, 55, 69, 79, 90, 100, 109, 123
　　　　　 135, 146, 160, 191, 202, 214, 224, 239
読話（lipreading） ………………… **28**, 32
読解 ………………………………… 158
トップダウン …………………………… 18
トップダウン的処理 …………………… 158
トラウマの記憶 ……………………… 122, 128
トラクティンスキー（Tractinsky, N.） …… 54
ドルードル（droodle） …… 95, **107**, **108**, 109,
　　　　　　　　　 111, 112, 113, 114, 115

【ナ行】

内観 ……… 58, 80, 102, 113, 126, 178, 181, 217,
　　　　　　　　　　　　　　　　 241, 243
ナイサー（Neisser, U.） ………………… 236
内容想起 ……………………………… **237**
西本武彦 …… 74, 95, 100, 106, 108, 115, 183, 239
二重課題 …………………………… **73**, 240
二重システム理論 ……………………… 95
二重符号化理論（dual coding theory） …… **98**
認知処理の二過程説 …………………… 188
認知的葛藤（cognitive conflict） ………… 44
脳機能画像研究 ……………………… 44, 49

【ハ行】

パーサー（Percer, J. M.） ……………… 124
ハート（Hart, J. T.） …………………… 223
バーナード（Bernhard, D.） …………… 54

パーマー（Palmer, J. C.）・・・・・・・・・・・・・・・・・・211
媒概念・・・・・・・・・・・・・・・・・・・・・・・・・・・・・・・・・・・173
背景課題・・・・・・・・・・・・・・・・・・・・・・・・・・・・・・・・**237**
バウアー（Bower, G. H.）・・・・99, 103, 107, 108,
・・・・・・・・・・・・・・・・・・・・・・・・・・・109, 114, 115
場所法（method of loci）・・・・・・・・・・・・・・・**97**
外れ値・・・・・・・・・・・・・・・・・・・・・・・・・・・・・・・・・・・**17**
バッデリー（Baddeley, A. D.）・・・・・・・・・・・・74
速さと正確さのトレード・オフ・・・・・・15, 93
パラ言語情報（paralinguistic information）・34
ハルパーン（Halpern, A. Q.）・・・・・・・・・・・・77
反省的記憶（retrospective memory）・・・・**236**
反応時間・・・・・・・・・**12**, 13, 14, 17, 48, 87, 90, 134,
・・・・・135, 136, 137, 138, 190, 194, 225, 229, 244
ビーダーマン（Biederman, I）・・・・・・・・・・・・12
非言語的情報・・・・・・・・・・・・・・・・・・・・・200, 205
被験者間要因・・・・・・・・69, 100, 109, 191, 214, 239
被験者内要因・29, 46, 69, 79, 109, 123, 161, 224
ビジランス課題・・・・・・・・・・・・・・・・・・・・・・**242**
ヒックス（Hicks, J. L.）・・・・・・・・・・・・・・・・・244
ピックレル（Pickrell, J. E.）・・・・・・・・・・・・・121
ヒッチ（Hitch, G. J.）・・・・・・・・・・・・・・・・・・・66
標準化刺激・・・・・・・・・・・・・・・・・・・・・・・・・・・・11
表情（facial expression）・・・・**34**, 35, 36, 37, 38,
・・・39, 40, 41, **200**, 201, 202, 204, 205, 206, 207
表象（representation）12, 68, 87, 114, 159, 160
表情筋・・・・・・・・・・・・・・・・・・・・・・・・・・・200, 203
評定尺度・・・・・・・・・・・・・・・・・・・・・・・・・112, 188
フェイスシート・・・・・・・・・・・・・・56, 80, **161**, 178
フォールスメモリ（false memory）・・・**121**, 122,
・・・・・・・・・・・・・123, 124, 125, 126, 127, 128, 129
符号化・・・・・・・・・・・・・・・・・・68, 87, 98, 103, 128
物体認識・・・・・・・・・・・・・・・・・・・・・・・・12, 13, 87
プライス（Price, R.）・・・・・・・・・・・・・・・107, 115
フラヴェル（Flavell, J. H.）・・・・・・・・・・・・・223
フランケンバーガー（Frankenberger, S.）54
ブランスフォード（Bransford, J. D.）・・・・**107**,
・・・・・・・・・・・・・・・・・・・・・・・・・・・・・・・・・160, 161
フリーセン（Friesen, W. V.）・・・・・・・・・・・203
フリンケ（Frincke, G.）・・・・・・・・・・・・・・・・・98
ブロック呈示・・・・・・・・・・・・・・・・・・・・・・・・・**124**

プロトタイプ（prototype）・・・・・・・・・・・・・**133**
プロトタイプ効果・・・・・・・・・・・・・・・・・・・・114
プロトタイプ理論・・・・・・・・・・・・**133**, 134, 140
雰囲気効果（atmospheric effect）・・・172, 183
分散分析・・・・・・・・32, 39, 48, 72, 74, 93, 102, 126,
・・・・・・・・・・・・・・・135, 138, 149, 178, 181, 194
文章・・・・・・・・・・・・・・・・・・・・・・・・・・・・・157, 158
文章理解・・・・・・・・・・・・**158**, 159, 160, 166, 167
文脈・・・・・・・・・・・・59, 107, 133, 160, 161, 165
文脈情報・・・・・・・・・・・・・・・・・・・・・・・・・201, 207
分離教示・・・・・・・・・**99**, 100, 101, 102, 103, 104
分類判断課題・・・・・・・・・・・・・・・・・・・・・13, 189
ヘイスティー（Hastie, R.）・・・・・・・・・・・・・・59
ペイヴィオ（Paivio, A.）・・・・・・・・・・・・・・・・98
並列型課題・・・・・・・・・・・・・・・・・・・・・・・・・・237
並列の文脈・・・・・・・・・・・・・・・・・・201, 202, 207
並列の文脈情報・・・・・・・・・・・・・・・・・・・・・・202
ベッグ（Begg, I.）・・・・・・・・・・・・・・・・・・・・・183
ペレス（Peretz, I.）・・・・・・・・・・・・・・・・・・・・・77
ヴォーライド（Voolaid, P.）・・・・・・・・・・・・115
ボイスキー・・・・・・・・・・・・・・・・・**14**, 15, 47, 95
保持期間・・・・・・・・・・・・・・・・・・・・・・・・・83, 166
ボトムアップ・・・・・・・・・・・・・・・・・・・・・・・・・18
ボトムアップ的処理・・・・・・・・・・・・・・・・・**158**

【マ行】

マーシュ（Marsh, R. L.）・・・・・・・・・・・・・・・244
マイアー（Meyer, J.）・・・・・・・・・・・・・・・・・・54
マガーク（McGurk, H.）・・・・・・・・・・・・・・・・28
マガーク効果（McGurk effect）・・・・**28**, 29, 32,
・・・・・・・・・・・・・・・・・・・・・・・・・・・・・・・・・・33, 39
マクダーモット（McDermott, K. B.）・・・・122,
・・・・・・・・・・・・・・・・・・・・・・・・・124, 126, 127, 128
マクダニエル（McDaniel, M.）・・・・・・・237, 238
マクラーレン（McLaren, R.）・・・・・・・・・・・88
マクロスキー（McCloskey, M.）・・・・・・・・219
ミーチャム（Meacham, J. A.）・・・・・・・・・237
宮地弥生・・・・・・・・・・・・・・・・・・・・・・・・123, 130
宮脇　郁・・・・・・・・・・・・・・・・・・・・・・・・・・・239
無意味図形・・・・・・・・・・・・・・・・・・・・・**107**, 115
無意味綴り・・・・・・・・・・・・・・・・・・・・・・45, 133

名辞 176
命題 159
命題表象 (propositional representation) 149
命名 (naming) **10**, 17, 43
命名一致度 **12**, 14, 46
命名課題 (naming task) 10, 94
命名潜時 12
命名反応時間 13, 16
メタ記憶 (metamemory) 223, 224, 229, 230
メッツラー (Metzler, J.) 87
メロディ完成課題
　(musical stem completion task) 77
メンタルモデル 182
モーラ 12
黙読 (silent reading) **143**, 144, 145, 148, 150, 151
モダリティ効果 (modality effect) 144
物語 158
モリス (Morris, N.) 74
モリス (Morris, P. E.) 103
モリス (Morris, T. E.) 99

【ヤ行】

ヤーキーズ=ドッドソンの法則 220
山　祐嗣 123, 130
有意差検定 58, 113
要求特性 221
抑揚 200, 205

【ラ行】

ライマン (Leiman, B.) 237
ラフネル (Rafnel, K. J.) 114
リーディングスパン・テスト 68, 69, 71, 72, 216, 244
リスク認知 190, 195, 196
リソース 67, 68, 69, 72, 73, 74, 188
リチャードソン (Richardson, S. L.) 238

リハーサル 74, 223
量化子 175
輪郭 12, 17, 110, 112
ルール 133, 140
レフォード (Lefford, A.) 183
連合 134, 189
レンジクロフト (Rangecroft, M.) 55
連想 12, 66, 123, 191
連想語 **122**, 123, 124, 125, 126, 127, 128, 130
ローディガー (Roediger, H. L. Ⅲ) 122, 124, 126, 127, 128
ロジー (Logie, R. H.) 74
ロッシュ (Rosch, E.) 133
ロフタス (Loftus, E. F.) 121, 134, 137, 139, 211, 212, 219

【ワ行】

ワーキングメモリ (working memory) **66**, 68, 69, 73, 166, 244

【A～W】

DRM パラダイム
　(Deese-Roediger-McDermott paradigm) 121, **122**, 123, 128, 129
Data-Ink 比 54
E-Prime 6, 14, 46, 92, 136, 192, 240
Know **127**
OSV 文 **145**, 146, 149
RBC 理論
　(Recognition By Component theory) 12
Remember **127**
Remember/Know 判断 121, **127**, 128
SOA **136**, 139
SOV 文 **145**, 146, 149
SuperLab 6, 14, 136, 240
t 検定 58, 82, 113, 194, 243
TOT 現象 224

執筆者紹介(アイウエオ順,＊は編集委員)

井出野　尚（いでの　たかし）　　執筆担当：第4章，第16章
　　　　　　　　　　　　　　　　国立音楽大学　講師（非常勤）

＊上田　卓司（うえだ　たかし）　　執筆担当：第1章，第12章，第14章
　　　　　　　　　　　　　　　　早稲田大学教育・総合科学学術院　講師
　　　　　　　　　　　　　　　　（非常勤）

宇根　優子（うね　ゆうこ）　　　　執筆担当：第20章
　　　　　　　　　　　　　　　　早稲田大学理工学術院　講師（非常勤）

川嶋健太郎（かわしまけんたろう）　執筆担当：第19章
　　　　　　　　　　　　　　　　尚絅大学短期大学部　准教授

髙木　幸子（たかぎ　さちこ）　　　執筆担当：第17章
　　　　　　　　　　　　　　　　早稲田大学教育・総合科学学術院　講師
　　　　　　　　　　　　　　　　（非常勤）

＊高橋　優（たかはし　まさる）　　執筆担当：第8章，第18章
　　　　　　　　　　　　　　　　埼玉工業大学基礎教育センター　准教授
　　　　　　　　　　　　　　　　(e-mail：masaru@sit.ac.jp)

＊田中　章浩（たなか　あきひろ）　執筆担当：第2章，第3章，第13章
　　　　　　　　　　　　　　　　早稲田大学高等研究所　助教

＊西本　武彦（にしもと　たけひこ）執筆担当：第6章，第10章，第15章
　　　　　　　　　　　　　　　　早稲田大学文学学術院　教授
　　　　　　　　　　　　　　　　(e-mail：nishi@waseda.jp)

宮澤　史穂（みやざわ　しほ）　　　執筆担当：第7章
　　　　　　　　　　　　　　　　早稲田大学大学院文学研究科　博士後期
　　　　　　　　　　　　　　　　課程

宮脇　郁（みやわき　かおり）　　　執筆担当：第9章，第11章
　　　　　　　　　　　　　　　　早稲田大学文学学術院　講師（非常勤）

安田　孝（やすだ　たかし）　　　　執筆担当：第5章
　　　　　　　　　　　　　　　　早稲田大学理工学術院　講師（非常勤）

編者略歴

西本武彦（にしもと・たけひこ）
1966年　早稲田大学第一文学部卒業、旧労働省入省
1973年　早稲田大学大学院文学研究科博士課程単位取得退学（心理学）、㈱日立製作所中央研究所入社（研究員）
現　在　早稲田大学文学学術院　教授
専　門　認知心理学（主に記憶分野）
主　著　『テキスト現代心理学入門』（共編著／川島書店）

高橋　優（たかはし・まさる）
1992年　早稲田大学第一文学部哲学科心理学専修卒業
1998年　早稲田大学大学院文学研究科博士課程単位取得退学（心理学）
現　在　埼玉工業大学基礎教育センター准教授
専　門　認知心理学（主に視覚認知分野）
主　著　『イメージの心理学』（分担翻訳／早稲田大学出版部）

上田卓司（うえだ・たかし）
1995年　早稲田大学第一文学部哲学科心理学専修卒業
2004年　早稲田大学大学院文学研究科博士課程単位取得退学（心理学）
現　在　早稲田大学教育・総合科学学術院講師（非常勤）
専　門　認知心理学（主に思考分野）
主　著　「反応時間の確率モデル」（共著論文）心理学評論, 46, pp.249～273.

田中章浩（たなか・あきひろ）
1997年　早稲田大学第一文学部哲学科心理学専修卒業
2004年　東京大学大学院人文社会系研究科博士課程修了、博士（心理学）
現　在　早稲田大学高等研究所　助教
専　門　知覚・認知心理学（主にコミュニケーション分野）
主　著　I feel your voice ; Cultural differences in the multisensory perception of emotion（共著論文）. *Psychological Science*, **21**, 1259-1262.

認知心理学ラボラトリー

平成24年3月15日　初版1刷発行

編著者　西　本　武　彦
発行者　鯉　渕　友　南
発行所　株式会社　弘文堂
　　　　101-0062　東京都千代田区神田駿河台1の7
　　　　TEL 03(3294)4801　振替 00120-6-53909
　　　　http://www.koubundou.co.jp

装　丁　青山修作
印　刷　三報社印刷
製　本　井上製本所

©2012 Takehiko Nishimoto. Printed in Japan

〈JCOPY〉〈(社)出版者著作権管理機構　委託出版物〉
本書の無断複写は著作権法上での例外を除き禁じられています。複写される場合は、そのつど事前に、(社)出版者著作権管理機構（電話03-3513-6969、FAX03-3513-6979、e-mail: info@jcopy.or.jp）の許諾を得てください。
また本書を代行業者等の第三者に依頼してスキャンやデジタル化することは、たとえ個人や家庭内での利用であっても一切認められておりません。

ISBN978-4-335-65153-3